西勝彼岸獅子舞考

わが土着「風土論」、伝承と民俗

前田 新

歴史春秋社

冨岡集落の福生寺観音堂

福生寺境内にある「大口大領一千年供養塔」

大光寺跡（藤田集落）の板碑群（福島県指定文化財）

伊佐須美神社　楼門

西勝集落に伝わる彼岸獅子舞

西勝彼岸獅子舞 考

——わが土着「風土論」、伝承と民俗

『風土論』への序文

私が生涯にわたってかかわりをもってきたものを分類してみると、第一類として詩や小説、エッセイ、評論といった文学もの、第二類として地方史などの歴史について書いたもの、第三類として地方政治や農民運動・平和運動など社会的な活動にかかわるもの、第四類としてそれには入らない、強いていうなら民俗学の範疇に入ると思われるものがある。その第四類をひとまとめにして括ったのがこの『風土論』である。

私自身の民俗学への関心とその経緯、村に伝承される民俗芸能、会津彼岸獅子舞としての西勝彼岸獅子舞、村の歴史や地名についての考察、村の年中行事や古民家としても存在しなくなった会津藩時代の農民の住居の様態と呼び名など、さらに柳田民俗学に促されて関心を深めた伝説などに加えて、「風土論」として雑誌『会津人』に二年にわたって連載した雑文を収録した。メインは連載した雑文を通して地域史をフォークロア（民間伝承、民俗）の視座からみたものだが、それは自らの思想史の視座でもあり、史的唯物弁証法による史観の土着への試行でもある。

さて、「風土」といえば、昭和十年に発刊された和辻哲郎の『風土』を思い起こす人も多いと思うが、私も高校のころに岩波の文庫本で読んで、和辻が「芸術の風土的性格」をディルタイの「詩人の想像力」を引いて書き出していることに関心をもった。その後、和辻は昭和十八年に『風土』が再版されるにあたって書いた「序言」で、その動機についてハイデッガーの「有と時間」（私が読んだのは岩波文庫版の『存在と時間』上中下、桑木務訳）が、人間の存在の構造を時間性のなかで把握しようとする試みに対して、人間存在の構造が把握されるためには、空間性と歴史性がともなって、はじめて人間存在の個人的・社会的という構造の二重性が把握されるという観点からである、と述べている。今から八十年前の著書であり、引用されたドイツの哲学者ディルタイは十八世紀の人である。したがって、その時代の状況を反映したものであることは当然だが、「序言」の追記で、和辻は『風土』のなかの「モンスーン的風土の特殊形態」のうちシナの部を書き改めた。

和辻の「風土」論は、ヨーロッパとアジアの対比を「モンスーン的風土の特殊性」のなかで論じ、モンスーン的風土の湿潤が人間の文化的諸活動に与える特徴を、ヨーロッパ的な「征服」と「支配」ではなく、「受容」であり「忍従的」であると規定している。そして、それは神に対しても、神への絶対的な服従ではなく、「神々との睦まじい」関係においてその神の恩寵を受けるというのがその関係性の実態であるという。その例証として仏教思想の原核となったインドの本《ほん》生譚《しょうたん》（ジャータカ・釈迦の前世に菩薩であったときの善行説話をあつめたもの）をあげ、そこにはユダヤ教の旧約聖書にみられるような、エホバに対する絶対的な信仰はみられない。それはまさに風土の相違によるものであると説いている。

この和辻の「風土」の影響を受けて、私は地域や自然環境という言葉を漠然としたものではあるが「風土」という言葉に置き換えて考えるようになった。周知のようにわが国では元明朝の和銅六年（七一三）に、中央官命によって各地方の五項目による報告公文書が編纂されており、それを「風土記」と呼び、特定風土記としている。そこから一般的には「風土記」は地方のことを書き記した書物というほどの意味で、官撰、私撰を問わず、地誌よりも広く、風俗をも包括した地方誌と解されている。岩波版『日本古典文学大系』の解説では、「古くは大陸普代の周処撰の風土記より、現在に至るまで、幾百千の書物が風土記の名で呼ばれてきている。要は、風土記という名称には中央に対する地方という限定があるだけなのである」と書かれている。まさにわが国において「風土」という言葉は、古代からの馴染み深い普通名詞で、また中央に対して地方という意味の代名詞なのである。それはヨーロッパにおける「地誌」あるいは「地理」という概念とはいささか異なる意味で、風俗や思想をも包括しての地域史として、わが国における「風土」の概念は成立しているといえる。

しかし、その記録の目的はあくまで中央政権の支配のための調査であり、地域の主体性をもって記録されたものではない。それでも「記紀」との差異は歴然とする。それはその記録にかかわった役人たち、当時の漢字文化に精通する官僚をもってしても、その地域の先住者の伝承や歴史を意図的に、中央政権に都合のいいように書き表すことは出来なかった結果と推量できる。その「風土」に対する意識の延長線上で私は二十代に、マルクスとエンゲルスの共著『ドイツ・イデオロギー』を読み、それに倣って書かれた戸坂潤の『ニッポン・イデオロギー』を読んだ。それらを読む契機となったのは、詩人槇村浩が獄中で書いた「アジアチッシェ・イデオロギー」であった。それらを科学的社会主義の視座からの歴史認識、それは私にとっての「風土論」のカテゴリーにおける展開であったが、それらの経緯を経て六十代になって、柳田國男や折口信夫、南方熊楠など一連の民俗学者の著作を改めて読み、そこからさらに宮本常一の『忘れられた日本人』を再読し、その継承者である赤坂憲雄『東西／南北考―いくつもの日本へ』や『山野河海まんだら―東北から民俗誌を織る』などを拝読した。それらに拠って、私の精神構造の一面を形成する「受容性」や「忍従性」、いわゆる凹型の思想形質を培ったのは、まぎれもなく会津の閉鎖的な風景と湿潤な「風土」にあると思った。

雑文「風土論」は、そこから「拒否性」と「攻撃性」を生成するための模索であった。しかし、私はすでに病んで老いた。

模索は模索のままで、その試行は終わる。

「風土論」というこの一連の拙文は、平成十五年（二〇〇四）十月創刊の『会津人』という小冊子の第二号から、二十数回にわたって連載したものである。読んだ本の感想を主としたエッセイもどきで、「論」などというほどのものではない。

目次

第六章　わが内なるフォークロア

第一章　風　土　論

村と風土と生活者の自覚

『会津人』という雑誌が創刊された。ジャーナリストとは無縁の一介の老農民にすぎない私などは、その埒外の者だが、「悪に対しては真っ向から立ち向かう」「私たちはかつての名も無き会津の農民の側に立ちたい」という笠井尚さんの創刊の辞に好奇心をそそられた。これまでの会津論とは違うぞと、久しぶりに感じた痛快感に加えて怖いもの見たさの興味である。私は生まれも育ちも会津の土百姓で、根っからの会津人である。しかも、ほどなく会津の土俗風土のなかでその生涯を終える老人である。これまでも、およそ権威や選良といったところからはもっとも遠い位置を生きてきたが、それでも時代という状況とのかかわりあいは避けられず、そのなかでそれ相応に真理に拠って生きようと思ってきた。

思えば、その私の青春と呼ばれる時期は、一九六〇年代である。戦後の激動期で安保闘争をはじめ、変革への民衆運動が激しく高揚した時期であった。山形の詩人黒田喜夫は貧農の生活の村を発ち、首都で結核を患いながら詩集『不安と遊撃』を出した。私はそれを読み、その詩の模倣を繰り返した。宮沢賢治から太宰治、農業に就いてからは真壁仁、さらには黒田喜夫へと遍歴は何の脈絡もない。しいていうならいずれも東北の人で、東北の風土が醸すフェロモンのようなものに私の臭覚がさかりのついた獣のように引き寄せられたということであろう。

しかし、黒田はその村と風土を愛するがゆえに憎悪し、その思想的位置をよりラジカルな方に移していった。それを横目に私は生まれ育った村と風土のなかに、蛸壺《たこつぼ》のような思想の穴を掘って、黒田から見るなら古い火縄銃のようなもので銃座を構えた。それは寺山修司が歌集『田園に死す』のあとがきで、「もしかしたら、私は憎むほど故郷を愛していたのかも知れない」という相克した思いを深く自らの内部に沈めて、愚直な農民として私が選んだそれは当然の仕方であった。

さて表題に入ろう。一九七〇年代に詩人の松永伍一が著書『土俗の構図』のなかの「内在空間としての風土」で、「風土とは、時間のエネルギーによって構成された具体的形象である。決してはじめから観念として存在したものではない。形、色、臭い、奥行きをそなえている。だから、単にそれを〈自然〉と呼んでしまってはいけない。生きものである。魔性を帯びている。眺めているときに価値が出てくるのではなく、内在化されたときに不気味な蘇生をはたす化物である」といっている。

会津という地域の風土への考察は、これまでその自然の形態や現象から、あるいは歴史としての政治や経済、つまりは人間生活の実態から、そしてまたその総体としての文化という視座から多岐にわたって行われてきた。

しかし、それはまさに「眺めて」きたもので、会津の風土が会津人のなかに内在化され、不気味な蘇生をはたす魔性の力とは成り得なかった。いや、内在空間としての風土の存在という意識にまでも至らなかった。

松永は石川啄木を例にとって「石をもて追わるるごとく…」ふるさとを出て、そのふるさととの風土への愛情を内在化して「死ぬならばふるさとに行きて死なむと思ふ」と望郷の歌をうたったが、「そこに根を張って生きてきた人間たちの〈歴史〉の重たさや論理も、そこからすり抜けてしまった」という。

そして故郷の風土がノスタルジアとして、心情のカオスを浄化して救いをもたらす〈神〉であるなら、魔性をもっていても、人を動かすプロダクティブ（生産する）な力をもつとはいえないとして、松永自身の故郷を逃れて首都に生きる体験に重ねて、故郷の風土がノスタルジアとしてではなく、自らの肉体に割り込む内景、すなわち「虚構の砦」となったとき、風土は「弱者の自覚」として自己の存在に火をともす。松永はそれを「私の思想の核」と呼び、イデオロギーの従者とは異なる意味での思想的な営みがはじまり、みずからの内部にプロダクティブな力が生まれてくるという。

詩人特有のもの言いで難解に聞こえるが、要するに故郷を離れた者は、故郷の風土を郷愁として懐かしむだけでなく、故郷の風土を自らの内部に「虚構の砦」としてもち、それを自らの思想の核にせよ、そしてそれを生きる力にせよ、というのである。

松永はそのあとをこう続ける。「現に村に生き、そこを足場として生きている人間には、「虚構の砦」と呼ぶべき内在空間が成立する余地は乏しい。密着しすぎているとき故郷の本質はなかなか見えにくいのだが、故郷を絶縁したときから、そこにむかって復讐を試みるごとく、その具体的形象をして思想的方位にそって鋭く濃密に収斂していくことができれば、その内在空間は単に色彩をもっての広がりにとどまらず、自己の怠惰を打ちのめし、変革し、歴史の可能性をも示唆するアクティブな弾道となりはしないだろうか」といい、「手放しの風土賛美に傾く人間をも、そのときは敵とさだめねばなるまい」と断じた。そして松永は「啄木への批判もそこに発し、日本人一般の風土への甘えに対する批判もそこを基点としていた。それはいまも変わらない。だから私にとって、内在空間の重さは生の重さに拮抗し、〈歴史〉を照らしだし測定する物差しの重さに等しい」と、この一文を結んでいる。

私は、松永のいう村を足場に生きている人間だから、密着しすぎて、というよりも村の風土の具体的形象そのものとして生きているのだから、その本質は確かに見えにくい。本質が見えにくいがゆえにその風土を絶縁するほどに客観化し、相対化して復讐を試みるごとくに、その歴史と現実の形象を思想的方位にそって濃密に収斂していかなければならないのである。

会津という地理的空間、そこに流れる時間、つまり私が生きている磁場としての風土の本質を問う雑誌『会津人』の創刊は、まさに「手放しの風土賛美」とは一味も二味も違ったものになるのであろう。「怠惰を打ちのめし、変革し、歴史の可能性をも示唆すること」を期待する。そのために、安易な妥協となめずり合いを拒否し、相愛を敵と定めて対決することを恐れてはならないのだ。

地域、伝統、原点の存在

かつて詩人谷川雁は詩論集『原点が存在する』のなかで、「飛躍は主観的には生まれない。下部へ、下部へ、根へ、根へ、花の咲かぬ処へ、暗黒のみちるところへ、そこに万有の母がある。存在の原点がある。初発のエネルギーがある。メフィストにとってさえそれは「異端の民」、そこは「別の地獄」だ。一気にはゆけぬ」と、ゲーテの『ファウスト』のなかのファウストとその悪魔の召使メフィストとの会話を引いた。

昭和二十九年（一九五四）に書かれた『原点が存在する』は、敗戦後の混乱からどうこの国の再生をはかるのか、そこでの詩人の任務について詩論として語ったものだが、「あとがき」で雑文のかたまりだといっているように、論理というよりは詩的な断章で、「まだ暁闇以前に横たわっている、あの嬰児のために私たちは力足を踏んで段々と降りてゆこう」と歌う。

当時、まだ高校生であった私は、谷川が降りてゆく「異端の民」「別の地獄」が、私が住んでいる階層であることに気付かなかった。超エリートの詩人谷川雁の詩『東京へゆくな』をバイブルのように読んで、東北の村にへばりついていた私には『原点が存在する』は懐かしい一冊の本だ。

老いた今、その時代を郷愁のように思い出している。郷愁のようなものだから、私の内在空間としてはそれは論理としてではなく、抒情の漂う情緒論にすぎなかった。しかし、今にして思えば、谷川はそのアナーキーな思想のなかで、闇の風土を目で凝視するのではなく、臭覚で探ろうとしていたのではないかと思う。闇のなかでの識別は、今も昔も、人間が進化と引き換えに失ってきた五感のなかの、臭覚の機能に頼るほかはないのだ。

さて、「風土」の概念は「地誌」とも言い換えられるが、近代科学において「地誌」は自然環境、歴史、民俗と、それぞれの立場から分化されて研究されている。その広域な領域を包括していた「風土」というアジア的概念は、現代においては地方あるいは地域と同義語とされた。本来、歴史とよばれる人間の営みは「歴史は時間上の地理に他ならない」（エリゼ・ルクリュ『人間と大地』）というように、四次元的なものだ。

それを状況的な視座でみるなら闘争の顚末であったし、その記録は勝者の物語にすぎなかった。敗者の歴史は常に消去され、歴史の闇のなかに置かれた。その闇のなかで敗者は生きた。おびただしい歴史も敗者が光のない闇のなかで、その存在を確かめあったのは、音と臭気である。

「風土」にはその失われた人間の野性が包括される。それは魔性のものだ。敗者の闇に棲む魔性のものの存在を、勝者は恐れる。その魔性のものへの鎮魂と畏怖こそが、我が国の文化の根源に潜む。梅原猛の一連の論究をひくまでもない。その伝統こそが「風土」の概念を包含するのである。

すでに和銅六年（七一三）に古風土記は編まれているが、文字として使われた「風土」は、まさしく中国での意味づけをもって使われたものであろう。中国では三世紀後半に、晋の周処によって、現在の江蘇省の文物や地理が「風土記」として編纂されている。そこでの「風土」の意味は実に多岐多彩で奥が深い。漢字文化における「風」という言葉は、視覚や聴覚や臭覚はむろん、伝達や人間の情にかかわるものすべてを意味する。たとえば、支配を「風靡」と呼び、詩歌を「風流」「風騒」と呼び、くらしの有様を「風俗」という。風姿は「形振り《なりふ》」という語意なのだが、我が国においては中世以降、世阿弥によって芸術的美学論を意味するようになっている。同じ発音の「風刺」は民衆の立場から権力者への批判を意味する。

それでは、「土」はどうか。いうまでもなく土は存在の象徴であり、食うものあるところである。同時に死者の魂を屍と分離して、その屍を帰すところである。土には戦いの血と労働の汗がしみ込む、そこから生命の再生が始まる。再生は常に惨憺たる悲劇のなかから生まれてきた。

風土はまさに時間と空間のなかに人間が織りなす四次元の総称なのである。

谷川雁が「存在の原点」として「老子」の「谷神不死の章」から「谷神死せず。是を玄牝と謂う。玄牝の門。是を天地の根と謂う。綿々として存するごとし。之を用いて勤めず」を引き、そして「単なる地方でも大地でもなく、すなわち時と場所のユークリッド的交叉ではなく、淵のようにたたえられたこの世の矛盾の渦の総体を一点にひきしぼったときにあらわれる創造的危機の核、新しい価値形成のるつぼが存在する」。そして谷川は、その原点は、「単なるイデアではない。原点に向かおうとする者はまずおのが座標を、その所属する階級の内容を究め、おのが力の働く方向をそこに定めなければならない」という。

谷川のいう「原点」が、松永のいう「虚構の砦」としての「風土」と同義とは思わないが、少なくとも谷川のいう「存在の原点」と、松永のいう「風土」、そして私が内部にもつ「思想の核」に、ひそかな回路があることを感知する。

谷川はその著書のなかの「農村と詩」の章で、「資本による古い共同体の破壊の程度はアジアと西欧では甚だしく異なっているばかりでなく、それぞれの共同体の質の差もきわめて大きい。個々の諸家長が相互に遠く離れて森のうちに居住していたゲルマン人の諸成員の会合の形態のみ存在する共同体と、河川沼澤の水の管理を軸に固く結び付けられ、全体として権力者に隷属していたアジアの下級共同体では、すでに個人の意義そのものがちがう。そこにアジアの芸術の特質がある」。その「芸術の特質」を「思想の特質」と読み替えても矛盾はない、と谷川は断ずる。そしてさらに、「破壊された共同体の破片と記憶はまだ感性の領域に生きている。その共同体の破片と記憶を目覚めさせて、新しい共同体の基礎にしたい」という。谷川が『原点が存在する』を書いたのは一九五八年である。今から五十六年前、敗戦後十年の時点である。そのとき私は、まだ二十歳を過ぎたばかりであった。

農民として生きるということと、詩を書くということとの整合に、そのとき、谷川の『原点が存在する』はひとつの示唆を与えた。

「破壊された共同体の破片と記憶を目覚めさせて、新しい共同体の基礎にする」「そのような見地に立たなければ、農村で生活し、農村で詩を書くことを無意味にしてしまう」。谷川の「原点」と呼ぶ、農村の最下層の共同体機構の再検討を、戦後再生の核としてとらえる視点は、まさに「風土」の語源の原点に帰着する詩人の直感であった。

谷川は詩人であるがゆえに、本質的にはアナーキストでもあった。アジア的生産様式がつくりあげた支配機構の最下層共同体に、谷川が夢想ともいえる幻想をもつのは、毛沢東の「農村から都市を包囲する」という中国における戦略的思想の影響だろうが、それは当時の時代反映でもあった。

谷川はそこでこうもいった。「正直なところ僕は日本の近代主義などというものに戦慄も恐怖も感じない。僕がこぶしを握るのは東洋の村の思想だ」「究極のところこの世界のすべてが回帰してゆき、そこからしか変革のエネルギーが倒錯なしには生まれてこない一点を見つめるのだ」。反逆を倒錯と読み替えたが、われわれがいま立っている土壌には、おびただしい変革の種とエネルギーが充填されている。

それを内在化する思想こそ、変革のためのエネルギーの源泉であるという谷川の言葉に、私はそのとき「風土」という言葉を重ねた。

「風土論」についての考察

和辻哲郎の『風土―人間的考察』について、戸坂潤がその批判のなかで指摘したのは、和辻の風土論の帰結が「家」から「天皇制」へと向かうロジックであった。書かれた当時の反映といえども、和辻の「風土論」の歴史的限界性と思想性を感じざるを得ない。

私は和辻の「風土論」を再読して、筑摩書房の『現代日本思想大系』の『和辻哲郎集』には入れられなかった第五章の「風土学の歴史的考察」に興味をもった。和辻はヘルデルの「精神風土学」を軸に、それ以前の風土論の歴史と、以後について論じた。

ヘルデルからヘーゲルを経てマルクスまでの展開を、和辻の論理で概括している。その詳細にはふれないが、ヘルデルは「精神風土学」において、感覚、想像力、生活習慣、感情衝動、幸福観の五つの項立てで論じていて、最後の章の幸福観が面白い。この章でヘルデルは人類の文明あるいは文化といったものが、必ずしも人々の幸福を意味しないと述べている。「ただ素朴な、健やかな生の歓びこそ、真の幸福なのである」「彼は何のために存在するのかを問わない。彼の存在が彼の目的であり、目的はその存在そのものである」。したがって「国家が我々に与えうるものは人為的な道具であるが、しかしそれは、一層本質的なものを、すなわち我々自身を奪いとってしまう」と論ずる。

これはカントがヘルデルの論理を「哲学の領域から詩の国への移行が混濁している」と批判するように、概念の論理的欠乏を直感によって補う空想的なものだが、和辻はこのヘルデルの「精神風土学」の視点を、観念論としての哲学を人間の生存の具体的な現象から、「並列の秩序」で幸福の概念を論じたといい、この論理こそカントのいう人間の倫理的原理なしには不可能なのだと断ずる。

そして和辻は、だからといって現実に存在する世界の多種多様な現象を、ヨーロッパ的に「世界の創造主」と「人間の倫理」による一元的な論理で括ることは出来ない。なぜなら「風土的特性と人類史の使命とは切り離して考えることは出来ぬのである」と、この項を結んでいる。

和辻はその前段で「全世界を荒らし回っているヨーロッパ人に警告する。ヨーロッパ人の「幸福」の観念をもって他の国土の住民の幸福を量ってはならない。ヨーロッパ人は幸福という点において、決して最も進歩しているもの、あるいは模範となるべきものではない。ただヨーロッパ特有の一つの類型を示しているに過ぎないのである。世界の各地方には人道の見地から見て決してヨーロッパに劣らない幸福が、それぞれの土地において存している。すなわち幸福は風土的なのである」といっている。

十九世紀から二十世紀にかけて世界を席巻したのは、ヨーロッパ的思想による資本主義であった。それは二十一世紀の今日においても、資本主義の発展に即して変容しつつも、その本質は変わっていない。とくに冷戦構造の崩壊のあと、アメリカの覇権主義的世界戦略が経済と武力によって顕在化している。その現実を見るなら人類史において和辻の幸福は風土的であるという「風土論」が証明されるのは、まだ先のことなのであろう。

それとも戸坂が和辻の「日本主義的倫理学」を西欧的手法による解釈学によって、当時の自由主義哲学を日本主義的哲学に観念論として同化したと批判したように、その後の世界史の経過は、和辻の観念論としての「風土論」は実証されていない。

岩波文庫版の『風土―人間的考察』の解説を書いた歴史学者井上光貞は、和辻のこの本が発刊されてから四十年が過ぎた時点であることを断ったうえで、『風土―人間的考察』の問題点を三点に要約して挙げた。その論点の第一はイデオロギー的側面である。戸坂が問題にした「家」から「天皇制」擁護に安易に帰着するロジックである。第二点は自然観の側面である。和辻は、風土とは自然そのものを第一の自然とし、自然と人間の関係によって認識される自然を第二の自然であるとした。その第二の自然においての民族性や芸術文化など精神性の関連については論じられているが、自然条件と生産活動と生活、つまりは経済的な側面については顧みられていない。第三点は、学問的手続きの不十分さという表現を、井上は安部能成の見解を引用している。要するにそれは、論理の展開にあたってその因果関係の証明が明確でなく、論理の展開が主観的で直感的な飛躍が介在することをあげている。

したがって、第二、第三の論点は戸坂が指摘した唯物史観による分析をあえて避け、形而上的観念論としての論考であるという見解である。

今日の時点であえて「風土論」を論考するとするなら、当然その指摘を前提にした論考の方向性をもたなければならないが、解説のなかで井上は高島善哉の「風土に関する八つのノート」を、その方向性を示唆するものとして引いている。それは、自然と人間の関係性を高島は「生産力」と規定して、生産の形態や発展と、それにともなう階級の問題を「風土論」のなかで考察しようと試みたのである。井上はそのことによって第一点の問題も変わってくるというのである。

和辻の『風土―人間的考察』は、その第五章を「風土学の歴史的考察」で結んでいる。が、その四つの項立ての最後の「ヘーゲル以後の風土学」において、ヘーゲルから弁証法を引き継いだマルクスは、ヘーゲルの形而上学的な形式論を論理的合理性によって、つまりは唯物弁証法によって人間の諸関係を物質的生産関係の過程のなかにおいて論証して、「自然基底となる風土は、それが人間の労働力および生産技術と結合し、経済過程の一要素になった時にのみ、史的発展に参与する」と規定した。

しかし、それに対して和辻は、資本主義産業形態は風土的な規定を脱して、どこでも同じ形態で発展するというのは誤謬ではないかと反論している。そして「日本の地理的に特殊な位置を持っている事実さえも、対立する両階級に同一の烙印を押している。日本人が持つ性格などの特徴は、風土の持つ表現である。これは物質的生産過程にのみ着目するマルクスの論理では解けない」と述べているが、その反論が実証的にも破綻したことは、今日の日本を見たときに明白である。

風土が経済発展の過程において重要な因子であることは論をまたないが、それが決定的に主要なものではない。資本主義の不均衡発展の要因は風土にあるのではないのである。

「アジア的生産様式」の特徴

ここでは、詩人槙村浩が獄中で書いた『アジアチッシェ・イデオロギー』について触れておきたい。槙村浩（吉田豊道）は明治四十五年（一九一二）に高知市で生まれ、幼児期から神童の名を欲しいままにするが、海南中学で反戦運動の首謀者として放校され、その後、日本共産青年同盟に加盟し、高知県での活動中に逮捕、投獄される。

特高警察の激しい拷問によって食道狭窄症になって槙村は病院に収監される。その病院で槙村は二十六歳の若さで死去した。

　私が彼の詩『間島パルチザン』を読んだのは二十歳を過ぎて間もないころであったが、その感動を忘れることはない。昭和七年（一九三二）、槇村は獄中でマルクスとエンゲルスの共著『ドイツ・イデオロギー』を念頭において『アジアチッシェ・イデオロギー』を執筆する。『ドイツ・イデオロギー』は風土と生産様式の関係性とそれによって構築されるイデオロギーについて、史的唯物論の立場から詳細で緻密な理論の展開がなされている。

　槇村は、そのなかの「アジア的生産様式」をテーマに風土論的理論を展開する。書かれたものは第一部上下二巻と第二部からなる膨大なものであったが、官憲によって焼却され、辛うじて焼却を免れた第一部の上巻だけが残されている。その第一章「アジア的生産に関する諸問題の概論」はすぐれて風土論的な論考である。

　槇村はマルクスの『経済学批判序説』のなかで言及される「アジア的生産様式」について、マルクスの意図とは異なる視座から論じている。

　マルクスが「アジア的生産様式」という言葉を使ったのは、アジアにおける生産様式の特殊性について論ずるためではなく、人類史にあらわれる階級闘争の歴史の入り口のところで、原生的な共有の社会形態がインドで発見され、それがどのように崩壊と展開の過程を経て、ローマ人やゲルマン人、ケルト人のなかの私的所有の原型になったのかを論証するためであった（不破哲三著『史的唯物論研究』）。

　槇村はこれを書いた昭和七年当時、マルクスの「アジア的生産様式」のそうしたことをどの程度理解していたかは解らないが、中国革命の理論考察のなかで、その変革イデオロギーの中心である『易経』思想や『大乗信起論』『碧巌録』などの仏書から、アジア地域におけるアジア的イデオロギーの形成と成立を論究している。

その槇村の『アジアチッシェ・イデオロギー』論を、小川晴久は著書『アジアチッシェ・イデオロギーと現代』のなかで、論考の趣旨を次のように要約している。

槇村は「アジア的生産様式」の特徴を五つに規定した。その一つに黄河、揚子江、インダス河など大陸的大河をめぐる生産関係、二つに大規模な灌漑による集約的平原農業の形態、三つに分離された相似的な共同体の集合による共同体的国家による統治、四つにその生産様式において共通する奴隷的税制（地代を含めて）による搾取、それによって形成される思想としての虚無哲学、その極端に図式的な体系、五つに社会の遅鈍な進歩によって、古代のジンテーゼ（ドイツ語＝哲学用語「統合」、弁証法においては相互に矛盾する定立、反定立を止揚する理論作用、分析の反対語である）が、未来のジンテーゼに重なるという原理に基づき、人民と圧制者が対立する社会形態、すなわちアジア、とくに中国における現状と規定している。

その規定をさらに三つの形態に区分し、その第一の形態を中国、インドなどアジア的生産様式とし、第二点の形態を中央アジアとモンゴリアなどの乾燥地帯における牧畜の生産様式とし、第三の形態を高麗（朝鮮半島）と日本の農業生産の形態としている。生産様式においては第一点と第二、第三点はその形態において大きな差異はあるが、第一点地帯と不可分の関係において、社会の形態を形成している。

それは高麗や日本が本来のアジア的生産様式とは異なる条件でありながら、その上部構造であるイデオロギーがアジア的生産様式と同様のイデオロギーによっているのが特徴である。つまり、発展の過程において異なる生産様式でありながら、原始共産制から専制国家へと進んだのは、古代において中国社会への組み込みによって擬制的な社会構造が形成されたからである。

その擬制の徹底化が日本の近代史の実態である、と槇村は結論づけたのである。そして三つの形態に分類される「アジア的生産様式」の第一の形態である大陸的大河の灌漑による集約的平原農業、つまりは水稲栽培を軸にした共同体的統治が形成され、そこに『易経』の陰陽二元論による天地観の思想体系が確立された、と槇村は論じたのである。

その体系の中心に『大乗信起論』による虚無主義的仏教思想が置かれ、現実肯定のイデオロギーとしての大乗仏教が生まれ、それが慧能によって禅宗へと発展し、無住、無相、無心という精神の絶対自由、客観的には不自由の世界を超越して生きる知恵としての思想が生み出されていった、と槇村はみる。

わが国において、その禅宗が中世の知識層や支配層にひろく浸透し、現状肯定の思想として機能しながら、同時に無常観として精神の絶対自由と自立の思想として確立し、ヨーロッパ的虚無思想とは異なるアジア的精神風土をつくり上げた、と槇村はいう。

槇村の論旨を今日の時点で見るなら、論理的に精緻なものとは言い難いものも含まれているが、二十代の若さで、しかも獄中という異常な状況のなかで、よくも書いたものだと感心する。和辻とは異なる立場からの立論だが、槇村の「アジアチッシェ・イデオロギー」も、私は「風土論」の範疇において当時も今も読んでいる。

過去から現在につながる民衆の歴史観

この断章で私は何を意図するのか、それを明かすのは少し先にしたい。が、かつて民俗学と民族学が分化する以前は、それらを括って「土俗学」とよばれた。それは皇国史観を前提にした歴史の埒外の事象がもっぱらその対象であったからである。柳田國男はそれらの事象に庶民の生活の歴史的意味を見出し、民俗学として確立し体系化した。しかし、当時の情勢はその前提となる史観をくつがえすまでのものではなかった。戦後、私たちの世代はようやくその頸木《くびき》を解かれ、歴史をみることになった。

それでも庶民の歴史感覚は、というよりも戦後体制を維持する勢力は、歴史を大河ドラマ的なサクセスストリーに彩られた人物物語として語ることに終始した。たしかにそれも歴史としての過去には相違ないのだが、底辺において歴史を動かした無数の名もなき民衆が描かれることはなかった。歴史を動かすエネルギーは真実どこに存在するのか、と考えるとき、それはまぎれもなく大河ドラマに登場する少数の覇者ではなく、その覇者を支えた名もなき多数の民衆の願望のなかに存在する。

戦前はもちろん戦後の歴史においても、進歩主義史観の視座からは庶民と呼ばれるもの、あるいは土俗と呼ばれるもろもろの事象は、価値のないすでに社会的役割の終わったものとして処理され、進歩の名によって歴史のなかから消去されてきた。そのなかに、無数の農民とともに私自身の生涯も参入される。そのことに異論があるのではないが、私の好奇心を誘ったのは、民俗学者宮本常一の『忘れられた日本人』であった。名もなき民衆の境涯や辺鄙《へんぴ》な村の暮らしを克明に綴ったその本の「あとがき」に、宮本は「私が一番知りたいことは今日の文化をきずきあげてきた生産者のエネルギーというものが、どういう人間関係や環境の中から生まれ出てきたかということである」と書いている。

また、宮本が最晩年に書いた自叙伝『民俗学の旅』では、「長い道程のなかで考えつづけた一つは、いったい進歩というのはなんであろうか。発展とは何であろうかということであった。すべてが進歩しているのであろうか（中略）進歩に対する迷信が、退歩しつつあるものをも、進歩と誤解し、時にはそれが人間だけでなく、生きとし生けるものの絶滅にさえ向かわしめつつあるのではないかと思うことがある」。「進歩の陰に退歩しつつあるもの」を見定めてゆくなかで、私を含めて圧倒的多数の名もなき民衆、つまり農民の貧しい暮らしの過去と現在が歴史のなかに捕捉される。そして、そのなかで生産者のエネルギーを生み出した人間関係と自然と社会の密接な関係が解き明かされる。それこそが歴史を動かすエネルギーの存在ではないか、と改めて思ったのである。

ちょうどそのころ、私はヴァルター・ベンヤミンの『歴史哲学テーゼ（歴史の概念について）』を野村修訳で読んだ。

ベンヤミンはそこで「歴史主義の歴史記述者はいったい誰に感情移入をしているのか、という問いを提起してみればよい。かれは明らかに勝利者に感情移入をしているのだ。しかし、いつの時代でも支配者は、かつての勝利者たち全体の遺産相続人である。したがって勝利者への感情移入は、いつの時代の支配者にもしごく都合がよい。（中略）こんにちにいたるまで勝利者は誰もかれも、いま地に倒れているひとびとを踏みにじってゆく行列、こんにちの支配者たちの凱旋の行列に加わって、一緒に行進する。（中略）支配者たちはしかし、歴史的唯物論者という、距離を保った観察者がひかえていることを覚悟しておくがよい」といい、「歴史主義者の歴史哲学は、結局のところ過去を救済する」といった。

そして「ただいま生きているわれわれの存在は、すでにして遠い過去へと通じてしまっている」と、この本を解説した哲学者の今村仁司氏はベンヤミンのその言葉を次のように解読する。「現在の世代にとって過去、つまりかつて自分が付き合ってきた人々や接触した事物は、際限のない過去の人々や事物へとつながっている。いま自分が呼吸する空気のなかに、ずっと古いはるかな時代の「空気のそよぎ」があり、古い人々の声がひびいている」。このようなかすかな、そしてひそやかなつながりを、ベンヤミンは「秘密の約束」とよぶ。「約束とは、幸福の約束であり、それは現在のわれわれにとっての幸福ではまったくなくて、過去がわれわれに要求する救済または解放の約束（契り）である」。過去がわれわれに要求する「救済と解放の約束」という言い回しは、神学的で分かりにくいが、その文脈は「特定の偏見によって捨て去られ、排除された過去のすべての事件、経験、人、物が正当に評価され、同時に救済される」という言葉に要約される。

端的にいえば、それはベンヤミンの「われわれが未来とよぶものは、過去を媒体にして現在に至るのである」という歴史観なのである。

民俗学者宮本常一と哲学者ヴァルター・ベンヤミンという私のなかの妙な取り合わせの交差する一点に、私は自らの「風土論」の座標軸を置く。そして私の歴史に関する好奇心のベースキャンプを張っている。そこから私が見るのは、寂寞《せきばく》とした歴史の野の光景であり、まさに土俗の闇である。

その闇のなかに「はるかな時代の空気のそよぎ」、あるいは「声」が響いている。それを感じ、その声と交信するのは、すでに「風土」と化した私自身である。

地域論と土着の思想

詩人真壁仁は、その著書『野の文化論』で、人間が生活を営む場としての地域を「それは地理学でいう自然空間とちがって、そこに住み、よい条件をつくりだし、個性を生み出し、文化の歴史を創造していくところなのである」といい、「そこに住むものにとつて、地域は世界の中心である。もし地域に自立性がなく、個性がなく、また創造性がないとすれば、それは人も物も持ち去られたからであり、地域の自治力がよわまったからであろう」といった。

この真壁の「地域論」は上原専禄（当時、一橋大学々長）の「地域はもともと住民の地縁的な生活空間であり、住民がもっている理想を実現させるための根拠地である。地域はそれ自体孤立した社会空間ではない。内実にふかく生きた日本の社会の現実、そして世界の動向と関わっている」という「地域論」に論拠をおいている。

一九六〇年代の前半に、この「地域論」は高度経済成長政策という国家による資本主義的生産様式の形成に対峙する思想として提起された。真壁はそれに共感し、その「実践」として農村と農民のなかに、自発的で自主的な野の学習運動を展開した。真壁は前述の著書で「農民がいかに「近代化」志向を内にもつとはいえ、近代化のゆきつくところは、家族の分散、ムラの共同体の解体、個人経営と技術の否定、そして人間性と生活の破壊につながる」と喝破し、「農のめざす土着の思想が、国家、権力、資本とするどく対立する思想として、どう定立させ、閉ざした村落共同体の凝集力を、あたらしい連帯と共同の集団に変えてゆくか、それが問われている課題であり、ぼくら農民が負うべき課題である」と熱く語った。それは村に住む農民の私を鼓舞し、奮い立たせるメッセージであった。

その真壁は白鳥邦夫との対談集『希望の回想　対話』のなかで、同様の論旨を「国家権力を拒否する農本主義思想」という言い方をして、その典型として田中正造をあげている。たしかに、民選によって国会議員となった田中正造はわが国の近代化の過程で国家権力が推し進める富国強兵、鉱業振興政策のかげで、その鉱毒によって蝕まれ消されてゆく谷中村にすべてを懸けて戦い、野たれ死んだ。その生涯は壮絶であり、悲惨であった。真壁は自らの「地域論」のなかに、地域のなかにいて、その時代の潮流に乗って、サブリーダーとして旗を振った己を含めた農本主義者の思想が、もろくも国家主義体制に飲み込まれ、安易にファシズムに同調した戦前の体験に学んで、たとえ辺境の地域にあっても、世界の歴史と串刺しにした思想なしに、「地域論」は成立しないことに覚醒した。

戦後を生きる私は、そのことを起点として自らの「風土論」を構築することはいうまでもない。

真壁はまた、昭和五十五年（一九八〇）に写真家園部澄と『カラー会津の魅力』を淡光社から発行している。毎日出版文化賞を受賞した『みちのく山河紀行』の二年前だが、真壁の「地域論」の先駆けをなすもので、彼の歴史観と地域観が網羅される。そこで真壁は、「会津は内部に二層系の社会構造をもつ、それは会津にかぎったことではない。その会津が、ひとつの文化圏、ひとつの世界を感じさせるところに私は力を見る。地方でない地域をここに見る」「私にとって会津は他所ではない。私のなかに会津がある」といった。

真壁が会津の内部にある二層系の社会構造、それによって形成される文化の二層系という現象は、わが国においては決して特殊なものではない。どの地域にも存在する。古代から中世、さらに近世から近代にいたるまで、それはわが国において一貫して貫徹された支配の構造そのものだからである。したがって、それは現代においても同様である。支配と被支配においてとともにそれに依拠する歴史観の相違も歴然としている。

しかし会津においては、その相違は敗者としての体験によって共通項をもった。敗者としての惨憺《さんたん》たる悲惨のなかで構築される思想は、醒めたものだ。深い絶望感のなかから立ち上る希望は、無常を背中合わせにもっている。まさに禅的思想である。歴史風土によって醸成された「アジアチッシェ・イデオロギー」なのである。したがって、それは西欧的ニヒリズムではない。超越したオプチミズムなのである。

真壁が「自分のなかに会津がある」といったのは、すでに風土と化している会津の内なるものに、敗者としての位置から、深い歴史の闇を見つめて立ち上がってくるものの相貌を見たからであろう。悲しみの果ての覚醒が見つめる視線、あるいはその存在が放つ臭気を、真壁が会津の風土から嗅ぎとったからであろう。

会津の封建時代において記録される百姓一揆は二百四十五件である（青木虹二著『百姓一揆の年次的研究』）。これは藩別にみれば全国一である。その特徴は圧倒的に愁訴が多い。不穏から愁訴に、愁訴から越訴に発展したものもあるが、逃散はわずか八件にすぎない。打ちこわしなどの強訴は明治になっての「やーやー一揆」とよばれる支配の末端機構に対して行われた時ぐらいである。

会津の農民は状況から逃亡せずに、村々が連帯して一揆を結び、合法的なさまざまな方法をもって訴願している。

その仔細を見ると、支配末端役人との連携もある。それでも見せしめのための苛烈な刑罰によって、多くの犠牲者を出しているが、それとの引き換えに一揆の目的を達成して、生きのびるための権利を獲得してきている。

真壁の会津論はそのことに視線を向けている。真壁の「地域論」は、すなわち私の「風土論」とその歴史観において渾然一体なのである。

その土地を見つめ直す地域学

「地域論」を考古学の立場から提唱したのは、考古学者森浩一氏である。岩波新書『地域学のすすめ』で、「地域学とは、それぞれまとまった空間のなかの住人（住民ではない、民というと前提としてその対極に政権がちらつく）を主人公として歴史的な展開をみようとするものである」と定義する。そしてそのモチベーションを「蝦夷や隼人についての研究書も従来少なくなかったし、力作といってよい本もある。だが大前提になっているのは、基本資料が『日本書紀』『続日本紀』など、古代政権がつくつた歴史書の記事である。そのために考察は、いつ反乱したとか、いつ従属したなど、その地域の力を否定したり制約した行為についての記述がどうしても多くなっている。それは「中央」の立場を貫きながら言及することになりがちであり、奈良や京都に都をおいた政府との関係史（一種の外交関係史）の性格になっていることが多い」とする。森氏はそれとは異なる視座、つまり「それぞれの地域にコンパスの軸を置くということ、それぞれの土地をしっかりと見つめること」が「地域学」であると主張する。

森氏は考古学史の重要な発見が関東地方からはじまっていることから、「関東学」を地域学の形態のひとつとして提唱している。そしてさらに「東海学」を、これは従来、「東海学」をもってわが国の古代史をみる史観とは異なり、それぞれの地域にそれぞれの古代史が存在するという史観で、それに呼応するものとして高橋富雄氏の「東北学」があり、赤坂憲雄氏の『東西／南北考―いくつもの日本へ』論がある。

まず、高橋氏の「東北学」をみてみよう。周知のように高橋氏の著書『古代語の東北学』は、私の町「会津美里町の伊佐須美神社」からはじまって、「余章　大倭日高見国」で終わっているが、伊佐須美神社については別のところでふれるので、「余章　大倭日高見国」についてみてみたい。

高橋氏は「東北学」のしめくくりとして「余章」を書いたと述べ、「大倭日高見国」とはどこの地域のことで、それは何によって証明されるのか、というところからこの話を語り出す。「大倭日高見国」という言葉は、「祝詞《のりと》（延喜式第八）のなかの「大祓詞《おおはらえのことば》」や「遷却崇神詞《たたりがみうつしのことば》」にでてくる古代語で、「日本列島国家という観念を、国学上の理念としてはじめて命題化したものである」とし、それは「大倭」ヤマトの王権と「日高見国」とがひとつの国として、しかも対立した存在としてあったということで、それはどこかというと、以前から東国の蝦夷の国である。

そのことを証明するために、高橋氏は「大祓詞」と『日本書紀』の「景行紀」を引いて論証する。その文献学的詳細は省略するが、結論的にいうなら、それはこれまでのわが国の国学における「日高見国」についての解釈を根本から覆すものである。『日本書紀』の景行二十五年から二十七年にかけての紀には、二十五年の七月三日に、ヤマト政権は、竹内宿禰を北陸および東方諸国の地形また百姓の消息を調べるために遣わし、その報告が二十七年二月十三日の紀に記載されている。

その報告の趣旨は「東夷のなかに日高見国があり、これを蝦夷という。土地肥えて広し、撃ちて取るべし」である。日高見は「ひなかみ」、ひな地のさらに奥地、辺境を意味し、現在の東北地域で、あづまは「天離《あまさか》る鄙《ひな》」を語源とする現在の関東地域である。そのひなかみが日高見となり、日《ひ》の本《もと》に転化し、さらに日本国（ヤマト国）になった。その経緯は中国唐朝の新旧二つの『唐書』によって証明されるという。『唐書』は十世紀から十一世紀に書かれている。が、七世紀前半の以前、つまりは大化の改新以前のわが国は、ヤマト国と日高見国が併存していた。しかし、その日高見国はヤマト国に征服され、その存在も歴史も抹消されて、歴史の闇の中に葬られていった。

「大倭日高見国」という「祝詞」の古代語は、その歴史の片鱗であり、残された文献学的物的証拠なのである。それゆえにわが国の国号「日本」は、古代において「ヤマト」が訓づけられたのであるという。

その視点に立つならば、古代から中世、さらに近世から近代、そして現代における我が国の歴史、とりわけ政治史が明快に解読できる。

それは決して東北人の被害妄想などではない。

「ひとつの日本」と「いくつもの日本」

赤坂憲雄の著書『東西／南北考―いくつもの日本へ』（岩波新書）の「あとがき」は平成十二年（二〇〇〇）十月に書かれている。「いま、地域の時代がはじまろうとしている。かつて「地方の時代」が声高に叫ばれたことがあった。それは、いったい、何を残したのか、何ひとつ浮かばない。中心と周縁の構図のなかでは、地方がどれほどに足掻いたところで、中央や国家に身ぐるみからめ取られていることを、白日の下にさらすためにこそ、「地方の時代」はあったのかも知れない」と書き出す。

そして、「地域にあり、地域を拠りどころにして、地域からの思想をもとめる人々へのメッセージである「地域」とは、「ひとつの日本」が壊れてゆく現場である。そこに「いくつもの日本」が露出してくる。わたしたちははたして「いくつもの日本」という混沌（カオス）に耐えて、あらたな自画像を描くことができるのか。たしかに不安はある。しかし、「いくつもの日本」へと向かう流れを押し止めることはできない。それは避けがたく奔流と化してゆく、「いくつもの日本」を孕んだ地域こそが、逆説的ではあるが、グローバル化の時代に対する抵抗の拠点となるだろう」と述べている。

私は、そこに「地域論」の新たな展開と同時に、ひとつの到達点をみる。土俗学が民俗学と民族学に分離され、そこで「ひとつの日本」という歴史物語が描かれてきたが、赤坂氏は「弥生時代の幕開けから、古墳時代を経て律令国家の成立へと、あたかも列島社会の全体が大きな変容を遂げたかのように語られるが、それは結局のところ、西日本中心のローカルな歴史、しかも政治史にすぎない」とする。国学史観の歴史家はもちろん、柳田民俗学においても「ひとつの日本」の括りのなかを出ることはなかったが、しかし「いくつもの日本」という視点は、民俗学者折口信夫の晩年の著作のなかにみえると赤坂氏は指摘する。戦後のある時期、エスノロジーとして語られた「日本学」や、ネオ・ナチズムに通底する歴史観に立つゴーマニズムともそれは異なるものだが、赤坂氏はさらにその著書の「あとがき」で、「海の向こうから、多文化主義とグローバリズムとが、まるでアメと鞭のごとくに手を携えて押し寄せてくる。だから、かれらに身を委ねるわけにはいかない、とあらためて思う。覚悟を固めるときだ」と、その今日的意義を熱く語る。

「地域史」を拠りどころに「いくつもの日本」を語ることとは、言い換えれば既定の概念としての「ひとつの日本」を内側から解体することである。解体の後に再生するというコンセプトに、それは連動しなければならない。だから「覚悟を固めなければばならない」のである。

赤坂氏がいう「覚悟」とは何か。それは「ひとつの日本」という虚構のうえに組み立てられる「美しい日本」という極右的ナショナリズムではなく、「地域」が世界に連動するということによって成し得る再生に他ならないからであろう。著書の第四章「地域のはじまり」のなかで「瑞穂の国はひとつの幻影である。弥生のはじまり、稲作農耕の大陸からの渡来こそが、列島に幾筋もの亀裂を走らせ、「いくつもの日本」の発生へと突き動かしてゆく原動力となった。やがてその多元化への道行きを辿りはじめた列島の社会と文化をあらたに政治的な支配、被支配の網の目をもって統合しようとする欲望が西の弥生文化の内側から芽生える」という。その欲望が近代であり、近代を問うことは古代と現代を問うことである。

したがって、「ひとつの日本」への欲望は「いくつもの日本」と表裏をなす地政学的な促しの所産なのである。赤坂氏は「ひとつの日本」という呪縛から解放され、「いくつもの日本」という隠された歴史回路を掘り起こすことこそ、歴史民俗学における課題であると説く。

それはまさに、わが「風土論」への思い入れと合致する。

消去された敗者の歴史

古代史に多くの著作をもつ歴史学者上田正昭氏は『神話の世界』のなかで、「記紀に見えない神話」について論じ、各地の「風土記」と「記紀神話」の記述の相違、あるいは「国譲り神話」に見られるような対立する記述は、わが国古代史において、天津神とよばれる渡来者集団と国津神と呼ばれた先住者集団との激しい戦いのドラマそのものであり、「記紀神話」は勝者となった渡来者集団の英雄物語としての記録なのである。それにひきかえ「風土記」は、敗者となった先住者の屈服の記録としての性格をもつと述べている。

とりわけ、天平五年（七三三）に出雲地方の先住豪族出雲臣宏鵜と神宅臣金太理によって書かれた『出雲国風土記』は、国譲りの話を高天原から派遣された天津神に対して、国津神のオオナムチが、「言上げ」をして「この国は私が治める国である。青垣山をめぐらして守る」といったと記されるが、「記紀神話」では、オオナムチは天津神であるタケミカヅチとフツヌシに屈服して、すみやかに国を譲ったと書かれる。また、「記紀神話」の英雄譚スサノオのヤマタのオロチ退治は、その舞台が出雲にもかかわらず『出雲国風土記』には書かれていない。

そのほかにも『常陸国風土記』の伝承神話、筑波の神と福慈（富士）の神の話も「記紀神話」にはない。

上田氏はそうした例証をあげ、大宝元年（七〇一）に制定され、翌年から施行された大宝令の注釈書『古記』に記される「夷狄《いてき》」の注釈を引く。「夷狄」とは、毛人、肥人、阿麻弥人らの類で、王化の外に住む。

つまり八世紀初頭において、まだ畿内の王権の支配下に入らない土地に住む人々を指す言葉で、毛人（えみし）はいうまでもなく蝦夷で、「夷狄」は東国以北の住む人々の総称である。

したがって、その地に伝承される神話や古譚はむろんのこと、その地に住む人々の暮らしのありさまも無視され、それらはすべてわが国の歴史からひとからげに括られて消されていったのである。

古代史におけるその思想は決して古代にとどまるものではなく、近世から近代にまで連綿として続いていると、上田氏は『記紀の思想史』のなかで論述する。

さらに、わが国の歴史に「征韓論」が繰り返してあらわれたのは、「記紀神話」の『日本書紀』のなかの朝鮮「蕃国《ばんこく》」史観と、神功皇后（オキナガタラシヒメ）の「三韓服属説話」にその起点があるという。

豊臣秀吉の朝鮮出兵から、明治期の不平等極まりない「日朝修好条約」、そして「韓国合併」という植民地政策まで、それは「記紀神話」の延長線上にある。しかしそれはまさに「ひとつの日本」という観念によって成立し、その解体によって解消される。「いくつもの日本」という史観は、その意味において、大陸での敗者の遺恨と復讐という情念が、時を超えてその底意にあることは否めない。

単に歴史における「地域論」にとどまるものではなく、わが国に宿痾《しゆくあ》のようにとりつく侵略の思想を、二十一世紀において、その回路を解体することでもある。

上田氏は歴史学者として声高に「いくつもの日本」を主張するものではない。が、覇者の史観によってのみ歴史を観ることのあやまりを指摘する。その論旨の本質は民俗学者赤坂氏の「いくつもの日本」、また歴史学者森氏の「地域論」と同質のものである。

八世紀前半に書かれたわが国の古風土記には、『陸奥国風土記』は存在しない。それは畿内政権の圏外にあったからである。だが、そのとき陸奥国、つまり蝦夷とよばれた人々の国は存在していた。とりわけその地域の南端に位置する会津は畿内政権による陸奥国攻略の戦略的拠点であった。それを物語る文献は、「記紀神話」のなかに「四道将軍説話」として会津の地名伝説が記されているが、それ以外にはない。しかし、会津に残される巨大古墳群の存在は、何よりもその戦いのドラマがどのようなものであったかを雄弁に物語っている。それについては別項でふれるが、消去された敗者の歴史のなかにこそ、歴史の真実は隠されている。「風土論」はその闇への旅でもある。

「会津」の地名、敗者の伝説

谷川健一著『日本の地名』は、地名から地域の歴史を読み解き、そこから日本の歴史を観ようとするもので、その第二章で「地名と風土」について論じている。したがって、これはひとつの「風土論」ともいえる。谷川氏は「私にとって地名はたんなる標識の符号ではない。「おくのほそ道」のはじめに、「道祖神のまねきにあひて」とあるが、私もここ二十年間、地名という土地の精霊にまねかれて各地を旅してきた。そうしたことから本書を「土地の精霊との対話」と受け取っていただいて差し支えない」と述べている。

第一章の「地名の旅」は日本列島の回りを囲む海流、黒潮にゆかりをもつ地名、つまりは黒潮にゆかりをもつ人々の流れを追う旅である。柳田國男も『海上の道』でそれを辿ったが、谷川氏もまた「幾千年も前からやすむことなく流れつづけている黒潮は、日本人の意識と文化の形成に絶大な影響を及ぼしてきた」と、それを地名のなかに追ったのである。

第二章の「地名と風土」は、列島を東西に分ける中央構造線とそこから南にのびるフォッサマグナ、その北陸海岸の糸魚川から九州に至るまで、古代における人と神の往来の痕跡としての地名を追ったものである。

谷川氏は周知のように詩人谷川雁の長兄で熊本県の出身である。「地名と風土」が列島の中央から南の地域に集中するのは、「東北学」と同様に「地域学」としての視点であろう。「東北学」との相違は、地名が「記紀神話」とともに、地すべりなどの自然災害や形状に深くかかわって名づけられていることである。「東北学」においては地名の語源にアイヌ語があるが、この地域には古代政権の物語にちなむ地名や、その語源に朝鮮語が多くみられることである。

我が国の地名の多くは、はじめにつけられたものが、その後、発音は同じでも美名にその漢字が書きかえられている。それはわが国固有の文化なのかは不明だが、言葉にたいする呪術的な言霊《ことだま》信仰が作用していると考えられる。数多い例があるが、例えば糸魚川の場合、氾濫をくりかえすので厭川《いといかわ》がその語源である。会津の阿久津という地名も古名は悪地《あくつ》である。会津も「記紀神話」では相津《あいづ》である。会津という地名についても諸説があるが、谷川氏の黒潮に乗って列島に広がった海人族の象徴としての「青」が、会津という地名の底には潜められているのではないかと思った。

その詳細は別に譲るとしても、会津盆地の河川は宇内（ウナイはアイヌ語が語源）地域で終結して越後山脈を越えて阿賀野川として日本海に注ぐ。その終結地帯の青津（あおづ）地域に前方後円墳の巨大古墳群がある。古墳時代初期から晩期にかけて十二基の古墳群は盆地東辺の大塚山古墳群と相対する。それは「記紀神話」が書かれる以前、四世紀から六世紀にかけての時代である。

会津とよばれる地域は当時、すでに青津と呼ばれていた。その地に青津神社はないが、越後国蒲原郡（新潟県加茂市、新潟市長嶺）には二社の青海《あおみ》神社があり、その神社は若狭の青から能登半島の阿尾を経て、越後の旧西頸城《くびき》郡の青海町から阿賀野川を遡って会津盆地に入り、青津の地に稲作栽培を中心とする生産様式を確立し、弥生文化の小国家的拠点をつくっていた。それが「記紀神話」の「四道将軍説話」の創作の過程で、会津の地名伝説として使われていった、と推測する。

谷川氏は第三章「地名を推理する」で、北方の「白鳥伝説の足跡をさぐる」の項を立て、宮城県刈田嶺《かりたみね》神社（白鳥大明神）以北の「白鳥伝説」について論究する。谷川氏には大著『白鳥伝説』があるが、「記紀神話」の「ヤマトタケル」は、戦前の国定教科書、尋常小学校三年国語の教科書に載っているように、女装をして熊襲《くまそ》タケルを撃って、タケルの名を名乗るようになった皇子の一人だが、父である第十二代景行天皇にうとまれ、過酷な東征のなかで死んだあと、白鳥になって北へ向かって飛んで行ったとされている。一説にはヤマトタケルの話自体、神功皇后の朝鮮半島征服のためにつくられたものだという説もある。が、いずれにせよ、ヤマトタケルの魂が鳥になって飛んで行ったというこの説話には、新羅国王の始祖赫《かっ》居世《きょせい》、加羅国王の始祖首露王《しゅろおう》、高句麗国王の始祖朱蒙《しゅもう》の朝鮮半島の三国の王はすべて卵から生まれたという卵生《らんせい》神話が絡んでいると谷川氏は観る。

その白鳥伝説は会津にはないと思っていたが、下郷町の白岩地区に白鳥神社があることがわかった。その場所は阿賀川（大川）東岸の川沿いの集落で高い河岸段丘にあり、白岩を氏名とする人々が多いところであった。これは宮城県以北の白鳥神社がその明神に安倍貞任の弟、白鳥八郎則任を祀っているが、会津の白鳥神社はそれとも異なり、また常陸の白鳥郷とも関連はない。常陸の白鳥郷は津軽の「藤崎」からの移住であるという。谷川氏は白鳥伝説と物部氏、その配下にいた鳥取氏が白鳥伝説の流布に関係があると睨む。そういえば、たしかに会津若松市湊町には物部守屋を祀る守屋神社があり、その周辺から製鉄の残滓とみられるものが発見されている。

また、下郷町の白鳥神社の下流十キロメートルに位置する本郷地域の河岸には、白鳳山という小高い山がある。中世の時代に葦名盛氏が城を築いた山だが、その麓に常陸からの移住者集落がある。太子信仰の浄土真宗の菩提寺を擁している。彼らが常陸の白鳥伝説を携えてきて、その山を白い大鳥の山、白鳳山と名付けたのかもしれない。その近くには、あの以仁王伝説にちなむ高倉神社がある。会津の地には古代から近世にいたるまで敗者の伝説が充満する。多くの地名が真偽はともかくその伝説に絡んでいる。

「景観と生活に歴史を見る」

平成十四年（二〇〇二）に刊行が完了した『会津高田町史』（全七巻）という生まれ育った町の地域史の編纂に、およそ十五年ほどかかわった。学術的な経歴も歴史についての見識もないいわばど素人が、必要にせまられ歴史や民俗に関する本を、好奇心のおもむくままに雑読した。

そのなかで昭和二十五年（一九五〇）に発足した地方紙研究協議会の存在と、その活動を知った。会の設立趣意は、戦前の皇国史観による地方史研究から解放された戦後、その虚妄ともいえる歴史観にたいして、地方の歴史の地道な掘り起こしによってこの国の歴史を捉え直そうという立場であった。そして、その方法論的マニュアルとして発刊されたのが、木村礎、林英夫編『地方史研究の方法』である。

初版は昭和四十三年（一九六八）だが、その二年後に『地方史研究増訂版』が出て、さらにその三十年後の平成十二年（二〇〇〇）に『地方史研究の新方法』が、初版と同じ編者によって出版された。三十二年ぶりに改変されたその本の内容を、編者は「前者とは全くといってよいほど、その趣がことなることになった」とその本の冒頭の「はじめに―この本をつくった理由」で述べている。そして、その地域の人々の「生活史を基本にする」という史観から、その方法論として「景観に歴史を見る」「生活に歴史を見る」

という。

それは「戦後における地方史研究の重要にして貴重な本質は、身の周りの事物および、それら相互の諸関係についての強力な実証性である」「歴史の研究や叙述を危うい観念論の下僕には決してしまいという強い決意がともすると忘れがちになる昨今の状況にたいして、改めて地方史研究の初心に立ち返るということである」と述べている。

平成の大合併にともない市町村合併がすすめられるなかで、大方の市町村が地方史の編纂を事業として行っている。それは結構なことだが、必ずしも『地方史研究の新方法』に示される方向性をもっているとは言い難い。

ささやかな経験から、それにはさまざまな要因が潜むことを体感した。一つは「生活史」を基本にするという地方史史観が確立されていない。さすがに戦前のような皇国史観に立つ方はなくなったが、いまだに行政史的沿革史にとどまってしまうことが多い。二つには限定された予算のなかでの編纂という制約がともなう。さらに地域の歴史の広範な領域にたいして、それぞれの分野の書き手不足の問題などがある。したがって、その地域の独自性よりも一般的な、あるいは既存の文献によって、すでにパターン化されていることを羅列したにすぎない例が多い。それは、地域の歴史を探求する折角の機会なのに、残念なことである。

例えば、「景観に歴史を見る」ということは、その前提に「すべての現存在は歴史の所産である」という歴史認識があっての視点である。景観という概念はたんに自然環境というに止まらず、その地域に生活をする人々の暮らしが深くかかわっている。まさに自然と人間との関係性を社会現象のなかに捉え、空間のみならず時間を加えた四次元的感覚でみることなのである。それは私が関心をもつ「風土」的史観に相似する。

「生活に歴史を見る」も、歴史の主体は庶民の生活にあるという視点であるが、地域の歴史を駆動する原動力は、地域に住む人たちの生活実態である。もちろん中央と地方という関係性のなかで遂行される政策と不可分のもので、地域の振興と衰退は、そこに住む人々の生活の充足と困窮の度合いに比例する。

戦後、高度経済成長政策が推進されて、庶民の生活の利便性は著しく向上したが、地域はおしなべて衰退している。その原因を実証的に歴史的経過の具体例をもって検証することは、いま地域史の編纂におて欠かせない課題である。しかし、それらは全くなされていない。それどころか政策にたいする庶民の要求や闘争といったことについては、地域史の埒外《らちがい》に置かれている。

生活者の視点、それは生活者の思想であり生活実態から紡ぎだされる歴史認識である。『地方史研究の新方法』のなかで林英夫氏はその具体的な例として、戊辰戦争における会津藩の農民の動向について書いている。

「討伐軍（官軍）が、会津に攻撃を加えるにあたって、会津藩の民政が良好であるという情報から、藩領内の農民からの抵抗を予測していたところ、そうした気配はまったくなく、喜んで迎えてくれたという話が、土佐藩の史料（『土佐藩戊辰戦争資料集成』）のなかに見られる」。これは、会津の農民が生活者の立場から、支配階級の権力闘争である戊辰戦争の本質を冷静に観察して、体制の崩壊と新しい四民平等という思想に共鳴していたことを示すものである。

会津の農民は落城とほぼ同時に、旧体制の末端機構であった村の肝煎や名主にたいして、年貢の減免とその賦課台帳である水帳《みずちょう》の焼却廃棄を求めて、いっせいに蜂起している。これについては歴史学者庄司吉之助氏によって『世直し一揆の研究』（校倉書房）としてまとめられているが、それはそれまでの封建社会における農民一揆とは異なり、国内戦争への狩出しに反対することや、肝煎の廃止と農民の公選による代表の選出、負債の返済免除など、生活擁護のための具体的な要求とともに、民主主義的要求を含むもので、その意味においては地域史が世界と民衆の動向に呼応し連動する現象を起こしているのである。そしてそれは、世界と同じように、わが国の近代化の幕開けとなった明治新政府の武力によって鎮圧され、その首謀者とされた農民には、冤罪をもって補縛し、打ち首という封建時代の残酷な見せしめの処刑を行ったのである。

かつてE・H・カーは「歴史観は社会観の反映」であるといい、その「社会観は時代の価値体系を背骨としている。その価値判断の基準は常に二重性をもって動いている」といった。支配と被支配、マルクスが階級と規定した資本主義社会の対立する社会構造は、たえず運動体として変動しつつ、その時代の価値体系をつくっている。カーはその著『歴史とは何か』で「私は激動する世界、陣痛に苦しむ世界を見つめ、ある偉大な科学者の古びた言葉を借りてお答えしたいと思います。それでも―それは動く」と結んでいる。

「地方」という言葉は、「中央」という言葉との対置のなかで成り立つが、「地域」はそれ自体ひとつの世界として、その歴史的展開を「すべての現存在は歴史の所産である」という観点から、さまざまな要因によってたえず死滅と生成をくりかえす動態として、その要因とともに運動の方向性をみなければならない。

地域史研究の役割

古い話になるが、昭和三十年（一九五五）から三十一年にかけて、河出書房から和歌森太郎氏ら三人の編集による『日本文化風土記』（全七巻）が刊行された。その「東北編」を読んだのは高校三年のときで、高校の図書室であった。六十年も以前のことが記憶に残るのは、その本のあまりの東北蔑視の史観であった。東北人などという意識はまだなかった少年時代であったが、歴史に関心をもちはじめたころで、その「概論」を読んで驚いた。その驚きは歳を経るにしたがって、私の脳裏に刻印のように焼き付いていることに気づかされている。

概論ともいうべき「東北の風土」を書いたのは富田芳郎氏だが、「古代東北は全くの暗黒の状態であり、そこへ中央の文化が滔々《とうとう》と進出し、東北の天地はその潤いに浴していった」と書き出され、その文末で東北の後進性の原因とその打破について、「その原因が風土性に在るか、人の能力にあるかでも異なり、型にはまった開発方式で臨んでは、その実績は予想通り挙がるはずはない、あたかも素質能力の十分でない薄弱児に学費を注ぎ込んで正規の高い課程の教育を受けさせると同様で、それよりも素質のあるものに学費を注ぎ込む方がより効果的である」と書かれていた。

戦後十年が過ぎた時点でさえこのありさまであるのだから、それ以前の中央の学者の東北観など言うに及ぶまい。明治新政府が成立して間もない明治十年に、自由党の林正明が「白河以北一山百文」といったのは有名だが、わが国の近代化におけるその思想は、現在もなお隠然として存在する。それは東北の風土性によるものではない。まさに東北の歴史性によるものである。しかも、その基層をなす古代からの事象は消去され、古代東北はあたかも蛮族の跋扈《ばっこ》する暗黒の地であったように歪曲され、そこに「滔々と進出した中央の文化」のみが歴史として語られているのである。その東北の南端の一角である会津に住む私もまた、多かれ少なかれその呪縛のなかにいた。その呪縛を解く、それがこの「風土論」に潜在する動機なのである。

さて、『日本文化風土記』東北編のなかで、「会津の風土と生活」について、会津の生んだ民俗学者山口弥一郎氏が書いておられる。

限られた紙数のなかの記述なので断片的にならざるを得なかったと思われるが、山口氏は「桃源郷のような盆地が、南北三十キロ、東西十六キロメートルに拡がっていることは、磐梯山麓を日橋川に沿って下ってきて、今さらのように目を見張らさせる」とその一文を書き出している。そして民俗学の視点から会津の生活様式を住居、服装、食制、民間信仰などにわたって論述し、「この仙境に、永い封建的な藩体制につちかわれて、会津特有の習俗、気質ともいうべきものを育て上げた。その秀れた伝統も貴重なものではあるが、ぬけきれない古い伝統の固守性はまた、現代生活の進歩的なものに追い付けない欠点もさらけだしている」と概括している。

山口氏は、会津の民俗、文化の特徴は、北の習俗や生活文化の南限となっていることを注視し、それはたんに気候などの自然環境によることよりも、わが国の民族形成における要因とその歴史性にあることを指摘している。これまでこのように北からの視点で会津が論じられたことは少ない。いまもきわめて少ない。会津人自体がその視点に立つこともない。

古代における会津の文化史を彩る仏教についても、「大同二年説」といわれるように、仏閣の創建の大半が大同年間（八〇六〜八一〇）の空海伝説に集中する。それ以前については未開の地として「暗黒」のなかに置かれてきた。また「会津人気質」とよばれるものも、近世、近代のなかで論じられて、とりわけ近代への動乱時の支配層の悲劇が、会津人全体の悲劇とされてきたが、それは会津の民衆とはかかわりなく、時代の転換期にスケープゴートとされた武士階級の悲劇にすぎない。

先ごろ、菅原征子著『日本古代の民間宗教』のなかの「会津における古代宗教」を興味深く読んだ。この論文の初出のときは「その性格と布教者」というサブタイトルがつけられていて、論文の焦点は、会津における薬師信仰と徳一の布教にあてられている。菅原氏は「この時代に何故南都の僧が辺境の地にきたのか」と設問し、廷議（宮廷、天皇の議決）よって都を追放された徳一が、当時はまだ未開の地であった蝦夷《えぞ》の国会津になぜ来たのかを論考している。

徳一が廷議によって追放されたのは宗教上の問題ではなく、権力闘争による。恵美押勝（藤原仲麻呂）の子とされる徳一は、僧籍にあったために一族とともに殺掃されることはまぬがれたが、追放は抹殺を意味した。それを避けるには道教が握った権力の圏外に出なければならい。しかし、まだ戦乱の余塵の残る蝦夷の地の会津に入るには、まずは東国常陸の筑波山に逃れて、そこから七八〇年ごろに会津に入り、磐梯山の麓に慧日寺を創建したことになっている。しかし、『福島県史』では空海が勅（天皇の命令）によって大同元年（八〇六）に慧日寺を創建したと書いてある。笠井尚氏の『徳一草稿』はそのあたりについて詳細な考察をおこなっているが、徳一については没年（天長元年〈八二四〉、七十六歳、県史）と最澄との論争が弘仁年間（八一〇〜八二四）にあったことがわかるだけで、あとは不明である。

大同元年は磐梯山の大噴火が起き、猪苗代湖ができたとされるが、地質学的には証明されないという。しかし、噴火による土石流の発生はありえたといわれ、その被害も当然大規模のものであった。法相宗の徳一が現世利益の薬師信仰を布教したのは、その災害救済と鎮魂のためであったと推測される。徳一が創建した会津五薬師の中心は盆地のほぼ中央に位置する湯川村の勝常寺だが、そこには、わが国の美術史のターニングポイントになる貞観仏の薬師三尊像（国宝）が安置されている。会津にはその時代（大同年間）に薬師信仰とともに観音信仰も広まり、創建された寺数では観音寺のほうが薬師寺を上回っている。こうした古代における会津仏教の興隆はその前提として、それを受容する文化力と経済力がそこに存在しなければ成し得ない。

しかし、これまでその前史として会津に伝承される「高寺伝承」については否定されつづけてきた。菅原氏もまたその著書のなかで「それは想像としかいいようがない」と一蹴する。文化は南から北へという観念はこの小文の冒頭に引いた富田氏同様、一貫して貫徹されているのである。「地域史」においては、すでに二瓶清氏の『会津文化史』や萩生田和郎氏の『中国僧青巌と高寺伝承』など、地道に調査をしたうえでの論考がある。消去された歴史を丹念に掘り起こして、歴史の真実に迫る。それこそが地域史研究の担う光栄ある役割なのである。

「敗れつづけた者」と風土

『詩と思想』誌が平成十六年（二〇〇四）八月号で、「地域、風土、言語」を特集した。詩人とよばれる人々が特集の主題「地域、風土、言語」について、どのような思いをもっているのか、それは私がいま課題としている「地域、風土」とどのような共通項と差異をもつのか、興味深く拝読した。総じて風土という概念は、歴史地理学的な現象がそれぞれの詩人の自我形成に与えた影響について語られ、それがそれぞれの詩人の詩作という言語活動とその思想に深く棲みついている。詩はその自覚によって支えられている、と語られていた。

そのなかで私は、杉谷昭人氏の「詩と風土―敗れつづけてきた者として」を、ことのほか関心をもって読んだ。その評論的エッセイは高山文彦氏の詩「鬼降る森」を引き合いにして書き出される。高山氏のふるさとはあの「記紀神話」の原郷とされる宮崎県高千穂町である。天孫降臨の地であり、巨大な侵略戦争のスローガンであった「八紘一宇」のモニュメントが建っている。

私も昭和五十年代に訪れたことがあったが、神話の里がその町の観光のウリであった。しかし、その町に古代の侵略者である天孫族と戦い、敗れ去った先住者の物語が、ひそかに今に語り継がれているのである。高山氏は草深いその地の「鬼八伝説」にことよせ、詩「鬼降る森」でわが国の現状を告発する。杉谷氏はその詩に共感をこめて、みずからの風土論の論点を置いた。「神話」ではわが国の初代の天皇とされる神武天皇の兄、ミケイリヌシノミコト（ミケヌノミコト）に服従することを拒んだ鬼八は、何度も切り殺されて地の底に埋められても、一夜のうちによみがえってくる。ほとほと手を焼いたミケイリヌシノミコトは、鬼八を首と胴と手足の三つに分断してばらばらに遠く離して埋めた。「鬼八」とは固有名詞ではなく、「数多い鬼たち」ということである。侵略者にたいして不服従をつらぬいて敗れつづけてきた者たちの残酷な物語を、天皇誕生という正史の陰で、時を超えて語り継いできた鬼八の後裔たち、そこには正史とは異なる歴史風土が厳然として存在するという。

杉谷氏はみずからの体験としての「六十年安保闘争」を回顧して、高山氏のいう「敗れつづけた者」のひとりとして、風土への強い思いを、みずからの詩作品を支える要諦としている。そして「風土をたんに気象、地形、地質など、住民の生活や文化に影響を及ぼす自然環境、自然現象のみを指すのではなく、わたしたちの思考や行動に影響を及ぼす人為的、社会的環境をふくめた総体としてとらえなければならない」とする。風土を意識するとは、それら総体としての風土をみずからの生の一部として引き受けて生きる。つまり杉谷氏においては「敗れつづける者」としての連帯が結ぶ他者との共存を意識することだという。

この杉谷氏の風土への視座には、共感とともに示唆を得た。しかし同時に論旨のいくつかには相違も感じた。そのひとつは「六十年安保闘争」を敗北あるいは運動の挫折とみる歴史認識、これは当時の知識人や学生運動家たちが転向の理由づけに、あるいは極左冒険主義へ走る理由づけに反共理論とセットで「六十年安保闘争総括論」として喧伝された主張であった。さらに杉谷氏は、そうした時代の高揚があっても、ムラは何も変わらなかったと慨嘆する。が、それらについて私は賛同しない。

それはムラに住み、ムラのなかからその運動にかかわった者の実感ではないからである。ムラの変化を、変化の主体形成の当事者としてみるなら、あの闘争のなかで学習した諸問題は、その後、学習の通りにムラの現実として展開されている。あの運動の正当性の立証を、ムラに住むものはその運動への賛否にかかわらず、現実において体験しているのである。それはまぎれもなく現代における「敗れつづける者」としての「鬼八伝説」である。杉谷氏は「鬼八伝説」の継承者、その語り手であることの自覚こそが風土を意識することだといった。そのことについては、まったく同感である。

列島の南端の地域に残る杉谷氏の「鬼八伝説」に関するエッセイを読みながら、私は期せずして、北の地域の「伝説」が脳裏を去来した。それは「古伝三書」といわれる「上記《ウエツフミ》」「秀真伝《ホツマツタエ》」「三笠記《ミカサフミ》」異録といわれる『東日流外三郡誌《ツガルソトサングンシ》』などの「記紀神話」以前の物語文書である。いずれも荒唐無稽な偽書としてあつかわれているが、それを伝えたのは「敗れつづけてきた者」の後裔たちである。

「秀真伝」は江戸後期の秋田の国学者平田篤胤によって予言され、近代になって発見された「蔵王王朝」説の古文書である。その書の合わせ鏡ともいわれる「三笠記」は古代東北の文化史である。また『東日流外三郡誌』は「記紀神話」において、神武天皇に逆らい滅ぼされたナガスネヒコ一族の北方への流浪と再生の物語である。

会津において古代史伝承として残されるのは、保科正之が寛文十二年（一六七二）、向井新兵衛に編纂させた『会津旧事雑考』（九巻）の冒頭に採録されているナガスネヒコの末裔が蝦夷征伐に加担する話である。

「神武天皇第一代元年辛酉、帝《ミカド》ナガスネヒコを殺して、ついに位に即く、安らかな日遂に及ぶ」と書き出され、「会津郡の尾山邑《むら》のいずれに蝦夷塚がある。今はわずかに土推があるだけだが、里人説を曰くに、その制《つくり》は版石をもって四周をかこみ、後ろには寛《ひろ》い丈余の敷石を置く、それを義家が蝦夷征伐のときのものというが、後世の付会で誤りである。崇神朝のころに、陸奥国の蝦夷が乱れ、将軍阿倍氏が征伐しようとしたが、戦況はしばしば不利になり窮地に陥った。そのとき、会津に住む安東《ヤスハル》と云う者が、加勢をして蝦夷を鎮めた。尾山邑にある蝦夷塚はそのころのものであろう」

安東という者は安月の孫で、かつて帝《ミカド》（神武天皇）は摂州（現在の大阪・兵庫）で、長髄彦《ナガスネヒコ》をその子ウマジマシと共謀して殺し、帝の位についた。安東の祖父、安月はナガスネヒコの兄弟で、安月一族は東の辺に逃れて秋田の祖になった。安東は帝に逆らった祖父の罪を免じていただけるなら、蝦夷征伐に加勢し功をあげることを阿倍氏に申し出、その功を上げその臣となった、といった伝承だが、それは「伊佐須美神社縁起」の旧記からの採録であることが推測される。そのどこまでが歴史的事実なのかはわからないが、古代における蝦夷征伐が「蝦夷は蝦夷をもって制す」という戦略がとられたことを物語る。したがって、それは皇国史観によって書かれたもので、伝承とはいいながら先住者の視点からのものではない。『東日流外三郡誌』の後付けとも読めるが、『東日流外三郡誌』には、縄文土器の傑作といわれる遮光器土偶は、彼ら一族が奉信した荒吐神《アラハバキノカミ》であると書かれている。

古代会津と稲作の伝播

はじめの方で引いた和辻哲郎の『風土―人間的考察』には、「風土とは、単なる自然環境ではなくして、人間の精神構造のなかに刻み込まれた自己了解の仕方に他ならない」と書かれ、「風土現象の直感から出発して人間存在の特殊性に入り込もうとする。もとより風土は歴史的風土であるゆえに、風土の類型も同時に歴史的類型である。我々はそれにふれることを毫《いささか》も避けようとしない。また避けることのできないものである。しかし、我々はここに人間の歴史的、風土的特殊構造を特に風土の側から把握しようと試みるのである」と述べている。私の断章的「風土論」も、会津という地域が、私自身の精神構造のなかに深く刻み込んでいるものを、風土の側から自己了解を果たそうとする試行なのである。

わが町（会津美里町）が生んだ民俗学者山口弥一郎氏が、昭和四十九年に講談社から発刊した『古代会津の歴史』は、歴史学者の古代史論とはひと味違った会津の古代史論として、風土の側から会津の古代史を把握しようとするものだが、その試みを私は興味深く拝読した。

会津盆地は湖盆地で断層盆地である。周辺の山脈から盆地に流れ込む河川は盆地北西の地域、宇内（坂下町）地帯で集合し、山崎の地峡を通って越後に抜けて、阿賀野川となって日本海に注ぐ。地形成因図を見れば盆地の北西部から盆地の中央部にかけての広大な地域が、湖底堆積分布地帯、いわゆるドッコン水（湧水、自噴水）地帯である。残りの地域も氾濫原と湿地帯である。河川の水路が現在の位置に定着したのは近世になってからで、それ以前は縄文土器や弥生土器の埋蔵遺跡の分布から、盆地周縁の山麓と河岸段丘を居住地としていたことが判断される。また、延暦二十五年（八〇六）に磐梯山の大噴火があり、その大地震によって二つの荘が陥没して猪苗代湖ができたとされる。さらに慶長十六年（一六一一）の会津大地震によって盆地の排水路の山崎地域に大規模な山崩れが発生し、その一帯に周囲五キロメートルの山崎湖が出現している。地震発生から三十四年後の正保二年（一六四五）に会津藩による掘削工事が行われて、ようやく盆地内低地の湛水状態地は減少するが、盆地内は洪水常習地帯が大半を占めた。しかし、洪水による山土や腐食土の堆積と盆地特有の夏場の高温多湿の気候は稲作栽培には適合し、稲作を中心とする集団的な生産体制は、狩猟や採取の縄文文化を凌駕し、栽培によって余剰を獲得する弥生文化による国家的社会が、侵入者と先住者との混交において形成され、会津においては三世紀から六世紀までの古墳時代が形成されたのである。その国家的質量は巨大古墳の規模からも、畿内文化と同等のものであったと推定できる。

今世紀に入って、会津の古墳文化に新しい発見があった。それは古墳時代において、大塚山古墳群や青津古墳群からの出土品の銅鏡は彷製鏡であったので、盆地中央の田村山古墳（基盤整備によって古墳は消失している）からの出土鏡も同様のものとされてきたが、銅の成分や紋様などから、中国からのものではないかということになり、それはどのような意味をもつのか改めて地域史研究の課題となっている。

会津開拓の文献的論拠とされている「記紀神話」の「四道将軍説話」の崇神朝が、西暦に比定すればいつになるのか定かではないが、わが国の卑弥呼が中国の魏の明帝から銅鏡百枚をもらったのは二三九年と『魏志倭人伝』に書かれている。その時代は、わが国ではまだ古墳時代とはよばれていない。弥生時代後期である。

稲作がわが国に入ってきたのはいつのころでどこからなのか、ということで著名なのは、柳田國男晩年の著書『海上の道』であるが、「稲」という言葉からそのルーツを探ったのは、川崎真治氏の著書『古代稲作地名の起源』である。言語学的には「イネ」はインドネシア群島のハルマヘラ島やセレベス島の言葉と同じなので、古代においてそれらの島から黒潮に乗ってわが国に来た人々によって伝播されたのではないかと推論する。さらに、それらの島の文化の源流は古代シュメール人に辿りつくという。遠大な話だが、要はわが国の弥生文化、つまり稲作の栽培は、はじめは南洋諸島からの渡来人によって伝えられ、紀元前四〇〇〇年ごろから朝鮮や中国大陸からより進んだ栽培技術が入ってきて、その生産様式がとり入れられていった。はじめから朝鮮や中国からの伝播であれば、それらの国のイネの言葉との何らかの関連があるはずだがそれはない、と川崎氏はいう。

列島における拡張も、紀元前二五〇〇年代の水田遺跡が青森県の津軽平野にあることから、稲作は陸上からの北漸ではなく、海上からの北漸であったとみられ、会津盆地への伝播も陸続きの東国からではなく、すくなくとも二世紀ころには能登半島から越後を経由して阿賀野川を遡って入ってきた、と遺跡からの出土品は物語っている。畿内政権であるヤマト朝廷が蝦夷征伐と称して会津に入ってくるのは六世紀から七世紀に入ってからであり、それは激烈な戦乱がともなうものであった。しかし、それらのことは記録としては残されていない。戦いがなかったと山口氏はいうが、私は戦いはあった、しかし敗者の歴史ゆえに消去されたのだと考える。その戦いの勝利の記念として、征夷大将軍の坂上田村麻呂は、大同三年（八〇八）に、わざわざ会津坂下町の恵隆寺に、生きている立木を刻んで、二丈八尺の観音像を建立し、それを「高寺」に代わる、「高寺恵隆寺」とするのである。

「慧日寺縁起」が物語る会津の先住民

山口氏が『古代会津の歴史』のなかで民俗学の視点から力点を置いたのは、九世紀初頭に形成される会津仏教王国の前史に何があったかについてである。会津仏教王国の中心的役割を担った徳一開祖の慧日寺が、戦後まで会津盆地全域から「イナバツ」（稲鉢）という稲束二把に相当するコメを徴収していたことをとりあげている。しかも封建社会になっても領主の保護を受けながらそれは行われている。仏教寺院が布施として信者から寄付を受けるのは一般的だが、宗教宗派に関係なく磐梯山の見える会津全域の農家から、稲束二把の初穂料を集め、その礼として磐梯明神と厩嶽山《うまやだけさん》のお札を配布して、飼馬と稲の豊作を祈るという民間信仰について山口氏は論考する。

このイナバツは大頭、小頭とよぶ二本の棒に径二十センチほどの曲物を取り付けた祭具を荷負い、一人を連れて三人組で各家を回って歩くのである。これは仏教の行為とは異なる。仏教以前の民間信仰であり、慧日寺創建以前から磐梯神社の神官によって行われている。イナバツを集めるために担いで歩く大頭、小頭という祭具は、四尺ほどの棒の先端に鉾《ほこ》の形をしたものを取り付け、その下に幣と太陽と月をかたどったものをつけている。ほかの例では青田竹にそうしたものをつけて担ぎ歩くところもあるという。青竹は神の依り代なのだが、会津の磐梯神社の場合は鉾である。山口氏はこの習俗を論究するなかで、その原基を修験の霞《かすみ》に見ている。

霞とは、山形の羽黒山伏が信仰地域を確保するために行っている道者株のことで、山にたいする信仰と同時に入会いの権利を集落ごとに決めて、修験山伏に集落が支払う入会料のことである。慧日寺のイナバツもその発生は修験の大伴家がとりしきった磐梯山、厩嶽山一帯の採草放牧の入会権に対する賦課だとみる。修験道は原始山岳信仰が仏教、道教、陰陽道などの影響を受けて平安時代に成立した民俗宗教のひとつだが、会津における山岳信仰は磐梯山、飯豊山、明神ヶ岳などそれぞれの山でそれぞれに縁起をもって行われている。その元祖は役小角《えんのおづぬ》といわれる。

会津におけるその初見は、白雉《はくち》三年（六三七）に役小角が知道和尚とともに飯豊山に登ったということである。それ以前に伊佐須美明神が、明神ヶ岳から平地に下りたとされるのは欽明十三年（五五二）であるが、それは山岳信仰との関連はない縁起伝説である。磐梯山、厩嶽山にはそうした記録はないが、修験大伴家がこの山を取り仕切っていることは、原始的な山岳信仰がその根源にあることの証左である。磐梯山は活火山で災禍をもたらす山で、その語源をさかのぼるとアイヌ語の「バクル・カムイ」(首長の神)にあるのではないかとされる。恐れられ、祟る神の山であった。それに連なる厩嶽山はそれとは異なり、飼い馬を守る厩祭り(『定本柳田國男集』「山島民譚集」)の山で、群猿が馬を引いたという故事に由来する庚申信仰の山だが、それは各地で行われている。道教思想によるもので、先住渡来人によって野生馬の家畜化という縄文時代の習俗が共同祈願の信仰の形態につくられたものである。

話は逸れたが、私はこのイナバツの斎具が鉾であることに関心をもった。鉾は渡来の武器であり、侵略者の象徴であり神の依代《よりしろ》ではない。イナバツの性格が、神への奉献と同時に支配と服従の意味を持っていることは否めない。会津における原始的な信仰は地主神としての磐梯山への民間信仰が、修験大伴祝《はふり》によって体系化されて、慧日寺の密教的現世利益と結び付いて、盆地内の農民との氏子としてではなく稲作の豊作祈願の祈願料としてイナバツが成立し、以後一千年にわたって政変や国内の戦争とも関係なく継続されてきた。

明治維新によって神仏分離の政策がとられ、形式的には修験大伴家は姿を消したが、厩山信仰とともに磐梯明神のイナバツは続けられた。それが実際になくなったのは、高度経済成長政策がとられて以後のことである。

「陸奥国会津耶麻郡慧日寺縁起」はその開基を空海にしているが、空海は大同元年(八〇六)に帰国して九州に入っている。したがって会津には来ていない。徳一の事蹟が空海にすり替えられている。その謎解きも面白いが、「縁起」にはこう書かれている。「磐梯山は、もとは病悩山といって魔物がいて常に祟った。穀物の採り入れを害しては人々を困らせていた。それを大同二年に空海が勅を奉じて会津に来て、河沼郡で秘法をもって魔物とたたかった。魔物は病悩山を去り烏帽子岳に移った。そこで病悩山を磐梯山に改めた。再び魔物が来ないように空海は寺を開こうと、三鈷の杵《しょ》を投げたところ、この山の紫藤の上に懸った。そこを霊地として慧日寺を開いた。仏像を安置したところ山の神は姿を消したので磐梯明神と名付けて祀り、また戒壇を建てて受戒させ、宝祚《ほうそ》を祈って経典を奉じた」

この縁起を私はこう読む。磐梯山はもとは別の名前であった。つまり先住者は別の名で呼んでいた。山には魔物がいて、穫り入れを害した。魔物とは何か、火山の擬人化なのか、そうではない。平地を追われた先住者である。そこで空海が天皇の命令で会津に来て、これは前述したように事実ではないが、その空海が河沼郡で魔物と秘法をもって戦った。なぜ戦いの場所が磐梯山のある耶麻郡ではなく河沼郡なのか。これこそが正史ではなかったとして否定されている「高寺」を擁する河沼郡の青津古墳群をつくった先住者と畿内政権との戦いなのである。敗れた魔物は烏帽子岳に移った。つまり山の民となった。そこで磐梯山の名を改め、二度と魔物が来ないように寺を建てた。それが慧日寺である。そこに仏像を安置し、去った魔物を磐梯明神と名づけて祀った。また慧日寺に戒壇を建てて受戒させた。慧日寺は敗者となった先住者を明神として祀り、仏教に帰依させたというのである。いみじくもそこには会津の古代の戦いの様子が描かれているのである。魔物と呼ばれる者こそ会津の先住者なのである。

アイヌ言語をもつ会津先住民

先般、復刻本だが大正五年（一九一六）に発行された藤原相之助著『日本先住民族史』を読んだ。大正二年から三年にわたって「河北新報」に随筆として連載したものだが、現代文とは異なり漢文調の文体には馴染むのに苦労した。また、「河北新報」のエリアである東北北部に主題の地域が集中するため、古代陸奥国の最南部である会津に関する記述はわずかしかない。が、越国、奥羽など周辺についての考察に貴重な示唆を得た。その論旨は時代の反映として当然のことながら皇国史観に立ったものだが、古代における大和政権と蝦夷（異人種）との抗争と同化の経過、奥羽地方の大和政権による植民史、蝦夷語と地名など十二の項目について、およそ八百ページに及ぶ論考が記載されている。

第一項「先住民族とはなんぞ」において、藤原氏は「天孫降臨の御事跡は、異人種征服の歴史なれば、天孫人種占居以前に異人種の多く棲息せられしこと争ふべき余地なしというも可なり」とし、「我が先住民族は単一ならずして幾種もあり、又その渡来占居の時代も同一ならざるを信ずるものなり、而してこれら異人種は絶滅せるにあらず（中略）随ってこれら異人種は幾分の影響を風俗、習慣、言語の上に与え、殊に地方的には、著しき影響を残し置けりと信ず」とその観点をのべ、「されば奥羽文化の由来を考え、全国に共通する一般的なものの外、奥羽としての特色を存するものありとすればその特色の因由中には、先住民族の関係より来るものなしというべからず」「されど正史には奥羽に関する記載は甚だ少なし。その史籍に上がれるものは、大抵報告又は命令のみにして、奥羽の事情と先住民族の動静に関することには、反乱征戦鎮撫の記載あるのみ、彼等を主とした記録は皆無というも可なり」と断じ、その調査論考の意義を「多少にしてもこの種の研究に対する注意を促す端緒になれば」としている。冒頭のこの一文に同感した。この本の帯に「東北学事始」と書かれるが、まさに今から約一世紀前に視座を東北においてわが国の古代史を読み解こうとしたのは画期的なことである。そのことを会津に立ちかえっていうなら、会津においてもまったく同様のことがいえるし、その視座から会津の古代史をみることの意義は今も失われていない。

さて、この本のなかで会津にかかわる数少ない記述のなかで目をひいたのは、『常陸国風土記』に記される八握脛《やつかはぎ》は長白山脈（中国東北部と朝鮮との境にある火山脈、朝鮮では白頭山脈）の北の地方に住んでいる一種族だが、北方から中国遼寧省へ、さらに南下し朝鮮半島の高句麗を経てわが国に渡ってきた。つまりツングース族の扶余《ふよ》人朱蒙《しゅもう》（東明王）が紀元前後に高句麗国を建国した。四世紀、広開土王のときに中国東北部から朝鮮半島北部にわたって全盛をきわめ、その首都を前半の三世紀初頭までを丸都城に、後半の五世紀前半を今の北朝鮮のピョンヤンにおいた。そこからの渡来者で人種的にはロシア人との混血である。それゆえ手足が長く偉丈夫で別称を長髄彦《ながすねひこ》ともいわれる。大和政権をつくる過程で天孫族（神武天皇の東征）にもっとも強く抵抗した先住者だが、その一族で長髄彦の兄と称する安日彦《あびひこ》というものが会津に蝦夷征伐に入ってきた大彦命《おおびこのみこと》と武渟川別之命《たけぬなかわわけのみこと》父子に協力を申し出て会津を平定した。そして安日《あんび》を阿《あ》倍《べ》と改めた、というくだりである。

このことは会津の『旧事雑考』のところでふれたが、藤原氏はその典拠を『会津四家合考』としているが、著者が同じなので同趣旨とみたい。この安日の伝承は伊佐須美神社の縁起の折にも記した。しかし、現在は焼失していて無い。果たして会津にそのような先住民族は存在したのか。その痕跡は考古学的にしか解明されないが、民俗、習慣、あるいは言語にその残滓や痕跡は存在しないか、ということだが、藤原氏は『日本先住民族史』において実に詳細にアイヌ語と日本語、とくに東北地方において使われている言葉や固有名詞、地名についての対比を行っている。たとえば牛を「ベコ」と呼ぶのはアイヌ語で、「ウシ」とは大肉《オウシシ》が転化したものだという。

また、馬もアイヌ語では「ウムマ」で、馬を漢字ではマ、バと発音するが、古代において百済から渡来したものをウマとし、在来のものをムマと呼んでいたのはアイヌ語としての発音であるという。地名にいたっては、古代におけるものの大方はアイヌ語を語源とした表音に漢字を当てたもので、関東以南は古代朝鮮語の表音に漢字を当てたものだという。山や川の名も同様で阿武隈はアイヌ語の「アバカムイ」の転語だという。阿賀も「アバ」というアイヌ語の海に至る川口ということになる。日橋川は「ニタッイペッ」の転語とも読める。沼地のなかの茂みを流れる川というアイヌ語である。磐梯山は天に通じる磐《いわ》の梯子《はしご》と漢字の解釈がされているが、アイヌ語の「バクルカムイ」がその原型ともいえる。羽黒山や羽黒という地名は「バクル」、アイヌ語の首長人を意味し、カムイは神である。また、宇内という地名はアイヌ語の「ウ、ナイ」そのもので、ウはウナ、ウミ、つまり海で、ナイは沢で海のような沢地ということである。谷地もアイヌ語の「ヤチ」で湿地であり、宮袋の地名はアイヌ語の「ムイ、ポヶオロ」の転語で平地の低いところという意であるという。さらに岩船伝説として神が天から石の船に乗って降りたとされる話（八角神社伝説など）のイワフネは、アイヌ語の「イワプイネ」で岩穴という意であるという。したがってそこに降りたのではなくそこの岩穴に居たということなのであろう。

このように枚挙にいとまがないほど会津においてもアイヌ語の表音が原型にあって、地名や言語が形成されている。ということは現在のアイヌ語と同じ言語をもつ先住民が会津の地にいて、それが漢字文化が入る以前に、すでに体系的な文化圏をつくっていたと推論できるのではないか。とくに注目したのは、会津に隣接する新潟県の東蒲原郡について、この地名はアイヌ語の「カンパラ」で領外という意味だそうだが、藤原氏は、越の国の古志族は出雲族などとともに早い時代に大陸から渡来した民族で、古代のある時期、アイヌ語を言語にもつ先住民族とは対峙の関係にあったのではないかとみている。会津の只見川沿いの河岸段丘の遺跡からは北陸系火焔型土器などの縄文土器が出土し、それは盆地内の会津美里町高田の油田遺跡にまで至っている。縄文時代の友好な交流は弥生になって対峙の関係に変化し、やがて古志族に制圧され、同化していったということなのだろうか。

地域文化の継承と変革

『現代と思想』三十三号（昭和五十三年〈一九七八〉九月青木書店）が特集したのは、「民衆の生活と地域・地方文化」というテーマであった。私事に係わることで恐縮だが、私はその年の四月に三期目の町議を辞して、日本共産党公認の県会議員選挙に、定数一の大沼郡から立候補した。当選十回の自民党の重鎮とよばれる対立候補を相手に八千余票（有効投票数の四割）の得票を得て落選した。三十六歳であった。さて『現代と思想』には、真壁仁が「農村文化の伝統と創造」という小論を書いており、それを読むための購入であったが、特集の趣意に即した金原左門の論文「現代地方文化論」に示唆を得て、私の地方文化に対する概念が形成された。それは半世紀近く過ぎた今日においても基本的にその認識に変化はない。

金原は柳田國男の地域文化に対する民俗学的視座から入って前田三遊貞次郎の被差別部落問題にふれ、柳田民俗学の問題点を指摘しその展開を試みた戸坂潤、さらに戦後、民衆史の視座からせまった、きだ・みのる、遠山茂樹や江口朴郎、鶴見俊輔、真壁仁、野添憲治らに言及している。まさに文化風土論である。

金原はまた地方文化を生活文化とも読み替えている。そして六十年代の高度経済成長がもたらした地方、あるいは地域における生存権の危機から発せられる不安と不信が民衆のなかには「不満の蓄積」として積み重ねられ、そこに絶望感とともに変革のための主体的なエネルギーもまた内包されている。個々の人々の足元から、つまりは日常の生活のなかから、その主体的なエネルギーは地域のなかで「生きる力」として機能していかなければならない。それは結果として、体制のもたらす社会不安や非情な支配秩序に対抗し、生活を防御するシステムをつくりあげるという行動に転化される。金原はそれを〝ふるさと〟すなわち地域の意味をさぐりだすことは、地域の現在を問い直す作業にほかならないのである、とする。

そうした問題意識に立って、金原は民俗学者の南方熊楠がかつてわが国の近代化の過程で政府が行った神社の統廃合政策に反対したのは、地方における信仰と文化、のみならず自然をも破壊するという観点からであったとし、南方を支援した柳田もまた「郷土研究」において、個々の郷土がどのようにして、いかなる条件のもとで今日に至ったか、どんな拘束を受けているか、どうすれば「村が幸福に存続」していくことができるのか。その命題をめぐって、地域の民衆思想とそれにともなう「生活の変相」を明らかにすることに民俗学の意義を求め、そのことを通して現代社会への批判を維持した、と金原は評価する。その柳田の視座こそ地方文化のもつ変革への営みの出発点であることを論証する。

そして明治期初頭、広島の『芸備日日新聞』の記者であった前田三遊の『民権論的解放論』の立場からの被差別部落への差別撤廃運動にふれ、さらに戸坂潤が昭和十二年（一九三七）に『世界の一環としての日本』を刊行し、柳田民俗学の不足を補おうとしたことにふれる。当時、台頭する日本型ファシズムが民衆の生活との間に深刻な矛盾を顕在化させていることに対して、戸坂は民衆こそ「唯一の日本的なるもの」として、生活に基礎を置く民衆の自覚的、主体的な体験の積み重ねを通して形成される民衆思想を、民俗学の主要なモーメントに加えたのである。それは戦後に引き継がれ、日本民族の生活と文化が世界的な人類史の視野のなかでどうであったか、という江口朴郎や上原専六らの「国民的歴史学」として展開されていったと概括する。

その立場から金原は、地方で行われる地域史の編纂にあたって、その事業に参加する人々は「余技意識を葬り、文化運動としての認識をもち思索を深めて事業を進めること要請したい。（中略）こういうのはほかでもない。地域の歴史を通じて地域を確かめる経験を根付かせていけば、多彩な目的と方針をもち、多様な形で繰り広げられている「市民」運動へのアクチュアルな関心をいだき、共感をかきたて、心情的ではなく、主体性にもとづく信頼の絆をもつことができるにちがいないからである」と述べている。そして金原は鶴見俊輔の『共同研究・集団—サークルの戦後思想史』にふれ、「なぜサークルを研究するのか」のなかで、鶴見がいう地域や職場などさまざまなところに根を下ろす戦後のサークル活動は、「自分の考えが、他人の考えと合体し、交流し、増殖してゆく感じを体験することによって、自我のくみかえと私有を越えた思想の交流が芽生える」、それがサークルの「無規律であるがゆえの機動力」を生み、抵抗力を保持しながらの継続を可能にしていることを注視している。

私自身の経験も、およそ半世紀以上にわたって地域に根差して現代詩活動を続けてきているが、それはこの鶴見の一連の言説をもって金原が説く、地域に根差した小さな集団による無数の活動が、地域文化の伝統の継承と進化を担っていることを痛感するのである。

「忘れられた日本人」の伝承者

宮本常一の『忘れられた日本人』（岩波文庫）を読んだのは、一九六〇年代の後半の頃で、青春期であった。そのときは「土佐源氏」のような話が印象に残り、あれは西日本の話だが、東北地方において民衆の性のモラルはどのようなものだろうかと、ふと村のなかの性風俗について思った記憶もあるが、そのまま歳を経た。

近年、『忘れられた日本人』を読み直してみて、宮本常一の民俗学の視点と方法論に柳田や折口の民俗学とは違った意味で関心をもった。

そのなかに「文字をもつ伝承者」という項がある。島根県邑智《おおち》郡の老農、田中梅治翁と福島県磐城郡草野村（現いわき市平）の高木誠一翁のことが書かれている。田中翁は農民として暮らし『粒々辛苦』という記録を残し、高木翁は磐城中学を中退して農業に専念し、篤農家として何度も表彰を受け、また柳田國男に私淑して磐城民俗研究会を創設し、その会長に就いている。また、いずれも推されて村政の助役に就いている。

「その人たちの多くは、その故里を溺愛している。しかし決して郷土自慢をしているのではない。酸いも甘いも噛分けた上で愛しているのである」と宮本はいい、さらに「村のなかにあって村人の指標となる人のタイプは二つのものがある。その一つは村の富家や役付きの家の者が村の実権を握っている場合である。今一つは一般農民のなかにあって、その思想や生活の方向づけをしている人である」。二人はいずれも後者であるという。そしてその項を「民間のすぐれた伝承者が文字をもってくると、こうして単なる古いことを伝承して、これを後世に伝えようとするだけでなく、自分たちの成勝をよりよくしようとする努力が、人一倍つよくなるのが共通した現象であり、その中には農民としての素朴でエネルギッシュな明るさが生きている」と記している。

『忘れられた日本人』の「あとがき」では、宮本が全国各地を歩いて見聞したのは何を目的としたものか、「私がいちばん知りたいことは、今日の文化を築きあげてきた生産者のエネルギーというものが、どういう人間関係や環境のなかから生まれ出てきたのかということである」と述べている。また「自分自身の言葉で話してくれた人々のその言葉を、できるだけこわさないように伝えるのが私の仕事だと思っている」と述べ、「無名にひとしい人たちの紙碑がひとつ出来るのがうれしい」と「あとがき」を結んでいる。

これは、私が「風土論」で意図したモチベーションに酷似する。

『忘れられた日本人』の解説を書いた網野善彦氏は宮本の自伝的な『民俗学への道』にふれて、この本が公刊された昭和三十年（一九五五）は個性的な宮本民俗学の出発点であったとして、「多少とも「中央的」な権威の匂いのする既成の民俗学に抗して、泥にまみれた庶民の生活そのものの中に、人の生きる明るさ、たくましさをとらえようとする自らの「民俗学への道」を進む自信を固めた」と解説している。それは「ものの自体をして語らしめよ」いう方法論によって、人々の「生きた生活」をとらえる。そうした調査から宮本は西日本と東日本の明らかな生活習俗や気質の相違を感じ取り、そこから古代においてわが国は明らかに異なる二つの文化の存在をみて、柳田や折口らがふれなかった戦前の歴史観の虚妄を示唆したのである。

網野氏が解説の末尾で引いた『民俗学への道』のなかのフレーズで、宮本は「いったい進歩というのは何であろうか。発展とは何であろうかということであった。すべてが進歩しているのであろうか、（中略）進歩に対する迷信が、退歩しつつあるものをも進歩と誤解し、時にはそれが人間だけでなく、生きとし生きるものの絶滅にさえ向わしつつあるのではないかと思うことがある。（中略）進歩のかげに退歩しつつあるものを見定めてゆくことこそ、われわれに課されているもっとも重要な課題だと思う」と述べている。この洞察と問題意識は、宮本が没して三十年が過ぎてから、私たちは東日本大震災と原発事故で体験的に実感した。『民俗学への道』が書かれたのは昭和三十年（一九五五）である。戦後の高度経済成長期へ向かう時に宮本は民俗学の新しい方向性を見据えていた。

網野氏は解説の末尾で「無字社会は日本では、いまや極小の状態になりつつある。だが「忘れられた日本人」「忘れられた人間」は現代の真只中にも、歴史のなかにも、なお極めて多いのである。われわれはその「伝承者」となり、その存在を世に問い続けていかなくてはならない」と述べた。その言葉を私はいま、自らに課している。

ローカリズムへの転換

私の生まれた年に亡くなった長野県の中学校（現諏訪清陵高校）教師三澤勝衛は尋常小学校卒業後、農業に従事しながら独学で地理の教師になった人である。三澤の『風土学』を知ったのは彼の著作集全四巻（農文協）の第一巻が出た平成二十一年（二〇〇九）だが、それを読んで私は瞠目《どうもく》した。大正時代から昭和の初期にかけて、「風土」を地域個性としてとらえて、その力を実践によって地域の活性化に役立てたのは、まさに私が探し求めた風土論であった。私自身、農業高校で農業についての基礎的な教育をうけたが、風土学についてはそのカリキュラムのなかになかった。昭和二十年代の後期だが、すでに戦後復興のための資本の本源的蓄積は農村から都市へ、大量の労働力の供給が行われた。そのなかで私は村に残り、農業を生業にして生きてきた。

三澤の風土学は私をかつて感じたことのないほどの衝撃を与えた。馬を使って水田を耕していた時代に就農して、悪戦苦闘をしながら農業法人を村に設立して、四十ヘクタールの面積を大型トラクターを使い、大型のコンバインと乾燥施設による農業の共同経営を営んでいたが、その前途にどのような展望があるのか、そこに私の思い描いたものが見えなかった。

土地と労働の生産性を高めれば高めるほど、村は衰退していった。

勿論、私は土地の取得はしなかった。賃借によって規模拡大をはかった。

生産調整という政策に対しても、野菜などの栽培を取り入れるために、共同の育苗施設も建設した。その最中の平成二十三年（二〇一一）に私は脳梗塞で倒れ、重度二級の障害者になった。振り返って考えてみることなく過ぎてきたが、身障者になって改めておよそ半世紀におよぶ私自身の越し方を振り返る機会を得た。

ちょうどその時に、三澤の『風土学』を読んだ。目から鱗であった。土地と労働の生産性を高めるということが、その結果として大規模化と単作化であり、画一化によって生産から人間を排除するという方向性は避けられないのである。まさに資本制農業の本質的な問題がそこにあったのである。農業の発展が農村社会を消滅させるのである。つまり、私が行ってきたことはそのことであった、と気づかされたのである。三澤の『風土学』はおよそ百年前に書かれたものであるが、彼は満州移民が国策として進められたとき、「満州にいくな、村に残って、わが足元の自然と風土を見つめ直し、ここで生きていく手だてを築こう」と訴えた。

私も谷川雁の『東京へゆくな』の詩を諳《そら》んじて村に残った。農業構造政策に異を唱えて小農の共同経営を図った。しかし、生産性の向上と経営の大規模化による農業機械の利用効率を追わざるを得なかった。グローバリズムが世界を席捲する二十世紀後半、市場は金融資本の投機の対象にされ、あらゆるもの、戦争も葬式もビジネスとしての素材にされる。その価値観は勝者と敗者、貧富の格差の拡大である。そして迎えた二十一世紀の初頭はまさに経済的文明の絶頂期である。そこから先の世界はどこへ向かうのか。二十世紀の第二次世界大戦のあと、ロシアでの社会主義の実験は失敗に終わった。中国やベトナム、キューバはそれぞれに社会主義的経済政策をとりながら、人間社会のあり得べき社会を目指しているが、多様な経緯を経ている。アメリカによって経済封鎖を受けたキューバは結果として地理学的文明に向かったが、他は経済文明のスキームのなかで呻吟《しんぎん》しているとみていいのであろう。

関曠野著『グローバリズムの終焉』は、「人々は「経済」は自然現象のような自明の事実と思いこんでいて、「経済」はあくまで制度の産物であることに気づかない。近代経済は通貨と銀行信用によって回っている経済だが、前者は政府がその価値を保障している決定通貨であり、後者は中央銀行が発行している銀行券である。近代経済の要をなす通貨と信用は純然たる人為的な制度の産物であり、だからこそ政府と銀行によって政治的目的で操作されることが可能なのである」「だが制度に呪縛されている人の目には制度は自然現象のように見える。そしてこのような抽象的な「経済」のメガネをかけて現実を見ている限り、「地域」は人口やGDPへの貢献など各種統計によって量的に把握される国家の末梢的な単位のことでしかないだろう。それゆえに「地域」という言葉がはらんでいる豊かな意味を理解するためには、「地域の知」であることの学を主題としてきた地理学の視点に立つことが必要なのである」とする。

関氏はその視点からベーシック・インカム（最低限所得保障の政策構想）を提唱する。現代国家の実体は銀行が影の政府として統治する金権国家だから、その体制を変えない限りどのような政党が政権を担っても変わらない、とも断言する。社会信用論による経済政策をベーシック・インカムによって富を個人にまで分散させ、経済市民権を保障するのだと主張する。それはグローバリズムからローカリズムへの転換を意味し、経済的文明論から地理学的文明論への価値観の転換であり、近代経済学的文明の資本―労働―土地という生産の序列を、自然―人間―資本という序列に逆転するという論理なのである。

その論理のなかで産業としての「農業」ではなく、「農」の思想はその秩序の逆転、文明論の新たな展望のなかで人類の思想の刷新を推進する原理として位置づけられている。それは「風土学」の今日的到達点といえるのではないだろうか。

「風土のなかにある主権」

哲学者内山節の著作集（全十五巻、農文協）を読んだのは、平成二十八年（二〇一六）だが、内山はその前年、農文協のブックレット『主権はどこにあるのか』のなかで「主権は風土のなかにある」と述べている。ここでの風土の概念は、自然と人間の関係性の積みあがったものを風土とよび、そのなかにわれわれの主権は存在すると断言する。そしてそれはグローバリズムのあとの社会思想、ローカリズムの主権とも言い得る、と述べている。

そのロジックは、二十世紀を席捲したグローバリズムの価値観はより合理的に、より広域的な規模において、より経済的な収益性を競い合い、そのレースに勝ち残るという資本主義的進化論に拠って立つ論理であった。その価値観がもたらす差別と選別は、人間を勝者と敗者に、世界的規模においては、ボーダレスに地域を先進と後進に区分し、先進地域の金融資本によるあくなきまでの後進地域への搾取と収奪が行われている。

折しも、三・一一、東日本大震災と原発事故のあとに、そのグローバリズムの価値観に対して、それとは異なる価値観として競争原理よりも相互扶助による共生の価値観の共創という思想が、ベーシック・インカムの理論とともに自覚されるようになってきた。とくに若い世代おいてはインターネット社会という新しいメディアとの関係で、それまでの価値観から新しいインターネット社会価値観への形成に移るために、転換期現象ともいうべき現象が起きている。

内山氏はそれを、グローバリズムの競争と分断と画一化という価値観から、伝統回帰によって共生と統一を、それぞれの相対化のなかではかるという価値観への転換が、創造をともなって展開されることを示唆している。それは具体的には、人間と人間はもとより、自然とも助け合ってともに生きるというローカリズムの思想としての示唆なのだが、内山氏はその原型を、わが国の農山漁村の伝統的社会生活のなかにみている。

自然と人間の統一した関係性、人間社会における生活の共同体意識を自然への崇敬と畏怖、共同体の祈りと祭りによって成立させるという生活形態は、わが国の農山漁村においてはつい最近まで当然のこととして行われていた。その生活習俗、つまりは「伝統への回帰」によって成し遂げようとするのである。内山氏は、それを自然と生者と死者が結び合う共同体社会とも、「風土への回帰」ともいっている。まさにクロード・レヴィ＝ストロースのいう「統一した社会」形態への回帰なのである。

そのなかで近年、世界的な右翼的潮流として跋扈《ばっこ》し、わが国においては、自民党の安倍晋三氏ら「日本会議」が主張する戦前の富国強兵思想への回帰とは根本的に異なる回帰であることを、内山氏は三・一一以後、改めて明言した。被災地と呼ばれる地域の「そこに生きる」という思想を支えるのは、「自然と生者と死者が結び合う共同体社会」を見直すからであり、換言するなら、その「風土への回帰」に拠って、共同体社会を新しく創造することなのだ、と提言する。

そして、権力の意図する「地域分権」あるいは「地域主権」というときに、国家のもつ権力の枠内での権力イコール財力の分与という発想ではなく、「地域主権」は自然と人間の関係性のなかに存在する。つまり、それは風土のなかにあるのだ、という。

風土のなかにある主権とは、人権だけを意味しない。「食料主権」も包括される。生きるということは食うことであり、食物連鎖もまた風土とは不離一体なのである。生活とは本来、自然と人間との関係性であり、それは主権の実態なのである。それを侵害し、それを破壊掠奪するのは近代都市思想だが、その思想の終焉が見えてきている。通信および交通の手段が発達した現代においては、集中の意味は失われつつある。環境変化に適応し得ていないという現状にはあるが、政治経済における諸現象も、まさに転換期の現象なのであろう。さまざまな異常から正常への回帰の方向性は「伝統への回帰」であり、風土の再発見にほかならないのである。

「風土論」としてあれこれを断片的に穿《うが》ってきて、ふと私の脳裏に浮かんだのは、六十年も前に読んだヘンリー・D・ソローの『森の生活』（神吉三郎訳・岩波文庫）であった。その後、昭和五十六年（一九八一）に真崎義博訳・イラストレーション本山賢司による『新訳・森の生活』が発刊され、ここでの引用はそれによるが、ソローはその最終章でこんなことをいっている。

「賢人のように、庭の草のように貧しさを耕せ、衣服にせよ友人にせよ、新しいものを手に入れようとして思い悩むな、古いものに向かえ、それへ戻るのだ。物は変わらない。変わるのはぼくらの方なのだ。（中略）暗闇のように、謙遜は天の光の存在を明らかにする。貧しさや卑しさの影は身の周りに集まってくる。「見よ！ぼくらの視界に宇宙が広がって行く」、もし、クロイソス（紀元前六世紀、リディアの大金持）の富を与えられてもぼくらの目的や方法は本質的には変わらない」真崎義博訳（ｊＩＣＣ出版局発行）。

ヘンリー・D・ソローは、今から二百年前の文化十四年（一八一七）にアメリカのマサチューセッツ州に生まれている。和暦なら文化十四年、杉田玄白が没した年である。三十歳のときにハーバード大学での生活を捨てて、ウォールデン湖の畔に自らが建てた小さな小屋に住み、自然のなかで肉体労働をしながら暮らして、『森の生活―ウォールデン』を書きあげ、四十六歳で没している。ソローは『森の生活』のはじめの結びに孔子の言葉を引いている。「知っているのは、知っていることだけであり、知らないことは知らないこと、ということを知る。それが本当の知だ。イマジネーションのうえの事実を知性の事実に変えることができれば、最後には、すべての人間が自分の生活をその基礎のうえにうちたてることになるだろう、とぼくは思っている」

ソローは生きることの価値を、何に見出したのか。ソローがアメリカの権力者が行う南北戦争（それが奴隷解放の戦争であっても）の戦費に使われる税金を拒んだことが記されるが、ソローは自らの思想を東洋的哲学に求めて実践した。想像上の事実を知の事実に変える。それが『森の生活』だったのである。

現代における「風土」の概念を内山氏のいう「自然と人間との関係性の長い間の積み上げ」として把握することに異論はない。その論理の詳細は『自然と人間の哲学』（内山節著作集　第六巻）で論じられているが、ここではふれない。「風土論」に私は何かの結論を探したのではない。自らのアイデンティティへの考察を試みたのである。

「場所」「風土」について

『資本主義の終焉』の著者D・ハーヴェイの『コスモポリタニズム―自由と変革の地理学』は平成二十五年（二〇一三）に大屋定晴ほか三人の共訳で作品社から発刊された。解題をした大屋氏は、そこにグローバル資本主義に抗するコスモポリタニズムのために、という副題をつけて、D・ハーヴェイの論理のめざすものを示唆した。それは、私があれこれと試行した「風土論」の思考の方向性と本質的に一致する。

コスモポリタニズムは、カントのコスモポリタン思想にはじまり、十九世紀から二十世紀にかけて、「人権」と「自由」を尊重する人類史における普遍的理念として掲げられてきた。その理念の実践に経済地理学者としてD・ハーヴェイは深く関与し、行動をしてきた。「風土論」の範疇《はんちゅう》でその論理を読もうとした動機は、D・ハーヴェイの地理的概念としての「場所」の論理である。

解題のなかで大屋氏は、「場所」の永続性と相対性、という小見出しで次のように論じている。「近代日本思想史では、その類語である「風土」とともに重視された。たとえば西田幾多郎は、西洋の主語的論理に対抗する東洋独自の述語的論理を構想して、これを「場所の論理」と名付けた。倫理学者である和辻哲郎も「場所性にもとづく人間把握」を提起し、人間の精神的、文化的あり方と空間的存在規定とを結びつける「風土」概念を、自己の倫理学の核心においた。だが、これらの概念は抽象的でありながら、「日本人」なるものを特殊に位置づけるものであり、たとえば西田の場合には、「場所」が皇室へと還元されて、戦前の天皇制国家への基準につながっていった」

「いずれにせよ、彼らの議論は「場所の絶対視を批判し、それを社会生態学的」な過程に位置づけるハーヴェイの見地からは批判されることになろう。他方、よりマルクス主義的な立場からは、第二次大戦後、高島善哉が「磁場」のような「自然性」と、そこに住む集団によって「生産」される「歴史―社会性」とをあわせもつものとして「風土」を再定義した。この「風土」の理解は、本書の「場所」概念に接近している。ただし、ハーヴェイが「場所」の構築だけでなく、その「解体」にも言及している点は、留意されるべきであろう」（五二七ページ）。

長い引用となったが、「風土論」における「場所」を、「風土」と換言されるものを、D・ハーヴェイは自然性としてではなく、「永続性を彫琢《ちょうたく》する一つの過程」として捕らえ、それらは常に「永遠に続く消滅として時間に従う」とし、「永続性は創造・維持・解体する諸過程に状況的に依存する」と定義したのである。

その著書の目的は第一に近年、世界のコスモポリタリズム理論が帝国主義や経済植民地主義を正当化するための口実にされていることへの地理学の視座からの批判的検討であり、同時にその批判のあまり地理的特殊性を偏狭な排他主義に矮小化してしまうというポストコロニアル派の誤りを、「地理学的理性の狡《こう》知《ち》」とよんでD・ハーヴェイは批判しているのである。

「理性の狡知」とは、ヘーゲルが世界史において特殊利害にとらわれた個々人の行動を手段としながら、「理性」がその目的を実現するという歴史的現象をそうよんだことに由来する。

カントの描いたコスモポリタニズムは、人間としての権利とそれを束縛しないという自由を、世界がそのことを普遍的な共通認識とした世界国家を構築するというユートピア的思想であるが、現代においては資本主義による画一化、新自由主義的グローバリズムによる経済的世界制覇の理由づけにされていることをD・ハーヴェイは痛烈に批判し、画一化ではなく地理学的特殊性を反映させることは、共存と共栄の基本理念であることを論じている。

さらに「場所」「風土」の永続性は人々のアイデンティティ形成をもともなう。そして、国家のアイデンティティ形成のそれは強力な規律装置なのである、と。しかし、それもまた永遠ではない。構築とともに創造され、再編され、解体される。

六百ページにおよぶD・ハーヴェイの集大成ともいえる大著は「地理的不均衡発展の一般理論」ともいわれる。その結論は、自由と変革の地理学は「サバルタン・コスモポリタニズム」の知的条件であることを理論づける。「サルバタン」とは、グラシムの『獄中ノート』に由来する下層民、あるいは従属民と訳されるが、昭和二十三年（一九四八）十二月、第三回国連総会において採択された「世界人権宣言」では、

「サバルタン」は「自らを語ることのできない人」と解されている。「サルバタン・コスモポリタニズム」を提唱するD・サントスの理論に共鳴しつつも、D・ハーヴェイはその論理が「特殊主義的ローカルの方向性」にとどまっていることを批判し、「特殊主義的な諸要求とローカルな取り組みとを、今日の諸課題の根源にある新自由主義的資本主義と帝国主義的戦略に反対する共通言語に翻訳することが不可欠である」と論じ、共通言語への翻訳も己と異なる「運動」やNGOに対して、対話と交流のなかで互いの問題意識や行動を連帯させる共通点が意識化されなければならないと述べ、それが共通言語への翻訳作業の核心だといっている。

理論的な論考は難解といえば難解だが、その「エピローグ」で、「地理学理論の全容を理解するには、疑いもなく、気の遠くなるような知的作業である」とし、十九世紀の偉大な地理学者、エリゼ・ルクリュがアナーキストの同志に残した次の言葉を引いている。

「大いなる熱狂と献身に身を委ね、その生命を危険にさらすことが、大義に尽くす唯一のあり方というわけではない。自覚的な革命家は、感情の人であるだけでなく、理性の人でもある。そうした人間にとっては、正義と連帯するその努力の一つ一つが、正確な知識と、歴史学、社会学、生物学の包括的理解に依拠するものなのである」

D・ハーヴェイは、その大著を「われわれをとりまく地理が人間の営為によって絶えずつくられ、つくり直されるものなら、それを、われわれの政治的願望により合致したものへともう一度つくり直すことは依然として可能なのである」と結んでいる。

大屋氏は解題の最後に、「日本という『場所』にあって」という小見出しで、日本におけるオルタナティブ（可能なる選択肢）は私たちの問題だがと断りながら、「日本という「場所」は、地震多発地帯という自然、明治期以降導入された国民国家制度と技術体系、資本主義的な生産過程、天皇制という伝統的社会関係、歴史的に形成されてきた言語体系や民間信仰など、さまざまな契機を結合させた一つの地理的「実体」として、私たちの眼前にある。だが諸契機は必然的に整合するものではない。たとえば原子力「技術」が日本列島の「自然」状況と矛盾した瞬間が二〇一一年の東日本大震災による福島第一原子力発電所の事故であった。その後、原発安全神話（精神的諸観念）は疑われ、子供を守ろうとする人々（日常生活の維持）は、日本国の官僚組織や政財界（資本蓄積を優先させようとする「社会的諸制度」や「社会的諸関係」）の意向と齟齬《そご》をきたした」

そこにおいて、「資本蓄積の諸過程を理解するとともに、環境の弁証法的運動を自覚し、時空間性マトリックスを横断し、場所を相対的永続性として構築しなければならない」「日本国憲法第九条や二十五条といった国家制度的「契機」が、そこにおいてひとつの起点となるという有効性はいまだ失われてはいない」と述べている。

※マトリックス　母体、基質、回路、ここでは時空間を横断する回路として使用されている。

会津の再生論は農業再生論に他ならない

平成二十九年（二〇一七）六月、半世紀前にふとしたことで出会い、会津について語り合った仲間たちが訪ねてきた。彼らは思想的にはアナーキーだったが、若かった私は、彼らと地域論を語り、地域における地域ジャーナリズムの存在意義を共有し合った。そしてそれぞれの形で地域のなかでその実践を試行して歳月を経た。もはや、その最前線からは老いて身を引く年齢になったが、その初志を仲間も私も心のなかに保持していた。

半世紀は長いようで短い、さまざまなツールの発展はもとより環境もそれにともなう情況も変化した。そのもとで地域ジャーナリズムも消去されていった。新自由主義経済思想によるグローバリズムの合理主義は地域経済を破壊し、都市と地方の経済格差は過疎に拍車をかけ、急速な人口減によって地域のコミュニティは消滅の危機に瀕している。今ほど、それを問う地域ジャーナリズムが必要な時はないのである。

そのモチベーションを確認して、徒手空拳の老いぼれたちが向こう見ずにも地域ジャーナル誌の創刊号を発刊した。

そこに笠井尚氏は「社会共通資本」についての小論を載せた。その経済理論は、今は亡きリベラル経済学者宇沢弘文の理論による会津の地域再生論である。会津地域の地理的な環境は盆地形状で歴史的にも最も適合して発展してきたのは農業である。会津の地域再生論とは農業の再生論に他ならないのである。かつて私も宇沢弘文・内橋克人・梶井功の鼎談、「社会共通資本としての農の営み—農業と食糧の危機にどう対応すべきか」（『始まっている未来—新しい経済学は可能か』岩波書店）を読んで感銘したが、宇沢はそこで戦後、東畑精一のもとで農林水産省の役人として十年ほどかかわったが、当時の農林省の役人が農業の営みがもつ人間的・自然的・文化的価値を全く無視して、自分たちの天下り先の組織づくりに奔走するのに驚いたと述べている。その官僚の人事権を内閣が持つ現在の政治状況は推して知るべし、である。

宇沢が提唱する「社会共通資本」論の構想を、笠井はアベノミクスの延長線上において制度論のなかで農業政策として政策化することを提唱する。それはアベノミクスがシカゴ大学のノーベル経済学賞受賞者スティグリッツの経済理論によるからであり、宇沢とスティグリッツの理論は資本主義の発展過程のなかに位置づけられ、その展開として論じられているからである。宇沢の提唱するベーシック・インカム、とりわけ農業の社会資本化は社会主義の経済思想とは異なる視座からの展望であるが、あくなき資本の欲望による自然破壊や格差による人間性の喪失、文化への冒瀆の現状は、もはやそこに回帰するほかないのである。

宇沢は、農業が人間の営みの本質にかかわるという見地からの農業の再生論は、資本主義の論理での展望はない、という。セイタカアワダチソウがあらゆる雑草を駆逐して繁茂したあと、自らの毒素によって絶滅するように、金融資本の世界支配のあとにやがて資本主義的支配体制が絶滅する。その予兆の臭気を嗅ぐ人たちが模索する危機回避の現象化なのである。

そのロジックに、私は期せずしてジェームズ・C・スコットの『ゾミア』を想起した。東南アジアでの現地調査に基づく脱国家論は西欧文明の埒外の人類の文明論である。彼はその後、『実践の日々のアナキズム—世界に抗う土着の秩序の作り方』（清水展ほか二名の共訳・岩波書店）というエッセイを断章として書いているが、まさにグローバリズムによる国家の崩壊の後に立ち現れてくる脱国家的な人間の営みへの展望なのであろう。人類学者C・スコットは国家の束縛から解放される方向性を示唆し、ここでいうアナキズムとは、特別な政治運動でも社会革命でもなく、日々の暮らしのなかから社会を変えていく実践である、と述べている。宇沢の国家による制度論とは一見矛盾するようにみえるが、未来論としてローカリズムの線上で交わるものを私は嗅ぐ。そして、それは私のなかではマルクスの予見した未来社会論のなかに収斂される。

第二章　伝説論

地域に伝説として残るものについて関心を持ったのは幼児期に祖父母の夜語りに端を発しているが、折口信夫が『民俗学』（全集第十五巻）の「言語伝承」で伝説を言語伝承の第三に分類して、第一に諺《ことわざ》・言語遊戯、第二に歌謡・民謡をあげている。伝説には神話・民譚《みんだん》・説話を主な内容としている。これは言語伝承の定義として述べられたものだが、柳田國男は『伝説』（定本・柳田國男集、第五巻）でその分類を口頭伝承と言語芸術の中間に置いている。そしてそれは、日本語としては「イエツタエ」（言い伝え）であり、「イワレ」の「カタリゴト」である。それを漢字表記として「伝説」をあてている、と解説している。口頭伝承であるがゆえに文字による記録と対立して、「草木の如く、種は無始の昔にあっても伸び茂り又片枝枯れて歪んでいる。海の渚のやうに沈み又遠ざかって居る。詳しく見る人ならば此の間に立って、時の進みというものが人生に与えた大きな変革の跡をたどることが出来るのである」。文字として記録されたものと口頭で伝承されるものとを混同してはならず、「史料として高く評価せられなければならぬ伝説の価値である」と述べている。

伝説はいわゆる限地性をその特徴として、昔話や民間説話のような教訓性や普遍性をその伝承の目的としない。そのことについて柳田は個々の昔話や民間説話を解説しているが、伝説の定義として、第一に人が之を信ずる。第二に伝説には中心がある。つまり記念物がある。第三は信仰と同じように、人を説き明かすのに定まった形がない。第四は伝説は歴史になりたがる。これは歴史の研究が進むにしたがって伝説を類推法で現代のなかで解釈して、歴史として憶測することをいっている。これを伝説の成長といってよいのかはともかくとして、それは伝説においては許される、と述べている。

ここで柳田はその例証として、会津と越後の境にある御神楽岳の麓の高倉天皇の御廟伝説について触れている。それは奥会津に伝わる以仁王伝説と同じことが越後と会津の双方にあり、それぞれに高倉天皇の墓（塚）や、会津には高倉神社とその祭りまで例年行われている。まさに伝説が歴史になりたがった典型で、そのことについてそれぞれに研究書も書かれている。それによれば、会津では同行した姫が亡くなっているが、天皇については不明なので越後との整合性がないわけではない、と柳田は述べ、当時の日記にも以仁王については行方不明で東国奥州に御立退されたという風聞が記されているので、それらを推類しての伝説か、とも述べている。

そして柳田は「我々にとって最も大切なことは、この勘定も出来ぬほど遠い先祖の代から、土地毎に語り伝え、信じ切っていた古事が、本来は如何なる種類の真実を保存し得たのであったかを見出すことであって、その研究が今は却ってお留守になっている。村に育った人々が老若男女、こぞって年久しくさう思って来た事柄が、空な無意味なものであった筈が無く、多くの伝説が御社を中心とし、また際立って尊敬しているお方と、因縁のあることばかりを説いているのを見れば、恐らくはもと神々の祭りに仕える人たちの、いたって厳粛なる考え方が、さうであったものと見てよかろう。たとえ、書物の上には全く痕跡が無く、また両立し難い記録があろうとも、それによってすぐに根本から、間違って居ると断ずることは不当だったのである。人が親々から聞き伝えていたものを、出来るだけいつまでも信じ続けていたいという心から、所謂合理化の運動に参加しようとするのは無理のないことのやうだが、大抵の場合にはその提案者は外部の人であり、実は又伝説を少なくとも一部を、否認しようとする人であったのである」と述べている。

伝説の合理化については、近世の歴史学者に対する批判の文脈で述べられたものであるが、このあと柳田は伝説の地域性を伝説圏と呼んで、伝説を地理的な範囲や人々の生活圏との関係性について述べている。伝説の多くは優れて風土とのかかわり合いで成立している。それゆえに伝説は「風土論」の範疇に包摂されるのである。

柳田が『伝説』を著したのは昭和十五年（一九四〇）に岩波新書としてだが、昭和十三年（一九三八）から日本民俗学講座において語ったものである。戦前の歴史観のなかで歴史と伝説についての相違と連関を、各地の具体的な伝説の事例をあげてその特質や伝説の成長を解明し、その長い論文の末尾を次のように結んでいる。

「我々の祖先は無始の昔から、無上の憧憬を以って此種の伝え事を聴き、かつ幽かなる一筋の因縁の、種族の貴い中心と繋がっていることを信ぜんとしていた。それをただ彼らのみが洞察していたのである。是がこの大きな影響の後永く残った所以であろうと思ふ。我々の学問は更に一段深い同情を以ってこの事情を理解し、それに依って新たな未来の文芸を計画しなければならぬ」

伝説は文字化された記録でないがゆえに、その時代の民衆の意識の反映や伝承者のさまざまな想像力によって変化する。それを柳田は、「民俗学は一段深い同情をもって理解し、そこに秘められる民衆の無上の憧憬を洞察する。それは歴史のなかに隠される民衆の声を聴き、歴史の真実を知ることにある」と示唆する。伝説のもつ地域性、即ち伝説圏はその地域の民衆の共同祈願の表出に他ならないのである。

その意味において、私は古代・中世の時代の三つの伝説とひとつの神社縁起に関する古代歌謡（祝詞《のりと》）の一部をこの「風土論」に収録した。

大口大領伝説 考

作家水上勉氏は『わが山河巡礼』のなかの「美濃のおいずる」で、岐阜県谷汲村《たにぐみ》の華厳寺《けごんじ》の縁起にふれ、華厳寺の十一面観音像と大口大領《おおぐちだいりょう》にまつわる伝承を語っている。また、作家五木寛之氏の『百寺巡礼』（全十巻）第四巻でも、谷汲村（現、岐阜県揖斐川《いびがわ》町）華厳寺の十一面観音像の由来譚として大口大領伝説と、その末裔が門前町で営む食堂の話が語られている。

この二人の著名な作家が語る美濃谷汲山華厳寺の大口大領伝説とは、わが会津美里町冨岡《とみおか》の妙福寺（現福生寺）観音堂の十一面観音像にまつわる伝説で、今から千二百二十一年前の延暦十七年（七九八）の話である。

この伝説は『会津高田町誌』（昭和四十一年刊）『会津高田町史』全七巻（平成十三年刊）でも採録されているが、伝説の考察は試みられてはいない。美濃谷汲村と会津黒河郷冨岡村の双方に伝承される大口大領伝説とは何か、そこに秘められるものを探ってみたい。

水上氏の『わが山河巡礼』は昭和四十四年五月から翌年の十月にかけて雑誌『太陽』に連載されたもので、昭和四十六年に中央公論社から刊行されている。そこにはこう書かれている。

「桓武天皇の延暦十七年といえば、千百七十年前になる。奥州会津郡黒河郷の住人で大口大領という者がいた。観音さまに信仰のあつかったこの男が、わが在所に十一面観音像を建立しようとの宿願から霊木をもとめて旅をした。なかなかみつからない。この上は仏の力にすがってと、奥州永井村の文殊堂へ足をはこび、十日の祈願をこめると、ある夜、一人の童子が現れ、「永井村と黒河郷の間の路傍に榎《えのき》の大木がある。あれを伐って霊像（?）をつくれ、これこそが有縁の霊木だ」という。この童子は文殊さまの化身だった。大領は喜んで、示された場所へゆく。果たして大木があり、里人に請うて伐りたおして、これを京に持ちはこび、仏工にたのんで観音像をつくらせた。七尺五寸の十一面観音大像である。いよいよ出来上がったのを奥州へ運ぼうと、大領が美濃国谷汲山にさしかかると、観音はにわかに重さをまし、車が動かない。はて、怪しいことだ。大勢で押してみるが、微動だにしない。観音さまは、黒河郷へ帰るのを嫌って、この地に納まりたいのであろうか。大領は断念し、この地に永住をきめる。当時、ここはすでに天台宗華厳寺があって、豊然《ぶねん》という沙門が住んでいたので、この人を開山として一宇を建て、十一面観音像をおまつりしたという。これがこの寺の縁起である」

「京都から奥州へ帰ろうとした観音さまが、途中で、ここに納まったわけである。当時は、伊吹川の裾から揖斐川岸へくる街道が利用されていたか。もし、いまの中仙道大垣付近がその地点だとすると、観音さまは、ずいぶん、北の谷汲を目指してわがままをいわれたことになる。あるいはもっと北よりに、古道が通っていたか。そのところは私にはわからない」

これは谷汲山華厳寺に伝わる話である。

会津美里町冨岡の福生寺に伝わる十一面観音像と大口大領伝説は、

「今の竹原と冨岡、西勝の村境から少し北に、大口大領信満という地頭がいた。豊かな暮らしをしていたが、延暦十年に妻を亡くした。大領は妻を宮川畔に葬り、その地を比丘尼川原とよび五輪の比丘尼塚を建てた（基盤整備のときに冨岡福生寺境内に移して現存する）。妻を亡くした大領は毎年京に上がり、且つ熊野には三回も参拝した信仰の篤い人であった。

高野山で和気弘世法師（伝灯大師）の天台の法門の講話を聞き、妻の供養のために仏像を築くことを念じ、法然法師に七寸五分の観音像を彫刻してもらった。その帰路の途中、美濃谷汲村で観音像は七尺五寸の尊像となって動かなくなった。大領はやむなく谷汲村浅合ガ原に観音堂を建てて祀った。大領は十有余年そこに滞在したが、故郷恋しさに、頂上仏を法衣に包んで帰り、七尺余の十一面観音の像を彫刻して、そこに頂上仏を祀ろうとしたが、それはかなわず大領は七十三歳で没した。その後、たまたま承和年間（八三四〜四七）に円仁がきて、頂上仏を納める観音像をつくり大領の願いを叶えた。観音の徳を讃仰して人々が集まり大いに賑わい、冨岡の名が生まれ妙福寺が建てられた。像を彫刻した木がせんの木（栓の木）であったため、冨岡の人たちは長くせんの木を生活に用いることをしなかったという」（竜興寺住職筧義海の書の抄）として『会津高田町誌』に記載されている。

『会津高田町誌』はそのあと、谷汲村華厳寺の縁起にふれ、「大口大竜（領）は、谷汲山華厳寺に帰り、弘仁五年（八一四）四月四日に入寂したとあり、その子孫の大口松雄氏は、華厳寺総代として、また華厳寺門前町に旅館を経営して、大竜（領）の木造と墓を現在まで守りつづけている。このことから考えると、大竜（領）は冨岡を去って谷汲村で没したと考証される。また谷汲山華厳寺に重要文化財として残っている『古今記』には、大竜（領）が頂上仏を会津に持ち帰ったことも、またそれを谷汲に持ち返したことも明瞭に記されている」と記している。そしてその写しが冨岡福生寺に、

一、本尊頭上の十面奥州下向の事

二、頭上十面目奥州御帰寺の事

として現存する。

この資料は昭和三十七年に『会津高田町誌』編纂委員長であった大越大雄氏が、谷汲山華厳寺に依頼して、『古今記』のなかから、「一、当寺開闢時代卉願主□事」とともに前述の一、二、を写しとってもらったものである。

その大要はすでに述べたので、その写本の再掲はしないが、『古今記』そのものが書かれたのは、永禄三年（一五六〇）七月十八日、谷汲山華厳寺の釈定賢によって記されたものである。ちなみに永禄三年とはあの織田信長が尾張桶狭間で今川義元を急襲して勝ったときである。

水上氏のエッセイは「美濃のおいずる」という表題で、巡礼のときに羽織る笈摺《おいずる》を谷汲山華厳寺で脱ぐ西国観音霊場三十三番の札所、つまり満願寺で別名を「おいずる寺」ともよばれることにまつわる修行僧の話で、大口大領その人について書かれたものではないが、谷汲山華厳寺は紀伊の那智山青岸渡寺から始まり、近畿一帯をまわる西国観音霊場三十三観音の最後の札所という名刹である。この西国観音霊場三十三番のなかには長谷寺、清水寺、三井寺、石山寺といった名だたる名刹があるが、そのなかで谷汲山華厳寺は「おいずる寺」ともよばれる満願寺であり、「西国観音様の親方」ともよばれている。

五木寛之氏の『百寺巡礼』は平成二十年に講談社から発刊されたものだが、その第四巻「滋賀、東海編」には、谷汲山華厳寺の縁起とともに華厳寺の寺史について次のようにふれている。

「奥州の会津郡黒河郷（現在の福島県会津若松市）にいた大口大領という人が、あるとき観音堂を建てようとした。夢のお告げによって榎の大木を授かった大領は、京都の仏師に十一面観音像を彫ってもらう。一説によれば、仏師ではなく童子だったともいう。大口大領は早速、観音様を故郷の奥州に祀るため、京都から持ち帰ろうとした。ところがその途中で美濃の谷汲村にやってくると、十一面観音はここが結縁《けちえん》の地だといって動かなくなってしまう。寺の創建縁起には、どうもこのパターンが多いようだ。本尊となる像が、安置されるべき場所を指し示すのである。そのころ谷汲村には豊然上人《ぶねんしょうにん》という僧が修業していた。大領は豊然と協力して山を開き、寺を建てて大切な十一面観音像を安置した。これが華厳寺のはじまりだという。さらに、寺を建設するときに割った岩から油が湧き出し、その油で観音の灯明を灯したと伝えられている。この伝承が「谷汲」という地名の由来になっているらしい。油が湧くとは吉兆だと、そのことを耳にした醍醐天皇がこの寺に「谷汲山」という山号を贈ったという。一方、「華厳寺」という寺号は、のちについたもので、それ以前は「谷汲寺」とよばれていたようだ。「華厳」の名は、本尊の十一面観音像に『華厳経』が書き写されていることによるという」

「華厳寺は天慶七年（九四四）には、朱雀天皇の勅願所となって栄えたという。だが、多くの巡礼者でにぎわうようになったのは、やはり西国三十三所の「満願の寺」になってからだろう。寛和二年（九八六）、政争に翻弄され、のちに「悲劇の帝王」と称される花山法王が、観音霊場の巡幸をはじめた。その際、法王みずからが、華厳寺を西国三十三所の満願札所と定めたともいわれる。その後、何度かの兵火で華厳寺の堂宇は焼け、十五世紀後半に再建された。阿弥陀堂、鐘楼はそのときの建物で、あとは明治はじめに修復されたものである」

華厳寺の創建縁起は当然のことながら水上氏の引用文と同じである。八世紀末の創建から十世紀にかけて、谷汲山華厳寺は天皇の勅願所であったり、法王の巡幸であったりとか、地理的な場所柄もあったとはいえ、わが国を代表する名刹である。それがわが会津美里町冨岡村の妙福寺の十一面観音像の建立にまつわる大口大領の伝説と、暦年や人物が一致するということは、伝説とはいえ全く架空の話とは言い難い。しかも、五木氏は「仁王門をでると、門前にはたくさんの店が並んでいる。ここはやはり精進落しで、なにか食べていこう。そう思ってふと見ると、「大口大領の末孫」が営んでいるという和食の店の看板が目にはいった。大口大領は、豊然上人とともに華厳寺を開いた人だ。その末裔の店と聞けば、これは通りすぎるわけにはいかないだろう。その店の名物は「満願蕎麦」だそうだ。早速注文する」と、大口大領の末孫が現在も現存していることも記している。

一方、わが町の妙福寺について『会津高田町誌』では、

「天台宗日用山福生寺は、古くは妙福寺と称して、観音堂の別当であったが、長い年月の間に衰亡してしまった。その後、慶長十年（一六〇五）に舜亮という僧が観音堂と寺を再建した。そのころ寺名を改めて福生寺とした。（中略）観音堂は慶長十年に建立されたことになっている。須弥壇の北西隅柱に左のような墨書がある。

あいすのさといな川住人□嶋長十□□
慶長十季二月□□
（注、□は磨耗して判読不明）

しかし、観音堂は慶長十年のはるか以前に建てられていたことが『会津寺院縁起』に記されている。応永三十三年（一四二六）六月十七日の銘がある鰐口《わにぐち》が、妙福寺に「願主重範、光成、別当舜成」によって寄進されていた。現在その鰐口は福生寺には継承されていないが、妙福寺は室町時代の初めのころには、すでに会津の観音信仰の名刹として現存していたことが証明される。

また、妙福寺のあとに建てられた現在の福生寺観音堂も室町時代後期の建築である禅宗様式によった建造物として、昭和五十四年に国重要文化財としての指定を受けている。平成九年から十年にかけて、文化庁による観音堂の全面的な調査と解体修理が行われている。また十一面観音坐像は二二八センチで、立像にすれば伝説の七尺五寸に相当する。

観音堂前には仁王門があり、また境内には大口大領一千年供養塔が建てられている。寛政五年（一七九

三）に建てられた高さ五尺五寸ほどの石塔には、

「谷汲奥の院大光明、竜興寺と冨岡村の寺掛（惣村壇頭長）福田常蔵、寛政五年三月十七日、一千年供養、尊容願主大口大領法師塔、姓大口六ヶ国長者、会津二十六番札所、西国三十三番谷汲山観世音菩薩一体分身之尊像也」

と刻まれている。石塔の裏面にも文字が刻まれていたが、磨滅して判読はできない。その原文の写しも残念ながら現存しない。

『会津高田町誌』には「伝説」の項でも『大口大領伝説』が採録され、記述されている。が、文殊菩薩信仰説話になっている。内容的には同じものだが、大口大領という長者は文殊菩薩の信者で、文殊堂に観音像を納めたいと発願して願掛けをし、童子となって現れた文殊菩薩のお告げにしたがった話として語られている。

『会津高田町誌』や『会津高田町史』に記述されていることの典拠は、『新編会津風土記』（文化六年、一八〇九）、『大沼郡史』（大正十二年、一九二三）である。が、『会津高田町誌』の「伝説」は、大口大領の文殊信仰が唐突に付加され、随所に菩薩の化身として童子が登場する。これは仏教説話の典型的なパターンで後世の付会であろう。

また『会津高田町誌』および『町史』に記述されなかった『大沼郡史』の内容は次のようなものである。

「堂の背後凡そ一町余、田畝の間に清水湧出す、観音清水と云う、又堂の右方壇を為す所に、大なる刺楸木ありしが、七年前に伐採せる由にして、今其伐口凡そ六尺程あり、此の古壇何人の古墳なるや審ならず、当村に伝わる古き巻物を険するに、大領死して荼毘する所一寺建つ、大竜寺と号す云々とあり、而して此の寺今廃れて畑地と為り、字大連寺畑と云う、此の付近一里塚ありしが、今や亡し、是等を以って考えれば、この大連寺は大領墳墓の地にして、或は大竜寺畑の転訛にや」

「今大連寺畑の近傍に比丘尼塚あり、高さ数尺青苔石上を埋む、伝えて云う、大領の妻延暦十五年病により剃髪して、比丘尼と為り、同年暮秋大領に先んじて死す、即ち宮川のあたりに塚を築きて墓を立つ、是を比丘尼塚と云う、この辺りを今に比丘尼河原と云う、大領は当時奥州屈指の長者にして、深く仏に帰依せしかば、妻の死にあひて更に信仰の念を深くし、観世音菩薩を尊崇して終に堂宇を営み、積年の志を達せしと云う、観世音菩薩は大領の一日も離さざるものなりしかば、其の居宅の傍に安置せしものならん、大口村大口大領、また大島大竜と云う、何れが真なりや詳らかならず、或いは当時冨岡は大口村と云えしものか、今大口村なるもの無く、冨岡村は当時の大口村にして、即ち地名と官名とを接続して大口大領と唱えしならん」

「美濃谷汲華厳寺に今尚観音堂あり、会津冨岡観音は谷汲の奥の院なりと唱う、(中略) 豊然法師即ち大領が霊夢によりて、其他元毘沙門天の居ましければ、彼の像を観音の脇立てとす、かくて大領、僧徒と争ふことありて、観音の頂上なる十面を抜取り帰国し、会津冨岡妙福寺の新像の頂につき置けり」

以上が、大口大領伝説にかかわる文献的な資料の現状であるが、これらをもとに大口大領伝説の考察に入ってみたい。

まず、伝説の暦年である延暦年代(七八二〜八〇五)とはどのような時代で、その時代の会津美里町の歴史的な出来事としてどんなことが記録されているのかだが、延暦という元号は桓武朝の二十四年間で、古代史においては八世紀中頃の蝦夷征伐（平定）の時代である。会津美里町の地は欽明十三年（五五二）に高田に伊佐須美神社が遷座し、そこを拠点にして稲作の普及などがすすめられ、前方後円墳の文化をもつ会津盆地東北部から北西部一帯に先住する先住渡来者との戦いが数十年間にわたってくりひろげられた後、大化の改新（六四六）後の七世紀末にはそれらが終息し、大和政権の支配が確立された。そして相津は会津と改名され、神護景雲三年（七六九）には、会津郡から二人の丈部《はせつかべ》（現地の人で大和朝廷に仕える役人）が会津阿倍臣《あべのおみ》の姓を賜っている。そのうちのひとり丈部庭虫とよばれる人物は伊佐須美神社の神官だといわれる。つまり彼らは阿倍姓を下賜され、大和朝廷の地方役人として取り立てられたということである。これは朝廷の律令体制が会津において具体化された証とみて支障はあるまい。

さらに延暦年代（七八二〜）には、陸奥国の奥地（宮城、岩手）の蝦夷征伐が坂上田村麻呂によって行われるが、『続・日本紀』によれば、会津からその征伐に兵として参戦し、延暦八年（七八九）に高田道成、会津壮麻呂らが胆沢《いさわ》（岩手・水沢、奥州市）で戦死したと記されている。

一方、延暦十五年（七九六）には大和朝廷は養蚕技術の普及のために、陸奥および出羽に婦人を派遣したという記録（『会史年表』）がある。これは律令制度の庸《よう》（現物租税）に米と絹布を納めるために行われたものである。つまり会津における蚕養神社の出現である。同時に大戸村上雨屋で須恵器の製造が開始されている。土器文化の時代から陶器に発展する過程に位置する須恵器文化が東国から入ってきて、その大量生産が行われたのである。そして延暦二十年（八〇一）に、坂上田村麻呂による蝦夷征伐が、蝦夷の首《しゅ》魁《かい》アテルイとモレの都での騙し打ちの処刑によって終り、会津に法相宗の僧徳一が延暦二十五年、大同元年（八〇六）に筑波から会津に入ってくる（『南都僧伝』では弘仁十一年になっている）。そして徳一は慧日寺、勝常寺、法用寺、仁王寺、円蔵寺などを建て、会津五薬師を安置したとされている。

桓武天皇の死と平城天皇の即位によって年号が延暦から大同にかわったが、権力争いの熾烈な時代で桓武天皇の妃である藤原吉子がその子伊予親王と謀反を起こしたとして自害させられ、平城天皇は僅か四年で嵯峨天皇に代わり、年号も弘仁にかわる。その大同四年（八〇九）に伊佐須美神社が奥州二の宮の勅号と正一位の記位を時の朝廷より授かった（『旧事雑考』）とされている。

延暦年代から弘仁年代の会津は、陸奥でもっとも早く大和朝廷の支配下に入り、東国（関東）とともに陸奥国以北の蝦夷征伐の戦略基地となった。その中心をなしたのは、『会津旧事雑考』の冒頭の伝承が暗示する（伝承は長文なので省略するが、ナガスネヒコの末裔とタケヌナカワワケノミコトの協力によって蝦夷を征伐する話である）伊佐須美神社の軍団である。黒河郷に八角《やすみ》神社を進出させ、その勢力を誇示した伊佐須美神社の隆盛期の時代である。

その時代、会津郡黒河郷は現在の若松市一帯で、大川（阿賀川）が黒河と呼ばれていたのにちなんでの黒河である。現在の会津美里町周辺は伊佐須美神社の社《やしろ》にちなんで屋代郷《やしろごう》と呼ばれ、黒河郷に隣接する郷（律令制における末端の単位）であった。谷汲の大口大領伝説は大口大領を黒河郷に住する人としているが、黒河郷には冨岡の村名も大口大領伝説もそれに類似するものもない。また、大口大領が永井村の文殊菩薩のお告げを得たとされる永井（または長江）村は現在の高田町の西方の赤沢川の河岸段丘にあり、縄文土器や弥生土器が出土する油田遺跡周辺である。その北方の一角が布才地とよばれる中世のころの城郭跡と、それが滅ぼされた跡に建てられた普斎寺があったところである。したがって伝説の永井村は現在の高田町の原型となった集落で、先住者の群集落とみられ、一説には寺崎集落の鎮守は前方後方墳の後方部分の上に建てられたといわれる。また永井野という地名はその永井村の野というのが語源で、現在の上戸原集落以南一帯の高地である。

大口大領が観音像を発願するにあたって願掛けをした文殊菩薩については、現在の青竜寺の文殊堂かどうかは不明である。なぜなら青竜寺の開基は暦応二年（一三三五）で、開基と同時に文殊菩薩を祀ったとされている。それは延暦年代とは五百年も後である。

大連寺という字地名は竹原集落と冨岡集落の間の西勝集落の土地にあり、県道を挟んで上大連寺、下大連寺、東大連寺の約三ヘクタールにおよぶ字地があった。そのなかに地蔵堂という地名もあり、また大連寺に隣接して比丘尼川原、堂西などという地名があった。比丘尼川原は細長い河跡のような地形で、その東端に比丘尼塚とよばれる五輪の石塔があって、その下から清水が湧いていた。その清水を用水とする田を別称病田とよんで、その田をつくる者に比丘尼の祟りが及ぶという言い伝えがあった。

それらの地名は昭和四十五年の圃場整備事業によって形状とともに跡形もなくなり、比丘尼塚の五輪石塔も冨岡集落の福生寺観音堂境内に移転された。その移転と塚の発掘に私も立ち会ったが、遺物のようなものは何も出土しなかった。また現在の冨岡福生寺の背後にあたる北西に清水があり、傍に桜の古木があったが、それを観音清水と呼んだかどうかは不明である。宮川の伏流水を水源とする清水は比丘尼川原の各所にあり、雨季になるといずれの清水も満々と水をたたえていた。往古は宮川の流路が冨岡と竹原の間を流れ、橋爪の下で大川（阿賀川）、氷玉川と合流していた。その後、洪水で現在の流路に変わったが、字大連寺一帯は広大な氾濫原と沼地が点在する湿地帯で、大口大領伝説にかかわる字地名の土地は、すべてその氾濫原と沼地の湿地帯のなかにある。この沼地の景観から竹原集落に大沼神社が祀られ、大沼郡の地名になったともいわれる。しかし、洪水によって宮川の流路が変わる以前は、そこは肥沃な土地で大口大領の館があったのかも知れない。その後、宮川が現在の流路に変わったのは、天文五年（一五三六）の

「白髭《しらひげ》の大水」とよばれる大洪水によってだといわれる。

次に大口大領その人についてだが、大領なのか、大竜なのか、岐阜谷汲山華厳寺の縁起では大領と呼ばれている。大竜は会津の伝説で、呼び名として大領と併記されているが、その根拠は大領が死んで大竜寺が建てられた。それがいつしか大連寺と呼ばれるようになった、ということからである。会津弁のイントネーションでは大竜も大領も、ラ行の発音は同音である。したがって大領と同じと解して差し支えない。会津高田の普済寺の場合など布才地《ふさいち》と普斎寺の寺名を消した漢字が、戦後の耕地整理の際に当てられているが、私たちはこの地を県営圃場整備以前は「だいらじ」または「だいらんじ」とよんでいた。大竜寺《だいりゅうじ》と呼んだ記憶はない。また大領は名前なのかそれとも官名なのかだが、会津高田町の『誌、史』では特定はしていないが、『大沼郡史』では官名なのかと推量している。それは古代の律令制度において、大領、中領、小領という地方行政官の官名があり、その大領ではないかとの解釈に立っている。会津美里町竜興寺の伝承には、典拠が解らないので疑問符がつくが、大口大領信満という字《あざな》がつけられている。大口姓のあとの大領は官名とも読める。

大口氏について『日本古代氏族人名辞典』（吉川弘文館刊）は、社部臣大口《こそべおみおおぐち》とその氏族を記載している。社部臣は天武十二年（六八三）の八色の姓《かばね》の制定以前からの、物部、田部などと同じ職の集団をあらわす氏族名で、社部《こそべ》は社《やしろ》、つまりは神の降臨するところ、神社に由来する。

その大口氏は『日本書紀』に、壬申の乱（六七二）の際に近江朝の武将として登場し敗れているが、『出雲国風土記』にはその一族とみられる社部臣訓麻呂《こそべのおみくにまろ》が八世紀初期に、出雲国の地方豪族として『出雲国風土記』の編纂に社部臣として名を連ねている。このときの社部臣訓麻呂は、島根郡（島根県松江市北部一帯）の大領で外正六位下の官職にある。さらに『風土記』にはその一族の祖である波蘇《はそ》が八束郡一帯の稲田の開発のために川を掘った、と記されている。また『続日本紀』には八世紀の中頃に、社部の朝臣《あそん》対馬が山陰道節度使判官として外従五位下に叙せられている。社部臣の祖の波蘇は大陸からの渡来人で大友皇子（近江朝）に味方し、壬申の乱では大海人皇子（天武）の武将村国連男依《むらくにのむらじおより》に近江での戦いで敗れたが、その後も社部臣大口氏の一族は官人（地方役人）としての地位にいた、いわゆる出雲族ともよばれる一族である。

以上の考察は、この伝説の歴史的実在を証明するには不十分で断片的なものだが、延暦年代に官人として会津に赴任した大口氏の一族の一人が、わが会津美里町の冨岡村に住し、十一面観音像をこの地に建立しようとした話が、今に語り伝えられた伝説であるといえる。美濃谷汲村華厳寺の縁起に奥州会津の冨岡妙福寺が奥の院といわれているのは、まさしく大口大領の存在と観音像にまつわる一連の行動の実在性を示すものである。また美濃谷汲華厳寺の『古今記』の記述は、大口大領は奥州会津に役人として派遣され、任を終えた後に仏頭を持って美濃谷汲に帰っていった、と読み取れる。大連寺の地名、五輪塚と五輪塔の存在をこの伝説の物証とするには『大沼郡史』の記述と同様、確たるものはないが、むしろ冨岡村と地続きに存在する領家（集落）は、地名伝承を両池の転語としているが、この集落に美濃の僧常延によって建長元年（一二四九）に常楽寺と観音堂が草創され、十一面観音像が収められている。延暦年代とは四百年ほど後の時代ではあるが、この集落が字地として集落の東方は村境の氷玉川まで、南方は小川川に沿って小川集落まで所領していた。およそ二百町歩におよぶ広大な面積であるところから、ここは官吏として大領が住んだまさしく領家ではなかったかとも思う。この寺は近世になって蒲生氏郷が会津に入ったときに藩命によって寺領地を没収され廃寺になったが、それを寛文年代に再建し、さらに天保二年には三度目の堂建立をして今に至っている。大口大領がいた領家（荘園の現地管理者の家を指すが、領主と同義語としても使われた）なので、美濃谷汲の僧がここに常楽寺を創建したのではないかと考えられる。私たちが会津美里町を「会津文化発祥の地」というのは、仏都会津がはじまる大同年代以前に、会津ではもっとも多くの寺がこの地域に建てられ、伊佐須美神社を中心として人と文物が頻繁に都の周辺や東国（関東）と交流した地域であることを根拠にしている。大口大領伝説はまさしくその一端を物語るものなのである。

高倉宮以仁王伝説 考

会津美里町字大八郷集落の北側に高倉山がある。私の家からは東に二キロメートルほど離れたところで、沖田とよばれる水田地帯のなかにぽつんとある標高三〇二・二メートルの小山であるが、その形状から丸山とよび、かつてはその周囲に人が住んでいたので丸山を姓にする農家も近くの田中新村にある。昭和四十年代にその山の半分が高速道路の盛土のために土建会社に売却され、山の西北側が削り取られたが、その南側の山腹に高倉観音が祀られている。

会津三十三観音の二十三番札所、高倉山法蓮院十一面観世音菩薩で、高倉観音と呼ばれている。高倉とはわが国の「貴種遊離譚《きしゅりゅうりたん》」のひとつである高倉宮以仁王《もちひとおう》伝説にちなんだものである。「貴種遊離譚」という言葉は民俗学者折口信夫が「国文学の発生」のなかで名づけたものだが、民俗学者柳田國男はそれを「流された王の物語」として、天皇や多くの皇子の遊離譚とともに、南会津一帯から新潟県東蒲原郡にわたる高倉宮以仁王伝説を採取している。民俗学の立場からそれらの物語の発生の根拠と意味を、赤坂憲雄福島県立博物館館長が著書『内なる他者のフォークロア』の第二章「王とヒジリの物語へ」で論じているが、それはさておき、わが会津美里町の丸山にある高倉観音の伝説についての考察を試みてみたい。

その伝説については、生涯をかけて南会津から新潟県東蒲原郡一帯の村々に伝わる伝承を聞き書き調査し、『会津における高倉宮以仁王―貴人流寓伝説の古里をたどって』を著した南郷村の故安藤紫香の著書から引用するが、それは次のようなものである。

「治承四年（一一八〇）の春、源三位頼政のすすめにより高倉宮以仁親王は平氏討伐の軍をすすめられた。頼政は全国の源氏一統に「以仁王平家追討令旨」をもって号令を発し、宇治平等院に陣屋を構えて、平知盛、重盛らの平家軍と宇治川で戦ったが、以仁王と頼政の軍は援軍もなく、圧倒的な平家軍に攻められて、戦いに利あらずと、そこを逃れ相良郡棚倉村綺田の光明寺についたとき、以仁王は流れ矢に当って五月二十五日に崩ぜられた。そのときの以仁王の御歳は三十歳であった。頼政もそのとき後を追って自害して果てた」

『東鏡』『平家物語』『源平盛衰記』など、わが国の歴史上に「治承の変」として記される事件である。

しかし、高倉宮以仁王伝説として語られるのは、敗色濃くなった宇治川で頼政は宮に「ひとまずここを逃れて再起を」と説き、身代わりには宮に似ているといわれる家臣の渡部連《むらじ》を立てた。宮はその鎧装束を渡部連と交換されて近臣とともに落ち延びていった。渡部連は「本望なり」といって平家の軍勢の前に出て切腹し、弟の渡部唱がこれを介錯して、その首を宇治川に投げ入れ、「平家に功ある武士は、宮の首を取り上げて高名仕れ」と叫んで宮一行の後を追っていった。頼政はそれを見とどけ、自らも自害して果てた。

高倉宮以仁王一行はその後、駿河から伊豆をへて甲斐に入り、信濃から上州沼田を通り、戸倉村沼山から会津に入った。ここから、一行の「高倉宮会津紀行」伝説が始まるのである。

治承四年七月一日（日付は旧暦）以仁王一行は会津に入り、長沼でしばらく休んだが、そこで同行してきた尾瀬中納言頼実卿が病に倒れ、翌養和元年（一一八一）に亡くなった。一行は長沼の畔に尾瀬中納言頼実卿を葬り、沼の向こうの山を至佛山とし、その沼を尾瀬沼、周辺の湿地を尾瀬ヶ原と呼ぶようにした。

七月九日、一行は標高一七八四メートルの沼山峠を降り桧枝岐に向かった。実川沢にさしかかったとき、同行してきた参河少将光明卿が倒れて亡くなった。一行は泣く泣くそこに参河少将を葬り、そこを参河沢と名づけた。今も村人は、その日（旧暦七月九日、現在は八月六日）を参河祭として、そば粉でオトシゲという団子をつくり、神棚に供えて供養している。桧枝岐村の村長勘解由宅に泊まった一行は七月十一日に桧枝岐を立って、三キロほど離れた大桃村（南会津郡旧伊南村）に向かった。その途中で供の小倉少将定信卿が足をくじかれ、同行が叶わぬため大桃村で髪を落として僧侶になり、入覚と名を改め大桃山滝巌寺を創建し、そこで一生を終えた。滝巌寺はその後、弘治年間（一五五五年頃）に廃寺になった。

七月十二日、一行は尾白根の里に着かれ、村長権蔵宅に泊まられた。そこで夢に上野国抜鉾大明神が現れ「ここまで逃れれば安心」だといって、雷が原の大杉から天に昇り帰っていったので、宮はこの村の名を尾白根村から杉の岸村に変え、その沢を宮沢と呼んだ。伊南村字宮沢の香取神社はヌキホコノミコトと抜鉾大明神の神仏を祭る郷社である。

七月十三日、尾白根から入小屋へ。入り小屋の太郎右衛門宅に泊、翌日入小屋より一行は田島村に向かう。田島村の弥平次宅に泊る。

七月十五日、田島村より山本村（現大内村）に向かう。途中、楢原村与八宅で休み、昼食を倉谷村三五郎宅でとる。夕方、山本村に到着し、村司戸右衛門に泊、そこで高峰峠を越えて会津盆地から柳津村を経由して越後に入ることを企てるが、柳津村の石川冠者有光という平家方の者が一行を待ちうけ、高峰峠にその先鋒隊を送っているということを聞き、さらに二泊して七月十八日に高峰峠に向かうが、そこで石川先鋒隊との戦いとなる。そのとき、にわかに雷鳴がとどろき天から火玉（氷玉）が降り、石川勢は逃げ帰り、一行も山本村に引き返した。

以仁王は山本村の戸右衛門（現佐藤久衛氏、代々戸右衛門を名乗ってきている）に、大変お世話になった御礼に差料《さしりょう》（刀）の「頼国光」を渡した。そして高峰峠を氷玉峠に、山本村を大内村に、その名を改められた。佐藤氏の先祖はその後、その差料を祀って大内村に高倉神社を創建した。高倉神社の祭礼は、以前は旧暦五月十九日に行われたが、現在は七月二日に〝半夏祭《はんげ》〟として行われている。

七月十九日、一行は大内村から進路を変えて戸石村に戻り、村司の五郎兵衛宅に泊まり、翌日、高野馬頭小屋に至り藤介宅に泊まった。そこから針生に向かい村司七郎兵衛宅に泊まり、七月二十一日に駒止峠を越えて、只見村に向かった。

八月一日、井戸沢（旧南郷村大字界）から乙沢、長浜（現只見町長浜）に至ったとき、再び平氏の石川有光勢に攻められる。一行の渡部唱の活躍によって石川有光は首をはねられ、その首を以仁王の居る楢戸村まで運ばれ首実検がされる。長浜の古戦場を渡部唱にちなんで唱ヶ崎とよび、そこに石川冠者有光の墓標が立っている。ようやく以仁王一行は只見村に着いて、そこから叶津に向かい、八十里越で会津から八月五日に、越後小国城主のもとに逃れてゆく。

およそ一ヶ月をかけて南会津の村々を逃避行した高倉宮以仁王一行は、越後小国城主小国右馬頭頼行公のもとに至る。そこで、その後どうなったかについては三説がある。一つは治承四年（一一八〇）十一月九日に平家に味方する会津慧日寺の乗丹坊らの僧兵に攻められ、東蒲原郡上条山の高山峠で自害した。二つに養和元年（一一八一）四月二日、平家方の会津慧日寺の乗丹坊勢に攻められ、奮戦のあと東蒲原郡小川庄高居殿村月見崎の仮御所で四月三日に自害した。三つに小国城主のはからいで小国東山村の内中山小倉の山中に逃れ、八十歳まで生きながらえ、四月三日に亡くなられた。

その首塚、胴塚とされる高倉宮以仁王墓は新潟県東蒲原郡東山村中山小倉嶺に菊の紋章を刻んで残されている。

以上が『会津正統記』（第九巻　首藤了随書、山内良随写本）に書かれている「高倉宮会津紀行」の内容である。しかし、その元本は不明で柳津町、日下吉蔵が写本として残したものをもとに、故安藤紫香氏がその記述に残る村々を探訪して聞き書きをし、その証拠とされる遺品や神社を確認したものである。

その高倉宮以仁王一行の逃避行にからんで、その傍譚として后と妃《きさき》の伝説も語られている。その一つは高倉宮以仁王の后、紅梅御前の伝説である。

后は高野大納言俊成公の息女で御年十七歳であった。供の桜木姫とともに岩瀬小藤太、堀八十次を従え宮一行の後を追った。途中の岩瀬郡法坂山麓田村で堀八十次が病死し、三人は八月の二十四日に山本村（現下郷町大内村、以後大内村で表記する）に着いたが、そこで桜木姫が病に倒れ二十六日に亡くなった。姫を葬り、紅梅御前と小藤太は戸石村に向かったが、すでに宮一行は越後に逃れていて、戸石村（下郷町大字戸赤）に着くと紅梅御前は産気づき、疲れ果てて倒れて二十八日に亡くなってしまった。紅梅御前を戸石村に葬り、やむなく小藤太は一人で越後小国に向かい、高倉宮以仁王にそのことを伝えた。

高倉宮以仁王はいたく悲しみ家臣の乙部右衛門を名代としてつかわし、戸石村（下郷町戸赤村）に御前神社を祀り、大内村の桜木姫の墓に桜木を植えた。その戸石川をいまは姫川とよび、桜木姫の亡くなった大内村の桜木姫の墓のあたりをお側ヶ原とよんでいる。また付近の古墳群は火玉峠の戦いで亡くなった者の墓だと言い伝えられている。

しかし、大内村には、この以仁王逃避行伝説とは異なる伝説が残されている。それは大内村の高倉神社の北側二〇〇メートルのところに王三段とよぶ高台があり、氷玉峠の戦いのあと高倉以仁王は、南会津地方を一巡せずに、この大内村の王三段に住まわれ、そこで生涯を終えられた、という伝説である。以仁王は壇の一段目に住まわれ、二段、三段目は家臣たちが住んだというのである。また、近くの蟹沢には大壇、小壇があり、大壇に残る五輪塚は高倉宮以仁王一行に随伴してきて、ここで入寂した西方院寂了法印《ほういん》の墓であるという。その子孫を名乗る長沼氏が現在、大内村に住んでいる。

傍譚の二つは、以仁王の妃（側室）のかつらぎ姫があとを追ってきて、弥五島（下郷町弥五島）のところで産気づき、女の子を出産された。幾日か過ぎてその娘が猿にさらわれてしまい、かつらぎ姫と姥は悲嘆のあまり、近くの沼に身を投げてしまった。長沼氏の家来が猟に出て山中で幼女を見つけ連れて帰り養育したところ、文武にすぐれた姫となり長沼氏に嫁いだという。弥五島の山中に屋敷というところがあり、そこに姫宮神社の小祠がある。

ここまで、この小文の書き出しにふれたわが会津美里町の丸山の高倉観音との接点はなかったが、高倉宮以仁王に随伴する法印が出てきたことで、わが町の高倉観音の由来、伝承について考察する。

氷玉峠の戦いのあと峠を越えて柳津にゆくことを断念した高倉宮以仁王は、随伴した長沢太夫常春（一説には長岡盛寿院帝鄭という僧）に守り本尊としてもってきた一寸八分の観音像をもたせ、丸山の西側中腹にそれを祀り、平家方石川冠者有光勢の見張りをさせた。後にそれを正保年間に南側中腹に移し、さらに元文四年（一七三七）に僧道西が現在のところに移建したと、高倉観音の縁起には書かれている。そして、その扉につけられている菊の御紋は高倉宮以仁王から贈られたものであるという。高倉宮以仁王一行の逃避行伝説では、氷玉峠で平家方の石川冠者有光と戦い、氷玉が降って両者が引き返したことになっていて、その記述はない。したがって丸山の高倉観音の縁起は後世の付会とも読める。

その話と似た伝説が大内村にある。それは戦いがあったあと、氷玉峠（現関山峠）の麓の栃沢集落（会津美里町字栃沢）に以仁王一行の見張り役としてとどまったのが、現在も石川姓の家とその従者である平井、舟木、星姓の三家であるという。星姓の家は現在は無い。

しかし安藤氏の調査では、この石川家には伝説に出てくる石川冠者有光との関係を証明するものはなかったという。石川家は親鸞聖人の書があることで知られている。安藤氏の調査では、近世になって石川家は下野街道の旅籠《はたご》叶屋として生計をたてていたので、その「諸国商人御指定宿」の看板が残っていると記している。が、石川家が近世から近代にかけて旅籠をしていたという話は地元では聞かない。明治初期の会津自由党の闘士として名を残している石川家の当時の当主石川名平氏が、関東から来る民権家に便宜をはかったときのものではないかという説もある。

私事だが私の母方の祖母は、石川氏とともにその地に永住した平井家の出である。

高倉宮以仁王伝説が下野街道の宿駅であった会津美里町大八郷集落にある丸山の高倉観音伝説として語られているが、その下野街道の裏街道とされる会津美里町の市野峠から高田を経て、坂下の越後街道につながる街道沿いにも、高倉宮以仁王の伝説は残されている。

それは会津美里町字旭小川窪と冨岡の途中に十五壇原という高台がある。『新編会津風土記』には長岡舘村の墳墓として高さ七尺、周十間の円墳が南北に十五連なっていたと記されている。

大正時代までは現存していたがその後開墾され、昭和四十年代の圃場整備事業によって跡形もなくなった。その由来伝説として高倉宮以仁王伝説が語られている。高倉宮が落ち延びてきて、この地長岡舘村の住人某にかくまわれていたとき、平家方の城四郎長茂がこれを聞き、柳津の石川刑部にこれを攻めさせた。石川勢は高倉宮の従者源頼政の四男四郎頼兼らとこの地で戦い、大勢の戦死者を出した。十五壇塚はそのときの墳墓である、というものである。

南会津地方の只見町から高倉宮以仁王の墓とされる墳墓のある越後東蒲原郡東川（旧上川村）字中山小倉嶺までの経路に残る高倉宮以仁王伝説は、その日時から、立ち寄ったとされる村々、宿泊したとされる家の当時の戸主も明記され、それにともなう遺品や神社や小祠の詳細が語られているが、それは省略する。ただ、その一帯に多い渡部姓、清野姓、長谷川姓などが、この伝説と関連していることと、ここでは会津慧日寺の乗丹坊の宗徒（僧兵）が攻めて、高倉宮以仁王は自刃した。乗丹坊はその首を持って京へ向かったが、途中で平家の滅亡を知ってその首を葬った。そこが会津大内の高倉神社であるという伝説が残されている。

さて、この伝説は史実ではない。ものの本によると、以仁王伝説が不遇の皇子の悲劇として語られるのは『平家物語』によるところが大きいという。つまり、天皇の子として生まれても、その時代は生みの母の家柄がものをいった。以仁王の場合、第一の王位継承権をもちながらも母の違う弟高倉天皇から、さらにあの源平合戦で壇ノ浦に沈んだ清盛の娘が生んだ安徳天皇へと移り、皇子でありながら天皇になれなかったもの、伝説はそこに以仁王謀反の理由を求めている。歴史的にみるなら、後白河法皇などの時の支配勢力のいうことを聞かなくなった成り上がりの武士集団平家一統を、源氏という異なる武士集団をもって潰したというのがその経過の実態だが、この治承の乱は、その端緒となるものである。失敗したがゆえにその後の鎌倉幕府の成立など、源氏の隆盛のころにこの以仁王生存説として語られ、中世から近世になってその逃避行伝説が奥会津地方に広まったという。したがって、そのすべてが、長い年月をかけて、物語としてつくられたものである。

民俗学の視点からは、『平家物語』と同様にひとつの祖形をもとに長年にわたって、また多くの人によって語り継がれてつくられた、典型的な口承文芸の形態であるという。

この高倉宮以仁王と平家討伐の令旨を源氏一統に発した源頼政は従三位の官僚で、あの紫宸殿《ししんでん》（当時の官邸）に夜な夜な現れる鵺《ぬえ》という化け物を退治したことで有名な武人であると同時に、『新古近集』巻三に

庭の面はまだかわかぬかに夕立の空さりげなく澄める月かな

という歌を残す、平安末期の著名な歌人でもあった。この伝説がその後の頼政の一族の遊離の経路と、鎌倉幕府の長沼氏の領地とかぶるのは、故なしとはいえない。

この以仁王伝説のような「天皇伝説」は、全国各地に数多くある。その時代も古代から近代までであるが、比較的には中世の時代が多い。その代表的なものとされるのは、源平合戦で壇ノ浦に沈んだ安徳天皇伝説と、都を追われ潜行した後醍醐天皇伝説だといわれるが、いずれも歴史上は非業の生涯を送った天皇の流離譚である。高倉宮以仁王伝説は安徳天皇の場合と同じように正史では死んだことになっているが、実はその時は死んでいなかったとして語られる伝説である。

この伝説の特徴は、亡くなったのは身代わりの者で天皇は敗者として逃亡する。その一行を村々が親切に迎え入れ、村の人々はその一行を守り、逃亡を助けるという筋書きである。そしてその土地の地名や社寺縁起が高貴なる一行の逃避行の経路に基づくものとなっていることである。こうした「天皇伝説」を柳田國男は「何が故に儼乎《げんこ》たる正史の文面に背いて、天皇潜行のおほけ無き物語を伝へたかを尋ねると、やはり亦誤謬《ごひゅう》にも一定の経路のあったことを知る」と、天皇神格化の時代でそれ以上に踏み込まなかったが、県立博物館長の赤坂憲雄氏は、柳田のいう「誤謬」にこそ、その謎を解く鍵があると「王とヒジリの物語へ」で述べている。

柳田が「一定の経路」というのはその伝説発生の条件に一定の共通する理由がある。同時にその伝説が流布される地域にも一定の条件が存在する、という意味に私は解釈する。

わが国中世の激動の幕開けとなる保元の乱から平清盛の絶頂期、さらに源平合戦へという、歴史的背景がこの伝説には深くかかわる。往時の政治情勢は、高倉天皇に皇位を譲り、実質的には院政をしいて実権を保持していた後白河法皇と新興勢力として台頭した平清盛との熾烈な権力闘争が展開され、平清盛は娘の徳子を高倉天皇（以仁王の弟）の後宮に入れ、その徳子が生んだまだ幼い言仁親王を治承四年（一一八〇）二月に安徳天皇として即位をさせたときに、その争いは頂点に達した。

清盛に天皇をわずか三歳の安徳天皇に譲位をさせられた高倉天皇は、慣例によって上皇として院政をしくがそれは形だけで、ここに名実ともに平清盛一族の独裁政権が誕生するのである。

この伝説の主である高倉宮以仁王とは後白河上皇の三皇子で、母は高倉三位藤原秀成の娘、藤原成子《ふじわらのしげこ》播磨局である。以仁王は母方の高倉宮とも茂仁親王、また最勝親王とも呼ばれ、第一位の皇位継承者であったが、皇位につくことができずに三十歳になっていた。安徳天皇の即位に怒った以仁王は、彼を支持する頼政と相計って、全国の源氏に平家打倒の令旨を発して挙兵をする。しかし、それを察知した平家の知盛、重盛らの軍勢に包囲され、宇治川の合戦で頼政ともに討ち死にする。その三ヶ月後の八月には源頼朝が伊豆で挙兵するが、これも敗北して安房へ流される。九月に木曾で源義仲が挙兵し、それに武田信義が呼応して、ここから形勢は逆転して平家の敗走がはじまる。そし十二月に平重衡が東大寺・興福寺を焼いて都を去り、平家一族は西海に逃れ、文治元年(一一八五)三月、壇ノ浦の戦いで、源義経ら源氏勢によって平家一門は滅亡する。

高倉宮以仁王は兄(二条天皇)と弟(高倉天皇)が天皇になったが、平清盛によって忌避された。それは治承元年(一一七七)に起こった僧俊寛と藤原成親、藤原成経らが企てた平家打倒の「鹿ヶ谷事件」とのかかわりがあったともいわれる。「鹿ケ谷事件」は歌舞伎や能の「俊寛」で知る人ぞ知る陰謀発覚事件だが、これは藤原一門から天皇権を奪うために平清盛がでっちあげた冤罪だともいわれる。が、そのとき、平家一門による独裁政権と平家の貴族化をもっとも恐れたのは藤原一族であった。

やや長々と「治承の変」の前後のいわゆる正史を記したが、高倉宮以仁王が平家打倒のさきがけとなりながら、その後の歴史の展開を見ることなく不運にも敗死した悲劇の皇子であることの根拠を示すためであり、それはまたこの伝説の謎を解くキーワードのひとつなのである。

さて二つ目のキーワード、なぜ高倉宮以仁王の幻の逃避行伝説が南会津と越後の東蒲原郡に残されるのかについてだが、この平家打倒の挙兵を以仁王にすすめたのは源三位頼政である。頼政は平安末期の武士だが歌人でもあった。白河法皇（第七二代天皇）の信任があつく兵庫頭に任ぜられた。剃髪して源三位入道として白河法皇の院政につくしたが、平家打倒を以仁王にすすめたのは後白河法皇の意を受けてのことといわれる。この頼政の弟といわれるのが越後の小国に住む小国右馬頭頼之である。また高倉宮以仁王の逃避行に随伴したとされる三河少将藤原光明、小倉少将藤原定信、乙部右衛門、佐源重朝は頼政の子である。尾瀬中納言頼実卿は尾瀬大納言こと藤原頼国の弟で、その藤原頼国が戦乱に破れて、桧枝岐に隠れ住んでいた。それで頼実が兄の頼国を頼って上州沼田から会津に入って、越後の小国の城主右馬頭頼之のところへ向かったと、以仁王逃避行の経路の理由が『会津正統記』（九巻）には書かれている。

その会津と越後で一行は平家の城長茂の配下に襲撃されることになっているが、往時は慧日寺の衆徒頭乗丹坊が城長重の妹を娶《めと》っていて、勝常寺や法用寺などの僧兵とともに、寿永元年（一一八二）には木曾義仲との戦いに横田河原に出向いて破れている。つまりこの伝説は、会津の平家方に攻められたとするなら、城長茂が頼朝に滅ぼされた建仁元年（一二〇一）までのなかでしか成立しない。

三つ目は、この伝説は「天皇伝説」ではあるが、正史の死者が実は生きていたというもので、その逃避行のなかで次々と臣下や后や妃が死んでいく残酷な物語である。ただ、大内村に残される高倉神社の側の王三段とよばれる住居跡にちなむ伝説、つまり悲劇の皇子高倉宮以仁王は、ここで生き残った一行とともに幸せに暮らして終えた、という異説に救われる。

だれが何のためにこの地にこの伝説を、ということになると、折口信夫のいう「貴人流離譚」としての色合いが濃い。激動の時代に非業の死を遂げた皇子以仁王への哀惜の念を語り継ぎ、長い年月をかけて、村々の整合性のないばらばらな話を、一貫性のあるかたちにつくり上げたものである。そこには当然、口承文芸として作為も加えられていったものと考えられる。

かつて詩人の松永伍一氏は西国に伝わる「平家伝説」について、「落人伝説のある村を歩いてきたが、それぞれ落ちてきた高貴の人の名はちがっても、物語の構造はひどく似ていることを発見した。その出どころは何であるかを探ってきた。答えは山間僻地の人びとの「貧しさ」と、そこから来る「貴種への憧れ」に集約された」と書いている。

以仁王伝説も同様である。伝説の舞台となった南会津地方から新潟県東蒲原郡にかけての一部地域は、厳しい山間地で豪雪地域である。歴史的には鎌倉幕府の成立後は頼朝によって、文治五年（一一八九）にその一帯は山内季基、長沼宗政、河原田盛光に与えられた地域で、佐原義連に与えられた肥沃な会津四郡とは異なる辺境である。

近世になっては保科正之の時代から幕府の直轄地として「南山御蔵入り」と呼ばれ、享保元年（一七一七）から七年にわたって一揆を戦い、七名の農民が打ち首獄門になっている。現実がきびしく悲惨であるがゆえに、この悲劇の皇子の伝説は人びとの心のよりどころとして語られたのである。

あたかも歴史的事実であるがごとく、詳細に、何月何日、どこそこの村の誰に、高倉宮以仁王一行は世話になり、また一行の逃避行にかかる難儀は誰に助けられていったか、その証拠として村の地名の由来やその村の社寺縁起が語られる。まさに虚構の世界をより濃密にして、この地の人びとはその追われる王の悲劇のなかで、自らもまた生きる誇りを保持したのである。会津美里町の地にいまは語られることもなくなった伝説を掘り起こして、郷土の遥かな過去に想いを馳せる。それもまたわれわれのペンをもつ者の使命のひとつでもあろう。

大光寺板碑、橋爪薬師寺伝説 考

会津美里町藤家舘字藤田集落に、現在は廃寺となっている大光寺の跡に、高さ五尺（一五九センチ）、最大幅二尺三寸（二三・二センチ）の石塔がある。

この石塔を中心に十二基ほどの石塔群があり、それらは大光寺供養塔として、福県県の史跡として指定されている。

この石塔は板碑と呼ばれる。別名、板石塔婆、また石塔婆とも呼ばれる供養塔である。板碑については後でふれるが、その板碑には奥州平泉の藤原秀衡の娘にまつわる伝説が語られている。

藤田集落は私の住む西勝集落の東南三百メートルのところに、県の一級河川藤川川を挟んで位置する集落である。またその伝説にかかわりをもつ橋爪集落の薬師寺は、藤田集落の北方およそ千メートルのところにあり、私の集落からは北東七百メートルのところにある。その薬師寺に私の集落の安楽寺は現在管理されている。子どもの頃から私はその双方の伝説を聞いてきたが、改めてその伝説を考察してみたい。

板碑の伝説は次のようなものである。

この板碑は奥州藤原秀衡の息女の供養塔である。秀衡の息女（名は不詳）は陸奥伊達の藤田邑の地頭藤田式部忠重のもとに嫁いだが、奥州藤原氏の滅亡後の建久年間（一一九〇～一一九八）に、忠重夫妻は家臣とともにこの地に逃れきて、一村を拓き藤田柵をかまえた。秀衡の息女がこの地で亡くなったので、その供養塔を延応元年（一二三九）二月十九日に建てた。供養塔には年号とともに法名が刻まれていて、それは「照光院殿玉蓮妙貞比丘尼」「藤田主、佐藤五郎清純姫、藤原氏」という文字であった。藤田村の名はその藤田に由来する。

橋爪集落の薬師寺は藤田式部忠重が奥州高舘から持参した薬師像を薬師堂を建立して祀り、その背後に経塚をつくった。以来、寺名を薬師寺として天台宗に属している。同時に式部忠重は秀衡の首を持参し、それを橋爪集落の西南に埋めた。それが狐塚ともよばれる首塚であるといわれていた。現在は畑地になって痕跡もないが、明治十三年（一八八〇）の道路工事までは直径一メートルほどの石蓋《せきがい》があり（『高田町誌』にはその写真が載っている）、それを首塚石と呼んでいた。

明治十三年の道路工事の際に、橋爪の高橋清蔵がその遺跡を発掘したところ、二重の石組のなかから直刀六本が出土し、薬師寺に保管している。

この伝説は大光寺板碑と藤田集落の由来、橋爪薬師寺の寺名由来と首塚伝説を文治五年（一一八九）の奥州藤原秀衡の滅亡という歴史的事象に結びつけて語られている。文献学的に会津の古い文献には、それがどのように書かれているかを、まず見てみよう。

寛文十二年（一六七二）、保科正之が向井新兵衛に編纂させた『会津旧事雑考』のなかに、この大光寺板碑については

「大沼郡藤田村大光寺に古い石塔あり、相伝えて言う往古藤原秀衡女なり」と書かれ、「橋爪村薬師寺、

また藤田村、伊達郡藤田より移り来たこの人の名なり、然れども秀衡の女に聟《むこ》あるをいまだ聞かず」と注記され、「この地に葬りし刻して曰く、延応元年二月十九日」と記されている。

また『会津温故拾要抄』には、橋爪邑薬師寺之事併藤田邑大光寺の項に

「建久元年庚戌、大沼郡橋爪邑千手院は宝亀十年巳未に建立なり、然るにこの年、上総国生れの僧円鍐、医王寺薬師寺と改む、是れ薬師像を安置したが故なり、この年奥州秀衡の女聟藤田式部という者、伊達藤田地頭なり、一族滅びし後、会津に逃れ来たりて一村を開き藤田村と号す。これ延応元年巳亥なり、それ以前のこの年、右寺へ本尊を納む。この仏、秀衡の守仏なり、持参してここに安置する。妻女先に死したり、故に菩提のために天台の徒、大光寺を建てる。妻女の墓大光寺にあり」

文化六年（一八〇九）の『新編会津風土記』には

「大光寺石塔客殿の西にあり、高さ五尺幅二尺三寸、野面石なり、上に梵字を刻し、下に延応二年二月十九日と彫り付けあり、里老伝えて藤原秀衡女の墓なりと云う。いかなるゆかりにて此所に葬りしは詳ならざれども、橋爪村薬師寺の縁起に藤田領主何某、秀衡の士族にて秀衡の尊敬せる薬師像を持ち来たりしと云う。されば秀衡の女そのゆかりにて此村に来たり、終わりしにや」

『会津鏡』には、「式部は伊達藤田の領主にして、大主秀衡の末の娘を娶る。文治五年、式部二十五歳、妻二十一歳の時に逃げ来て、此の年七十二歳で死す。茲に住して藤田と改む云々と合わせ考ふべし」と記されている。

『塔寺八幡長帳』には

「会津大沼郡橋爪千寿院は宝亀十年（七七九）の草建なり、建久元年（一一九〇）改めて医王山薬師寺とする。ここに奥州の住人秀衡の守仏薬師如来の像を、藤田式部と云う者、今年持ち来たって本尊とする。

され ば藤田は、秀衡末の女を娶り婿となり、去る年一族征誅の時、此の所を退く、即ち住するところを藤田村と名付け、入仏開眼は、上総国僧円鏝を導師とした」と記されている。

これらの会津の古文献の基になったのは、橋爪の薬師寺「縁起」と、藤田の大光寺の僧宥印の書き残した過去帳、「大光寺由来記」である。この「由来記」は明治三十一年（一八九八）の火災で焼失して現存しない。それ以降の過去帳にその存在が記載されている。

橋爪の薬師寺の「縁起」には、宝亀十年（七七九）に千寿院として創建されるが、それが医王山薬師寺となったのは、建久元年に奥州高舘から藤原秀衡の死後、薬師像を持ってきて安置してからである。それを持ってきたのは秀衡の娘を娶った伊達藤田邑の地頭藤田式部忠重である、と当然のことながら古文献と同じことが書かれている。

大光寺「由来記」には、その忠重の妻が亡くなったので、延応二年（一二四〇）二月の十九日にその供養塔を建て、大光寺を建立した。その建主は藤田邑主、佐藤五郎清純であると書かれていて、板碑には先に記した霊位と建主と年月の文字が刻まれていたことが記されていたと思われる。

『旧事雑考』や『会津温故拾要抄』には、板碑が建てられたのは延応元年と記されているが、「由来記」には板碑に刻印されていたのは延応二年となっている。歴史年表では延応という年号は一年しかない。実際には一二三九年二月七日から翌年の七月十六日までが延応なので、延応二年という表記は西暦一二四〇年の二月十九日ということである。

この大光寺の「由来記」を書いた僧宥印は万治三年から大光寺住職をしているが、「寛文書上帳」「大沼郡高田組萬改帳」（寛文五年）には、大光寺中興の祖といわれる僧円識から数えて五代目の住職で、南青木組湯元村東光寺門徒と記されている。その僧円識は、天正元年（一五七三）に住職として大光寺を再興すると『新編会津風土記』（文化六年、一八〇九）には記され、天正から万治までの八十七年間に五人の僧が大光寺の住職となったと記されているが、うち三人の僧の記録はない。

大正十二年（一九二四）に大沼郡役所が編纂した『大沼郡誌』には、

「藤原秀衡女墓　藤田村大光寺に古墳あり、塁々として方形十三基あり、内中央の一基最も大にして、高さ五尺余、野面石にして梵字一字を刻し、その下に延応二年庚子二月十九日と刻せり、永正二年（一五〇五）調整の大光寺過去帳に拠れば、藤原秀衡の女の墓なりという。照光院殿玉蓮妙貞比丘尼藤田主佐藤五郎清純姫藤原氏、延応二年庚子二月十九日とあり、姫は蓋し妻の義にして、藤原氏は藤原秀衡を指すならん、梵字は阿弥陀如来の種字にしてキリークと訓ず、碑の周囲にある十二基も同じ時代の野面石にして、中に梵字あるを見る。延応二年は藤原秀衡の滅亡後五十二年に当る。茲に五郎清純とあるは、或いは式部忠重と異名同人にゃ、詳らかならず」と書かれている。

大光寺の過去帳は永正二年に書かれ、それを万治元年以降に僧宥印が「大光寺由来記」として残したものであることがわかる。さらに『大沼郡誌』では、「佐藤五郎清純と藤田式部忠重とは異名同人では」といっている。これは『郡誌』の編纂者の推測で、その根拠はわからないが、秀衡には歴史上六人の息子が記されている。六人の息子は泰衡をはじめ四人が、文治五年の源頼朝の奥州征伐によって戦死し、四男高衡は投降して相模国に配流されている。五男の和泉七郎こと頼衡は出羽に残るが、娘婿としての伊達藤田の藤田式部忠重の名は見えない。往時の伊達郡藤田邑は現在の国見町の旧藤田町と推定される。が、ここは文治五年に国衡、泰衡と源頼朝の鎌倉幕府が戦い、奥州藤原一族が敗北した阿津賀志山の戦いのあった地である。

以上が「大光寺板碑伝説」に関する文献的資料だが、その考察に入る前に、この伝説の物証である「大光寺板碑」について触れておきたい。

まず、板碑とは何かだが、先にも書いたように、平板な石の頂を三角形にして梵字《ぼんじ》の一字を刻んだ石塔婆の一種である。鎌倉、室町時代に武士の墓碑、主に死者の供養塔として、武蔵地方を中心に緑泥片岩を板状にした青石をもってつくられたものである。その板碑の基本型を武蔵型とよび、その石材のなかったところでつくられた板碑の厚みが薄い板碑を「崩れ型」と呼んでいる。また自然石をやや加工したもの、全く加工しないものなどがある。種子《しゅじ》とよばれる梵字を一字刻んだもの、あるいは二字、三字と刻んだもの、刻まずに墨書きのものなどまで多様だが、板碑の伝播は関東武士団の移動の足跡や、当時の武士やその武士の宗教関係を知る手がかりになるものである。

「大光寺板碑」について『会津高田町史』第二巻「考古、古代、中世資料編」の第二章、古代、中世の第三節「板碑」において、次のように記述している。

種別、板碑崩れ型および自然石

時代、延応二年（一二四〇）から南北朝時代

基数、一三基

藤田の大光寺跡の境内に、現在では県指定文化財の一号板碑を中心に一二基が取り囲むようにまとめられ、近年立てられた鞘堂が覆っている。

かつては、藤田集落の南側の山裾の字民地の丘陵上にあったとされている。江戸時代に越後街道が整備され、藤田が宿場としての形を整えた時点に家や寺と共に現在地に移されたものである。しかしながら、

寺は明治時代の火災により消失し文献などの記録は残されていない。伝承によれば、奥州平泉の藤原氏の側室の女（娘）がこの地に嫁いで来て亡くなり、その供養のために建てたとされている。

そこに板碑の実測図がつけられ、次のように解説されている。

「大光寺板碑群は十三基あるが、県指定文化財として指定を受けている一号板碑は武蔵型A類といわれるものである。大光寺二号板碑は崩れ型A類といわれるもので、三号板碑は自然石型A類といわれるもので鎌倉時代のものである。四号板碑は自然石型C類といわれるもので鎌倉時代のものである」

一号板碑は高さ一五九センチ、幅七一・五センチの堂々たるもので、典型的な武蔵型の板碑である。A類とは種子（梵字）が一字のものをいうが、キリークとよばれる梵字は、阿弥陀如来、千手観音、如意輪観音をあらわす種子である。

板碑は十三世紀初頭に関東地方に現れるが、その源流は平安期の角塔婆を京都に上った関東武士が、戦死者の供養塔として本拠地である関東に、秩父青石という石材で建立したものであるといわれている。とくにその建立には丹党の丹治氏一族がかかわっているといわれる。

関東地方の板碑のもっとも古いものとされるのは嘉禄三年（一二二七）に建立された埼玉県須賀広（大里郡江南村大沼公園）の銘板碑である。この板碑から建長二年（一二五〇）に建立された埼玉県行田市埼玉町の正覚寺弥陀三尊種子塔婆までの十六基を関東地方青石塔婆の初期展開期の遺品とされているが、そのなかに大光寺板碑は入る。大光寺板碑以外はすべて埼玉県にあり、会津地方からは唯一大光寺板碑が、五番目に古いものとして記録されている。しかも材石は秩父青石ではなく凝灰岩であり、その特徴は「将棋の駒を長くしたような形である。切石の台石上にあって、その上端から高さ一四三センチ、分厚さもさることながら、照りの丸屋根様の突頭部の二段羽刻み、大きな額部である」と、坂詰秀一著『板碑研究入門』は述べている。

この関東地方板碑の初期とされる一二五〇年までの板碑の形式を江南式と呼び、そこから発展した埼玉県行田市佐間にある嘉禎二年（一二三六）に建立された佐間両界種子塔婆を佐間式と呼んでいるが、それは大光寺板碑以外の材石は緑泥片岩、つまり青石でつくられているからである。

大光寺板碑の形容、形式は、その江南式と呼ばれるものの範疇《はんちゅう》に入るが、側面額部下端の省略は佐間式の形容であり、その影響を受けたものと見るべきものである、と坂詰氏は述べている。

建立の年代をみるに、佐間式の板碑がつくられて四年後の延応二年（一二四〇）に建立されている大光寺板碑がその影響を受けているとするなら、それはほぼ同一の石工、あるいは武士集団によって、周辺の山から切り出した凝灰岩によってつくられたという見方も成り立つものと思われる。

この板碑伝説の謎のひとつは、板碑に先に述べた死者の霊位号が刻まれていたのではないかということだが、板碑に仏教的霊位が刻まれるのは、南北朝時代の一三九〇年頃といわれている。それよりおよそ百八十年前に建立された大光寺板碑に、霊位が刻まれていたというのは板碑の歴史からは納得のいかないものである。霊位は大光寺の「由来記」に記されているが、それは「由来記」作成において僧侶によって大光寺一号板碑に付会されたものではないかと思われるが、それを立証するものはない。

いずれにしても大光寺板碑は関東地方に板碑がつくられて間もなく建立されている。東北地方においてはもっとも古いものであり、しかも埼玉県の初期板碑と同じ形式である。この板碑にはどのような謎が隠されていないのか、興味のあるところである。

次いで伝説について考察したい。文献に記されていることの繰り返しになるが、伝説は、文治五年に秀衡の娘が伊達藤田の主、式部忠重とともに会津の地に逃れ来て、盆地南辺の山あいの地に隠れ住み、その地を藤田（現在の藤田字民地地域）と名づけた。秀衡の娘はその地で亡くなり、延応二年に佐藤五郎清純という者がその地に供養の板碑を建てた。藤田式部忠重という者は逃れ来るときに藤原秀衡ゆかりの観音像と遺品をもってきて、橋爪の千寿院（現在の橋爪薬師寺）に祀ったので、以後、その寺の名を医王山薬師寺とした、というものである。

文治五年（一一八九）という年の、その前後のわが国の歴史はどのようなものであったか。ご存知のように壇の浦の源平合戦で、源義経らの活躍で平家一門が滅亡したのが文治元年の三月二四日である。その義経が頼朝に追われ、奥州の藤原秀衡を頼って平泉に下ったのが文治三年である。その年の十月二九日に秀衡は急死する。秀衡の後を継いだ泰衡に、頼朝は義経追討を命じ、泰衡は文治五年の四月三十日、衣川の館を襲って義経を討ち、その首桶を鎌倉に届けて義経の死を確認する。頼朝はそれでも義経をかくまった罪で奥州藤原追討を宣告する。泰衡は義経に組した弟忠衡を討って頼朝に和議を乞うが、頼朝はそれを許さず、七月十七日に奥州藤原征討のために二十数万人の大軍をもって三方から奥州に進撃する。やむなく泰衡は兄国衡とともに伊達の阿津賀志山（阿津樫山）で文治五年（一一八九）七月二十九日に迎え撃つが、戦いはわずか三日で終わり、頼朝軍は国府の多賀城から翌年の建久元年（一一九〇）八月には、平泉を目前にした津久毛橋で頼朝軍と藤原氏の最後の戦いが行なわれ、この戦いで国衡は討ち死にし、泰衡は厨川に敗走する。そこで泰衡は頼朝に内通していた家臣の河田次郎に討たれ、奥州藤原氏は滅亡する。以上が『吾妻鏡』に記載される正史である。

勝者によって書かれた『吾妻鏡』では、泰衡は頼朝に脅かされて義経を討ち、さらに義経をかくまった弟忠衡を討って頼朝に懇願したが、聞き入れられず頼朝に攻められて逃亡。ついには家臣に裏切られて寝首を欠かれた愚鈍な人物として描かれているが、実際は違っていたと、多くの東北人は主張する。

それは昭和二十五年に平泉金色堂の秀衡の柩《ひつぎ》を調査したときに、秀衡のミイラとともに柩には頭骸骨が納められていた。それまでその頭蓋骨は泰衡が討った弟忠衡のものとされてきたが、調査の結果、頭骸骨の額に打たれて貫通している釘のあとが『吾妻鏡』の記述と一致していることによって、泰衡の頭蓋骨であることが解ったのである。泰衡の首は数回にわたって斬られ、斬りとられた首は、家臣河田次郎によって鎌倉の頼朝のもとに運ばれて晒されたが、頼朝は助けを求めて逃れてきた主人を討って敵方に恩賞を求めるとは、武士にあるまじき者として河田次郎を斬殺し、晒した泰衡の首をひそかに平泉に返していたのである。

その根拠となったのは、先に述べた頭蓋骨に打たれた鉄釘の痕であった。その後、遺伝子照合によって、頭骸骨はまさしく泰衡のものであることが証明されたが、眉間に釘を打って晒すのは、前九年の役（一〇六二）のとき、源頼義に敗北した安倍貞任の首を、鉄釘をもって柱に打ち付けて京西の獄門に晒したという故事にのっとったもので、坂上田村麻呂がアテルイをだまし討ちにして以来、征夷の勝利のセレモニーのパターンであった。泰衡は安倍貞任の弟である宗任の孫で、頼朝は頼義の曾孫である。

『吾妻鏡』で泰衡が討ったとされて、頼朝のもとに差し出された義経の首も、忠衡の首も、実は本物ではなかったのではないかということが、現地の研究者のなかではいわれている。この二人は頼朝の大軍と戦うために、泰衡に命じられてひそかに平泉を去っていた。何のために、それは奥州藤原氏がそれまでに交流してきた北方の首長たちに、援軍要請のためである。しかし、それは勅旨を待たずに進軍してきた頼朝軍の攻撃には間に合わなかった。東北北部の各地に残る義経伝説はそのことに結びついていくのだという。

話は、大光寺板碑の伝説と離れたが、文治五年の奥州藤原氏の敗北と源頼朝の勝利は、鎌倉幕府という武家政治が台頭する激動の中世の象徴的な事件である。

さて、その時の会津はどのような状況であったか。これも周知のように、会津は慧日寺を中心とした仏教文化が盛行していた平安期から平家の勢力下にあった。とくに慧日寺の衆徒頭乗丹坊が越後の城長茂の叔母竹姫を妻にしたことから、治承四年（一一八〇）に越後の城長茂ら城氏一族とともに、会津四郡の僧兵を引き連れて信濃の横田河原に出陣して木曽義仲と戦ったが大敗する。この戦いは足掛け三年に及んだことから『平家物語』では養和二年（一一八二）の項に記載されている。

城長茂は平繁成の裔《すえ》、城資国と清原武衡の娘との間に生れ、城四郎とも呼ばれ越後守を担っていたが、同時に会津慧日寺の乗丹坊をはじめとする僧兵軍団をもって会津を実効支配していた。しかし、その四年後の文治元年（一一八五）に平家一門は滅亡し、会津は奥州藤原氏が敗北する文治五年（一一八九）までの四年間、奥州藤原氏の支配となるのである。

会津の僧兵を引き連れ、信濃の国まで遠征して木曽義仲と戦い、敗れ去った城長茂はその後、頼朝のもとに下り、文治五年の奥州藤原氏の征伐に佐原十郎義連、長沼宗政らとともに参戦するのだが、頼朝の奥州仕置きではなんの恩賞も与えられなかった。会津は四郡を佐原義連に、南山を長沼宗政に、伊南郷を河原田盛光に、伊北郷を山内季基に分割して与えられ、それに不服を唱えた城長茂は正治二年（一二〇〇）に、平家の残党として頼朝によって斬殺されるのである。

奥州藤原氏征伐の戦功によって会津四郡（耶麻郡、会津郡、河沼郡、大沼郡の一部）を頼朝から拝領したのは佐原義連である。義連は三浦半島を拠点に勢力をもつ豪族、三浦大介義明の七男（末っ子）である。弓矢にすぐれ、頼朝が自らの警護に選んだ十一人の一人に入る側近中の側近である。会津を拝領したとき義連は五十歳と推定され、承久三年（一二二一）に亡くなっているが、享年は八十二歳と推定される。したがって義連が会津に入ることはなかったといわれる。会津四郡はその子どもたちに与えられ、長男景連は肥沃な近衛家の荘園、蜷川荘《になががわ》（坂下、湯川、山都周辺）をもらって蜷川氏となり、四男盛連が猪苗代氏となり、その盛連の二男が河東の北田氏、三男が同じく河東の藤倉氏、五男が熱塩加納一帯をもらって加納氏、六男の時連が喜多方周辺をもらって新宮氏を名乗り、それぞれその持領の管理にあたっている。

のちに会津葦名氏の祖となるのは、盛連の後妻矢部禅尼は三浦泰村の娘であるが、彼女は盛連の子を三人生んでいる。その長男の光盛が黒川（現若松）周辺を管理した。矢部禅尼は盛連と結婚する前に北条泰時と結婚している。佐原の同族である三浦泰村と北条時頼が宝治元年（一二四七）に戦った世にいう宝治合戦は、光盛にとっては義理の兄と母の父、つまりは祖父との戦いであった。その時、佐原一族は義理の兄時頼についた。そのため会津は北条氏の得宗領《とくそう》となるが、領地はそのまま佐原盛連のあと光盛に安堵され、そのときに佐原は名を葦名に改めて、会津葦名の祖になったのである。それは文治五年に佐原義連が頼朝より会津四郡を受領してから、五十八年の歳月が過ぎた時点である。藤田村の大光寺板碑伝説は、すべてこの間に起こった出来事である。

文治五年から宝治元年までの五十八年の間、会津の中世初期は、会津盆地西南地帯（現在の会津美里町）は伊佐須美神社が勢力を保持したために、佐原一族の直接支配が及ばなかった地域であったと推測できる。そこに奥州藤原氏の一族である藤田式部忠重とその妻（秀衡の娘）と家臣たちがひそかに逃れきて、平地からは見えない里山の陰に隠れ住んだのである。その里山は頂上が平坦になっていて中世の山城館跡とみられ、地元では今でもその山を太鼓山と呼んでいる。また隠れ住んでいた山陰の一帯を下戸家入《しもとやいり》、または水生平《みんちたいら》と呼んでいて、そこに藤田柵があった。大光寺板碑ももちろんその地にあった。現在地に藤田駅所（藤田集落）ができたのは寛文年代（一六六一～一六七三）で、市野駅所などとともに江戸時代の初期であり、現在の大光寺もそれとともに建立され、板碑はその後、その境内（現在地）に移されたものである。

この伝説のキーワードは、伊達藤田の地頭、藤田式部忠重が実在したかどうか、そして彼が秀衡の娘を妻としていたかどうかだが、伊達藤田は現在の国見町である。藤田の地名が残るのはJR藤田から国見町役場のある中心街一帯で、かつて藤田宿と呼ばれていた。阿津賀志山の戦いのとき藤田柵（古城）は源頼朝軍の本陣となっている。秀衡の娘を娶ったという藤田の地頭忠重の名は正史にはない。この戦いで記されるのは奥州藤原氏の配下であった信夫大鳥城主の佐藤庄司（基治）一族が鎌倉軍の常陸入道念西と戦い、敗れて一族十八人の首が経ヶ岡（国見峠の下、阿津賀志山故戦士の碑）に晒されたということである。しかし『吾妻鏡』では、捕らえられたのち帰されたとも書かれている。その一族と佐藤五郎清純との関係はわからないが、佐藤庄司はあの継信、忠信の父親である。この兄弟は義経の家来として活躍し、兄の継信は屋島の合戦で義経の身代わりとなって矢を受け死んでいるが、忠信は歌舞伎の「義経千本桜」で狐忠信として登場する。その名は佐藤四郎兵衛忠信といった。佐藤五郎清純はこの佐藤一族となんらかのかかわりがあるのであろうか、そこのところの詳細は不明のまま残っている。

ちなみに常陸入道念西はその功績によって、その地一帯を頼朝より拝領して伊達氏を名乗り、あの伊達政宗の祖となるのである。

『国見町史』によれば、藤田城は鎌倉時代につくられた古城で城主は伊達家の家臣とされている。したがって年代的には阿津賀志山の戦いのときに存在したとされる藤田の地頭式部忠重との関連は断絶しているともみられるが、戦いのあとその一族が伊達氏の家臣に取り立てられたとも考えられる。その後の藤田氏の動向は、阿津賀志山の戦いから二百五十年後の貞和三年（一三四六）に南朝方であった伊達氏の家臣として藤田氏は戦い、北朝方の吉良貞家に敗れて廃絶したが、天文年間（一五三二～一五五五）に一族の藤田晴近が藤田氏を再興して伊達氏の配下となっている。そして天正十九年（一五八〇）の豊臣秀吉の奥州仕置きで、その子宗和が江刺（岩手）に移され、その後、罪を得て死罪となって滅んだ、と史書には記されている。

橋爪の薬師寺に建久元年（一一九〇）、藤田式部忠重が持参したという薬師像は寛永十七年（一六四〇）の橋爪大火を逃れ、現在も薬師堂に安置されている。また経塚（秀衡の首塚ともいわれる）から発掘された直刀も、昭和四十年（一九六五）に『会津高田町誌』が編纂される時までは、原型を保って残っていた。

以上がわが町の藤田集落大光寺板碑と橋爪集落薬師寺にまつわる伝説についての考察の一端である。なお藤田集落には姫にまつわる祟りの伝説もあるが、伝説というよりは民話に属するものなのでふれない。

伊佐須美神社縁起 考

伊佐須美神社神楽歌 考

神楽歌にみる「言霊信仰」

『高田文学』三十四号（平成十五年刊）に「伊佐須美神社の神と詩歌の始原」という小文を書いた。後にそれは、拙著『会津・近世思想史と農民』に加筆して収録した。その第三部として書いた「神楽歌考《かぐらうた》」を『風土論』のなかに収録することにした。それは、伊佐須美神社で歌われる催馬楽《さいばら》や祝詞《のりと》の旋律は、まさに風土のなかに流れる音楽的な音曲に他ならないからである。祭りのなかで歌われる催馬楽はむろん御田植祭りに奉納される女装した青年たちによる早乙女踊りの歌は、その歌のルーツを物語からである。

伊佐須美神社には、古代からの祭祀儀礼として三曲の神楽歌がある。このほかに武井庸宮司（明治八年～三十年）は、「今は失われたが二曲があった」といい、その一曲を採録している。それらの歌をみてみよう。

そのまえに歌とは何か、そして、それはどのようにして成立したのかを少し考察してみたい。すぐれた歌人でもある民俗学者、折口信夫は「〝うた〟とは〝うった〟えることである」といい、古代においては、思いを言葉として発することが、即ち〝うた〟であった。その言葉には霊が宿るという「言霊《ことだま》信仰」が生まれ、その「言霊信仰」を次のようにまとめている。

一、古代からの伝誦の言葉（古語）、古詞章には、不思議な威力があり、それは唱えることによって発揮される。
二、それは相手を屈服させる力の源である。
三、呪術を行うのに、それと深い関係の詞章があり、その詞（ことば）の力があらわれる。

『折口信夫全集』（第二十巻）

古代社会において、「言霊信仰」はもっぱらシャーマン（巫女《みこ》や霊的権威者）によって行われ、それらが部族の祭祀儀礼となり、それを職業とする語り部が発生し、より「唱えごと」としての形をつくり、やがて部族国家的社会の祭祀儀礼へと進んだ。その過程で呪文（神との交感のための特殊な詞《ことば》）や韻律、繰り返し唱えて伝えるという「呪的修辞」がほどこされた。そしてそれはその媒介者を介して、神とされる始祖の詞として一族に伝えられた。文字のない時代、会話としての言葉とは異なった役割を課した言葉が、歌の発生と「言霊信仰」の成り立ちなのである。

その「言霊信仰」の原型を私は伊佐須美神社の神楽歌にみるのである。

神楽歌の発生についても、折口信夫は『全集』第十七巻「神楽記」のなかで、「神楽と言うもの名は、近代では、神事に関した音楽舞踊の類を、漠然とさす語のように考えている。（中略）神遊びの一種として、平安朝の中頃から宮廷で行われ始めたのが神楽で、最初は「琴歌神宴」と称して、大嘗祭《だいじょうさい》の一部分の、夜の行事から出たという説が有力になっている。通説には、天の岩戸の神出現に先立って、天鈿女命《あめのうずめのみこと》の舞踊したのが起源だということになっているが、これは神楽よりも古い鎮魂祭の始めを説くものと思われる。恐らく宮廷以外で発達したものが、天子を祝福する意味から、宮廷行事の一つに入り込んだものと思われる」と記している。さらに「歌は本方・末方に分かれて、所謂「掛け合い」の様式で謡うのである」と、神楽歌は本来は「掛け合い」歌であったことを記している。

神または祖霊の鎮魂のための祭祀儀礼を行った後に、それに携わった人たちの労をねぎらって御酒が振舞われ、それに謝する舞いとともに神楽歌は謡われた。そこでは何度も勧盃《けんぱい》が行われて、夜を徹して朝まで催されたという。そして、民謡に唐楽風のふしをつけて謡われ、それを大前張《おおさいばり》といい、そのあとに「朝歌」を謡い、「昼目」とよばれる「雑歌」などを謡って納めとした、と書かれる。

神楽歌を読み解く

さて、伊佐須美神社に伝わる神楽歌は、そうした古代の神楽歌なのか、それとも秘儀とされる砂山祭（塩土祭）には秘歌が唱えられると書かれるが、それがこの歌なのかは不明だが、いずれにせよ歌のはじめに呪文のような次の音声が唱えられる。

阿知目作法
阿知目於々々々々々気《あちめおおおおおおけ》　阿知目於々々々々々《あちめおおおおおお》

阿知目とは「阿知の」という意とすれば、阿知は阿知使主《あちのおみ》に由来するものである。阿知使主は、『日本書紀』の応神紀二十年（二八九）九月の条に、倭漢直《やまとのあやのあたい》の祖、阿知使主《おちのおみ》がその子都加使主《つかのおみ》とともに、一族七県の人びとともに渡来してきた、と「記紀」に記され、その末裔である漢直《あやのあたい》一族は奈良時代から平安時代にかけて中央、地方の官僚として活躍したので、その人たちの祭祀の作法が阿知の作法とよばれるのである。

しかし、阿知という名は古代朝鮮の新羅や加羅においては、嘉名《かめい》（佳名）として多く見ることのできる人名ともいわれるので、朝鮮からの渡来者が嘉名として阿知を称したとも考えられる。

伊佐須美神社の神楽歌は次のような歌である。

錦綺帳《にしきのとばり》
丹志喜廼登波重古可弥乃彌乎於之比羅幾《にしきのとばりこがねのみとおしひらき》、夜幣乃久母乎恵伊《やえのくもを、えい》、和気手天良草舞也天良草舞《わけててらさんやてらさん》

ここでの漢字は、意味をもたない。発音に漢字の発音を合わせただけのものである。言語としては、万葉集などと同種の朝鮮古語が単語として使われている。

この神楽歌の歌意は「錦の帳《とばり》、黄金の御戸《みと》を押し開き、八重の雲を、えい、分けて照らそうよ、照らそ

う」ということである。錦の帳、帳とは、室内の仕切りや外界との隔てのために鴨居に下げる布のことである。黄金の御戸は黄金の扉で、それを押し開いて、さらに多くの雲をわけて、えい、この、えいという言葉は、古語では歌を詠むという意味でも使われるが、ここでは、えい声という古語の強調する「掛け声」と読める。そして、照らそうよ照らそうと繰り返す。照らすといえば光のことだが、光という主語はない。光はすなわち神、支配者の威光と読める。そしてそれをさえぎる八重の雲、まつろわぬ者どもを、えい、と分け（和気は和睦と同義である）はらって、その神の威光をもって明るく照らしていこう、という意味の歌ということになる。しかしこの歌はもう一つの読み方もできる。『古事記』の神代巻のなかの大穴矛《おおあなむ》遅神《ちのかみ》と八上比売《やかみひめ》の結婚のところで、御戸《みと》は、みとあたわし、として使われ、み、は接頭語で、と、は婚、嫁ぎ、を表し、みとをもって、男女の交合《まぐあい》の語意とされている。また、女陰を古語では、ほと、というが、これは古代朝鮮語そのものだという。雲も朝鮮語の暗い、暗いところ、のクラムに語源をもっている。

古代において、女陰の霊力は特別の力をもっていたと、吉野裕子氏は『日本古代呪術―陰陽五行と日本原始信仰』のなかで論述しているが、「記紀」の神話の象徴的な三つの事件をあげている。一つはイザナギノミコトが火の神を生んだあとに女陰を焼いて死ぬ話、二つにスサノオノミコトの暴力に驚いたアマテラスオオミカミの織女（アマテラス本人という説もある）が女陰をオサで衝いて亡くなる話、三つは天孫降臨のとき猿田彦（先住者）が邪魔をするので、アメノウズメミコトが女陰を露にして、交渉して味方にした話である。これはいずれも女陰が古代信仰の対象であったことと、呪術の発生において女陰は最も根源的な呪物であったことの証左なのである。

伊佐須美神社の神楽歌の〝黄金の御戸を押し開き〟という言葉には、御戸にみとを懸けている。雲を払うということにも〝まぐあい〟を懸けている。それは故意、あるいはメタフォ（メタファー、隠喩《いんゆ》）というよりは、古代において征服をするということは、性的な行為そのものであったので、この神の歌はそのことを歌い挙げているのである。したがってこの神楽歌は侵略者の意図を込めたもので、伊佐須美の神の正体を示すものなのである。

次の神楽歌は、十寸《ます》鏡《かがみ》である。

太神酒御影乎移白銅鏡中爾曇半恵伊須恵事刀抒面珥《おおかみのみかげをうつすますかがみ、うちにくもりは、えい、すいしとどめし》

歌意は、大神の御影を写す大きな鏡のうちにくもりは、えい（語気を強めるための掛け声）、すい（粋）し、の、し、は、語調を整え、強意を表す助詞としてつけられているので、「鏡のなかのくもりは、大神の御影を留めているんだよ」と読める。古代において白銅の鏡は神器で、祭祀には不可欠の祭器であった。いまでも神道においては神社のご神体とされている。ヤマト朝廷の天皇のしるしは、八坂の勾玉《まがたま》と草薙《くさなぎ》の剣《つるぎ》、それに八咫《やた》の鏡が三種の神器である。白銅鏡は古代における最先端技術であり、そこに写し出される映像は、不鮮明であればなおのこと、神そのものの分身としての霊力をもった。自然神から人格神へと祖神信仰が発生するときに、鏡は見えない神の姿を写す神器として機能したのである。神の象徴とされる白銅鏡は、阿知使主と結びついている。谷川健一著『青銅の神の足跡』で阿知王は鍛冶《かじ》の技術集団であり、青の一族ともかかわる朝鮮半島からの渡来集団の総称でもあるとみている。我が国への渡来は応神二十年（四〇九）に百済からとされている。

ここでいう麻須鏡の麻須とは、升のことで『和名抄』には、「麻須は十合の器也」と書かれる。一升と同義である。径十寸の鏡のことである。升は朝鮮語の軽量器（マーェル）が語源である。

次の歌は安名手押《あなたのし》である。

安那多乃之孤弥可具良乃於登《あなたのしこのみかぐらのおと》安那多能志古乃弥可遇蘭《あなたのしこのみかぐら》、恵伊《えい》、於等波知誉布流《おとはちよふる》

この歌の意は、「ああ、楽しいこの神楽の音、ああ、楽しいこの神楽、えい、（えい声といって語気を強める掛け声）音は千代振る。振るは降ると同義でいつまでも鈴の音が響いている」ということである。神楽そのものを讃える歌である。

この三つの歌のほかに、宮司武井庸が記録した「伊佐須美神社祭式記録」のなかに、曲が失われてしまった神楽歌が二曲あるとして、その歌詞を採録している。それは霊光《くしびのひかり》と阿奈清冷《あなさやけ》である。

霊光《くしびのひかり》は

安那阿半連久士比廼光里都志幾天美地多乃士保仁《あなあわれくしびのひかりうつしきてみちたのし、ほに》、恵伊《えい》、面具美和多礼里《めぐみわたれり》

この歌の意は、「あなあわれ（あなは感嘆詞、あわれは感動詞）くしびは神秘、神威、その光を映ってきて、ほんに、えい、めぐみが亘《わた》った」ということである。

阿奈清冷《あなさやけ》は

阿奈佐夜気五十鈴乃於登《あなさやけいすずのおとの》、恵伊《えい》、阿奈佐夜計五十鈴乃音仁《あなさやけいすずのおとに》、恵伊《えい》、磐戸比良具流《いわとひらくる》

歌意は、「ああ、澄み切っている鈴の音、えい、ああ、澄み切っているすずの音に、えい、磐戸（重く固い戸、戸は人という意味でもある）が開いていく」という歌だが、あの『古事記』の天の岩戸の話にことよせて、希望のひかりの射すという歌意ともとれる。

五十を「いと」読むのは、古代朝鮮語のひい、ふー、みー、よー、いつ、むー、なな、や、ここのつ、とおー、と同じである。この神楽歌の韻律は、「錦綺帳」は七、七、五、五、七、七だが、そのほかは五、七、五、七、七である。それは現在の短歌の韻律であるが、『古事記』の最初に登場する歌、「八雲立ち、出雲八重垣、妻ごみに、八重垣作る、その八重垣を」とも同じである。

この神楽歌の特徴は、歌われるというよりは〝えい〟という掛け声とも、何かの気合ともとれるものによって語気が強められ、上からの命令形のフレーズになっている。明らかに祝詞や祭文とは異なり、神への奏上ではなく、支配者としての神から被支配者への誇示の意味を持っている。

江畑耕作氏は『記紀歌謡が語る古代史』のなかで、日本の歌謡は飛鳥時代までは各句の音数が三音から八音まであって一定していないが、白鳳期（七世紀後半）には五音と七音が交互に繰り返されるようになり、その韻律によって長歌と短歌の二つの形式が完成する。それは漢詩の影響による。漢詩は五、七、の絶句体を繰り返す「脚韻律の繰り返し」は漢詩的のリズムの会話体歌謡への導入である、と植木孝次郎氏の古代歌謡の韻律ついての見解を引いて論述している。

また、品田悦一氏は『短歌成立の前史試論』のなかで、『万葉集』の東歌は、もともとは自由な韻律として、歌垣のなかに歌謡として存在していたものを、収録するにあたって短歌の形式に、編纂《へんさん》者によって書き換えられたものだと推定している。すなわち、以前の歌謡は七、五調ではなく、民衆の会話形式の自由な韻律であったとしている。

伊佐須美神社に残される神楽歌は、いずれも破調があっても、基本的には七、五の韻律を踏んでいることから、白鳳期以後の歌と想定される。したがって、遷座されたとされる六世紀のものではなく九世紀、『続日本紀』に承和十年（八四三）、伊佐須美神社が従五位下の社格を叙位されて以降の神楽歌と思われるのである。その年に左大臣の藤原緒嗣《おつぐ》は亡くなっているが、伊佐須美神社の社格の叙位には、徳一と関係のあった藤原緒嗣がかかわっていると思われる。それは貞観式以前であり、延喜式（十世紀）よりは六十年ほど以前ということになる。それでもいまからは千二百年も前である。

「歌垣」の名残りをとどめる催馬楽

伊佐須美神社には神楽歌のほかに、御田植祭りのお囃子《はやし》として謡われる催馬楽《さいばら》が伝えられている。催馬楽は平安時代中期に源雅信（九二〇～九九三）が選述した『催馬楽譜』が残されているが、十世紀後半に京都において、貴族の間に流行した歌曲である。催馬楽という名称の由来は諸説あるが、奈良時代に国内の各地から献納される物納租税を奈良の都に運ぶ馬方衆が歌った馬子唄《まごうた》に原型あるとする説が定説になっている。そのかたちは曲のはじめを音頭取りが唄い、次の句を伴奏楽器とともに一同が唄うというものである。まさしく伊佐須美神社の御田植祭りの行列で唄われるものと同形である。

催馬楽は平安末期には流行が廃れ、応仁の乱（一四六七）以降はまったく唄われなくなった古謡だが、宮中の祭祀儀礼やそれにかかわるところでは継承されてきた。

伊佐須美神社の催馬楽は十二段があったが、そのうちの一段が欠落している。その理由は不明である。（原文は表音漢字で書かれるが、読み下し文で表記する）

一段、大明神の召そうとて、繋ぎおきたる御座船
二段、御正田《みしろた》の生やし田は高天原《たかまがはら》の良いところ
三段、大明神の御田地《みとしろ》は葦毛《あしげ》の駒を早よう牽《ひ》く
四段、さやけきやさやけきや　竹の音のさやけき
五段、大明神の御手坪《みてつぼ》におろす豊《とよ》の千垂穂《たれほ》
六段、広い田や安い田や植えるところの楽しき
七段、しら葦毛の白の駒を高天原に繋いだ
八段、しないたやしないた秋の垂穂は八束穂に
九段、大明神に召そうとて葦毛の駒を繋いだ
十段、低い田や高い田や植える宝の楽しき
十一段、そうと入れやそうと入れや、丈の長いのそうと入れや
十二段、は欠

歌意は解説の必要もないものだが、大明神はいうまでもなく伊佐須美神社の神を指す。その神を乗せるための船や駒が用意され、御正田の生やし田（稲を植えた田）は高天原のよいところである。御田地《みとしろ》は、伊佐須美神社の神の田に、葦毛《あしげ》（白馬に褐色や黒げの混じる馬）の駒を早く牽いてきましょう、と唄う。三段目までは古代における田植えの準備の様子が唄われる。四段目、五段目は苗代の種まきが唄われるが、四段目のさやけきは、冷たく冴えてくっきりと澄んだ苗代田の周囲には、獣や鳥よけの竹が立てられ、注《し》連縄《めなわ》が張られている。それが風に鳴る情景を、さやけしという形容詞に助動詞、き、をつけて三度くりか

えされている。そこに豊に稔った千垂穂への祈りが込められる。六段目は高い田、安い田、高い田は高天原との関連で神の降り立つところという意味で、安い田は苗代田のことであり、先の項でふれたが、現在の冑《かぶと》集落の古名でもあった。七段目は九段目、十段目と同じで神への畏敬である。八段目は、秋の稲の穂が、八束穂（長い大きな穂）の重みで撓《たわ》むということで豊作の情景である。次の十一段は稲を植えるときの指示のようにも聞こえるが、これは挿入を意味し生殖の行為の比喩《ひゆ》でもある。欠番となった十二段目も同じような内容の歌であったと推定できる。したがって後世になって、儒教的思想によって神道が律せられたときに消されて欠番になったと思われる。

伊佐須美神社の田植え歌は本田安次氏が編纂した『日本古謡集』にも収録されているが、そこではこの歌の音律が重視され、

さァやけきィや　さァやけきィや　たけのおォとの　さァやけきィや　ほォー

というかたちで収録されている。

それを読んだ詩人の吉増剛造氏は『古代歌謡と私』という小文のなかで、「この紙上を見ているだけでも、空に透きとおってゆく高音のT音とA音が、すぐ耳もとに聞こえてくる。唄っている農民か芸人のひらかれた喉がそこからみえているように感じられる。（中略）古代人が歌うとき、彼らの声はもっとゆるやかな湾曲線をえがいて空に浮かんでいたのではないか」と、伊佐須美神社の催馬楽に寄せた思いを書いている。そしてその情景に吉増は、古代における詩歌の始原を見ているのである。

この催馬楽の特徴は、集団性とともに作業歌としてのかたちと韻律をもっている。それは口承文芸とし

ての伝統に因っているからである。

意思をこめた言葉を動作を伴って相手に伝達する。そして共通の思いを動作によって確認する。それは古代において「歌垣《うたがき》」というかたちで行われた。その名残りをこの田植え歌はいまにとどめているのである。七、七、七、五の韻律は、古代から現代まで、そのまま盆踊りの甚句歌として引き継がれているのである。

ちなみに古代会津の神の神域を二つにわけて、その神威を誇った磐梯町の磐梯神社の田植え歌は、伊佐須美神社の田植え歌のように集団性も作業性ももたない。

常盤なす磐梯山のすそわ田に　沢水いれて
清水を井堰かけて取る苗や　植るる若苗
秋たたばさきたたば　しなへ八束穂しなへ
神のみけのまに　大神のとゆけ　みけのまけにや
（二、三番は省略）

みけ（神饌）は神に供える食物、とゆけ、はとようけ（豊受）は伊勢の外宮に住む神で、伊勢の大神の食糧を司る神である。

歌意は、前段の二行は田植えの状況説明で、後段の二行は豊作への祈りである。神の神饌《しんせん》のために、豊《とよ》受《うけ》の大神に豊作を祈る歌である。最後の、みけのまけにや、の「まけ」は、「設け」と「任け」の二つの読み方が出来るが、「設け」の場合は、場所や物を前もって用意する。あるいは心して待つなどの意味をもち、「任け」の場合は、任せる、任命するという意味に解される。にや、のに、は助動詞で、なりの連用形で指定するという意に解される。や、は、やるの命令形の略とするなら、しなさい、となる。したがって終連は、神の食糧に、大神の食糧をつかさどる神様、豊作を頼んだよ、豊作にして下さいよ、という祈りである。磐梯神社の田植え歌は祭祀儀礼として豊受の大神に祈る祝詞である。

伊佐須美神社にはこのほか御田植祭りに佐布川集落によって奉納される早乙女踊りがある。この踊りの原型は女装をした若者とひょうきんな踊りでえんぶりをもって田均《なら》しの作業をする二人の男によって行われるが、音曲は笛と肩掛けで打つ大太鼓である。朝鮮半島や東南アジアに源流をもつ田楽形態だが、現在、唄われている歌は、近世になってのものである。

春は子の日の吉日、良い日に良い日を選んで
御種子はぎりのお祝いに、白き米を煮えられた
何石ばかり撰れた、千石あまりを撰れた
えんぶり方は先に立ち、あまた早乙女引きつれて
植えられ植えられ早乙女たち、千秋楽でよいとな
そこらで御いとま申され早乙女たち、これが御田の御早苗振り

古代においてどのような歌詞が歌われていたかは不明だが、明治期に佐布川集落の俳人、古川与市（俳号、寒川）氏によって、過去の歌詞を基にして、近代風に書き換えられたものであるといわれる。

盆踊り歌と神楽歌

伊佐須美神社の歌謡とは言い難いが、神社の境内の一角である高天原と呼ばれる神が降臨するという広場で、古来から盆踊りが行われている。そこで歌われるのは「高田甚句」である。甚句の語源は、「神供」とも「地の句《じく》」ともいわれるが、一節には越後国の甚九という人が始めたからともいわれる。旧暦の八月十五日に行われるこの祭りは盆踊りと称し鎮魂祭として今に至っているが、初源は「歌垣《うたがき》」といわれる。会津には「玄如節」という民謡があるが、七、七、七、五という押韻を踏む、盆踊りに歌われる甚句もそれと同じ韻律であるが、笛、太鼓の音曲と〝ちょいさー〟〝ちょいさー〟あるいは〝すっちょいさー〟という踊り手全員による囃子言葉が入る。「玄如節」は掛け合い唄で、車座のなかの一人が〝玄如見たさに朝水汲めばよー〟と上の句を歌えば、全員で〝よいやさーいぇ〟と囃子言葉を唱和し、〝姿隠しの霧が降るよー〟と下の句を歌ったあと、全員で下の句を唱和する。そのあと、車座のなかの誰かに、歌で掛け合いをする。掛けられた人はその歌に、歌で返す、そのとき囃子言葉とともにその下の句を全員で唱和したという。

それを夜通し行ったというが、その形は『常陸国風土記』の「筑波郡」に記される「歌垣」にその原基があることは想像に難くない。それが会津には民謡の「玄如節」として残ったものと推定される。

その『常陸国風土記』の「筑波郡」のところを、現代文にして引いて置く。

坂より東の諸国の男女、春の花の開くる時、秋の葉の黄づる節、相携ひ連なり、飲食を持ち来て、馬にも歩ちにも登り、游楽しみ遊ぶ、その歌に曰く、〝筑波嶺に逢はむと、いひし子は、誰が言聞けば、神嶺、あすばけむ〟〝筑波嶺にいほりて、妻なしに、我が寝む夜は、早やも、明けぬかも〟歌える歌甚多くして載車に勝へず。俗の諺にいわく、筑波嶺の集いに妻問いの財を得ざれば、児女とせずと言えり。

この引用は『日本古典文学大系』（岩波版）に拠ったが、原文は漢文で現在は使用されていない漢字が使われている。八世紀におけるわが国の官僚は、地方に至るまで漢字圏からの帰化人がその関係者になっていたものと思われる。とくに東国は大和朝廷が大量の帰化人を古くから入植させ、それらを開拓と支配の先兵としたことは明白である。

さて、筑波山の「歌垣」で歌われた歌の押韻は、不定形のものである。七、七、七、五という定形が成立するのは平安時代以降と推定される。『常陸国風土記』が書かれたのは和銅六年（七一三）の官命に拠ってであるのでどのように歌われたかはわからないが、和の韻律ではなかった可能性もある。その東国の「歌垣」の習俗が会津に入ってきて、田植歌などの共同作業のための労働歌や祭りのあとの男女の交流、交歓の場で甚句として歌われてきたのだが、「玄如節」は盆踊りのような大勢が交流する場ではなく、村々の祭りの宵籠《よいごも》りの場で、少人数のなかで太鼓や笛などの音曲も伴わない、アカペラとして歌われてきている。

戦前まで唄芸と呼ばれるセミプロが、歌に地名や人名を織り込み、そこに頓智《とんち》や風刺を織り交ぜて、即興で相手と掛け合うということが行われていた。民謡は一般的には作業歌として進化してきているが、「玄如節」はそれとは異なる進化を会津でした歌とも言い得るのではないかと思う。勿論、その掛け合いは、男女の妻問《つまど》い（夫問い）の行為そのものであったのであろう。

話は逸れたが、伊佐須美神社の境内に櫓《やぐら》を建て、その周りを幾重のも輪となって、夜明けまで踊る盆踊りは、何時の頃から始まったのかも定かではないが、死者を弔うというよりは、近郷近在の若い男女の交歓の場として機能したことは間違いない。盆歌高田甚句には

　高田恋しや、伊佐須美様の森が見えますコレサほのぼのと
　高田永井野の、あいだの欅、枝は永井野でコレサ根は高田
　　高田下町石箱清水、飲めば甘露のコレサ味がする

といった歌詞がある。こうした盆踊りはそれぞれの村にあり、音曲もそれぞれに工夫を凝らして、独自のリズムをもち、八月十五日から秋の彼岸まで、どこかの村神社や寺の境内で盆踊りが行われた。皓々《こうこう》と照る満月の夜に、太鼓の音が響いてくると、村の若者たちが列をなして山を越え、峠を越えて、その太鼓の音に吸い寄せられてけものみちを歩いていったのである。盆踊り歌の原型に、伊佐須美神社の神楽歌が潜んでいることは否めない。

第三章　西勝集落の歴史と民俗

はじめに

町史の編纂にかかわった折、西勝集落の歴史について調査をしたり、関係する文書などを読み知る機会を得た。昭和六十年代から平成十年代にかけて、そのことを集落で話をしたこともあった。またいくつかの不明な点もあり、それらについて、その後も引き続き関心をもってきた。

保科正之が会津に移封されて会津藩として行った調査は多岐にわたるが、地誌としては寛文五年（一六六五）の郷村書き上げ帳をもとにして編纂した寛文六年（一六六六）の『会津風土記』とその補遺を行った貞享二年（一六八五）の郷村「風俗帳」、さらに文化四年（一八〇七）から調査に入り、文化六年（一八〇九）に完成した『新編会津風土記』がある。

そのなかの西勝村についての記述は、『会津高田町史』全七巻の第三巻　近世資料篇に収録されているが、そのなかで疑問に思うところについての考察を試みた。

その一つは西勝という地名である。漢字の訓読みなら〝にしかつ〟なのに〝さいかち〟と呼ぶ。音読みなら〝さいしょう〟なのだがこれは混交している。もともとは〝さいかち〟ということではなかったか、という疑問である。『風土記』では、古に六斎市《ろくさいいち》が立っていたので、西河市（さいかいち）が「さいかち」になった。以前は西海枝（さいかし）といったがその訳は不詳と書かれている。たしかに村は近世期に六斎市開催の権利金を納めているので市が開かれていたが、それを西河市（さいかいち）と呼んだという記録はどこにもない。むしろ中世の時代に西海枝（さいかち）氏が葦名の重臣にいて、何かの手柄に村の地域を領地として与えられ、それで西海枝（さいかし）と呼ばれたが、その西海枝氏が葦名一族の謀反に加担して歴史から消されているので、その名が地名として残ったのでないかとも考えられる。現在の集落は藩の御用銀山であった西山地区の軽井沢銀山の旧街道の宿駅として整備されたもので、典型的な宿駅の形態を残している。さらに、藩政時代には年貢の一部を製紙で納め、それが西勝紙として藩の御用紙として重宝され、『新編会津風土記』にも「虫食わぬ紙」として特筆されている。これらについて明らかになった部分もあるのでここに収録した。

西勝館について

集落の北側三百メートルほど離れたところに、村の鎮守の熊野神社がある。神社はかつての西勝館の一角に祀られたものだが、往古は宮川の流路がその館の下を流れていた。その高さ十メートルほどの河岸段丘に西勝館はつくられていた。天文五年（一五三六）に〝白髭《しらひげ》の大水〟とよばれる会津地方の大水害によって、阿賀川とともに宮川の流路もほぼ現在の位置に変わったが、それまでの何百年間は、大きな沼地のようになって流れていた。一キロメートルほどの川幅の対岸にあたる竹原集落に、大沼郡の郡名となった大沼神社が祀られているが、それはその時代の名残りである。宮川の流路の跡は氾濫原と湿地で、そここに伏流水が湧き出て、堆積した石や砂が所々に堆《うずたか》く積もって、そこには葦や雑木が生い茂っていた。その形状は昭和四十五年から行われた県営圃場整備事業によって一変したが、西勝館跡の熊野神社はそのまま現地に残されている。

西勝館がいつごろにつくられたかは正確には解らないが、『古塁記』によれば、「西勝館、内倉と号す、東西四十六間、南北五十間、渋川安芸義春住す」と記される。これは文明十一年（一四七九）ころのことで、それ以前に岡部右馬丞盛昌が住んでいたとされる。享徳二年（一四五三）に館主の岡部右馬丞盛昌が橋爪の玉井塁の玉井若狭守とともに、葦名盛詮の家臣松本肥前に滅ぼされたという記録が『旧事雑考』にあるが、岡部が松本に誤記されている。

岡部右馬丞盛昌は元金曲《かねまがり》館主で佐原盛連の家臣である。鎌倉幕府の成立によって頼朝は会津を三浦一族の佐原義連に与えた。義連の子が盛連である。猪苗代を領し猪苗代氏を名乗った盛連の家臣が岡部である。その子盛実は永井野の白井館に住している。白井館は岡部の出自である摂津（大阪）白井の地名にちなんでつけられたと書かれる。岡部が滅ぼされたあとに、西勝館は渋川安芸義春が住んだが、渋川もまた文明十一年（一四七九）に高田館主渋川刑夫太輔義清（小俣幸高）とともに、葦名盛高に滅ぼされる。天正年代（一五七八～一五八二）には佐瀬若狭守が住したと『蘆名家臣録』には記されるが、その間、百年間の記録はない。その理由は次の項で触れる。

町史編纂の折、館跡一帯の調査を行ったが、内倉、または内城という字名の地籍は東西二百メートル、南北二百メートルのほぼ正方形の外堀と『古塁記』に書かれる面積は、内堀をめぐらした本丸を示すものである。一帯からは古墳時代後期とされる土師器や平安時代の土師器とともに、大戸窯の須恵器が出土している。また、その南側を古屋敷とよんでいるが、その地域から竈《かまど》が出土したが、その様式は甑《こしき》の形式であった。甑とは穀物を水蒸気で蒸す仕組みの竈で、煙は戸外に出るようになっていた。これは藤家館の上の原遺跡から出土したものと同型で、竪穴式の住居にしつらえられたものといわれる。また、出土した土器が粟田式であることから平安時代にはすでに集落的な住居があったものと推測される。

現在、熊野神社の境内には、圃場整備にともなって中世時代の古戦場跡といわれる橋爪熊野神社の西二百メートルのところにあった八幡神社の祠《ほこら》を移して祀ってある。

西勝の地名と村の成り立ち

集落名の西勝を「さいかち」と呼ぶ地名については、はじめのところでも触れたが、「さいかち」の語源は西勝ではないのではないか、ということである。

寛文六年（一六六七）の『風土記』には、「この村、往古は西河市、今は西勝と書く也、文字を書き換えしこと、年暦不詳」と記されている。寛文『風土記』の編纂にあたっては、寛文五年に藩主保科正之は各郡の郷頭に「萬書上帳《よろず》」を提出させている。そこには、「往古は西河市・西海枝と書きしが、その由不詳、六斎市あり、東西三町十四間、南北一町二十間、家六六戸、竈九一、人口三六九人、馬二九頭」と書き出されたが、『風土記』では、西海枝の方は消去され、西河市だけが往古の地名とされている。

西勝が市を立てたのは元和元年（一六一六）からとされ、徳川家康が死んだ年である。領主は蒲生忠郷で軽井沢銀山の開発に取り組み、旧銀山街道として若松―橋爪―西勝―赤留―仏沢――軽井沢への宿駅として西勝村は整備された。しかし、その益権を藩の商人司である梁田氏が配下の連尺《れんじゃく》（雀）頭《がしら》吉原氏に委ねた。吉原氏は高田村に拠点をおいて、二千人におよんだ掘削人夫や精錬技術者など、その御用銀山に関する一切の商業益権を掌握し、市は高田村と永井野村に移されていった。

寛永二年（一六二五）に西勝村は原因不明の大火に見舞われて全村が消失した。一説には放火という説もあるが、当然、村の再建まで市の再開も出来なくなり、衰退した。それでも再開を願って市開催の権利を保持するために、村はその後も負担金を納めつづけ、藩には何度も開催を願い出た。しかし、再開する

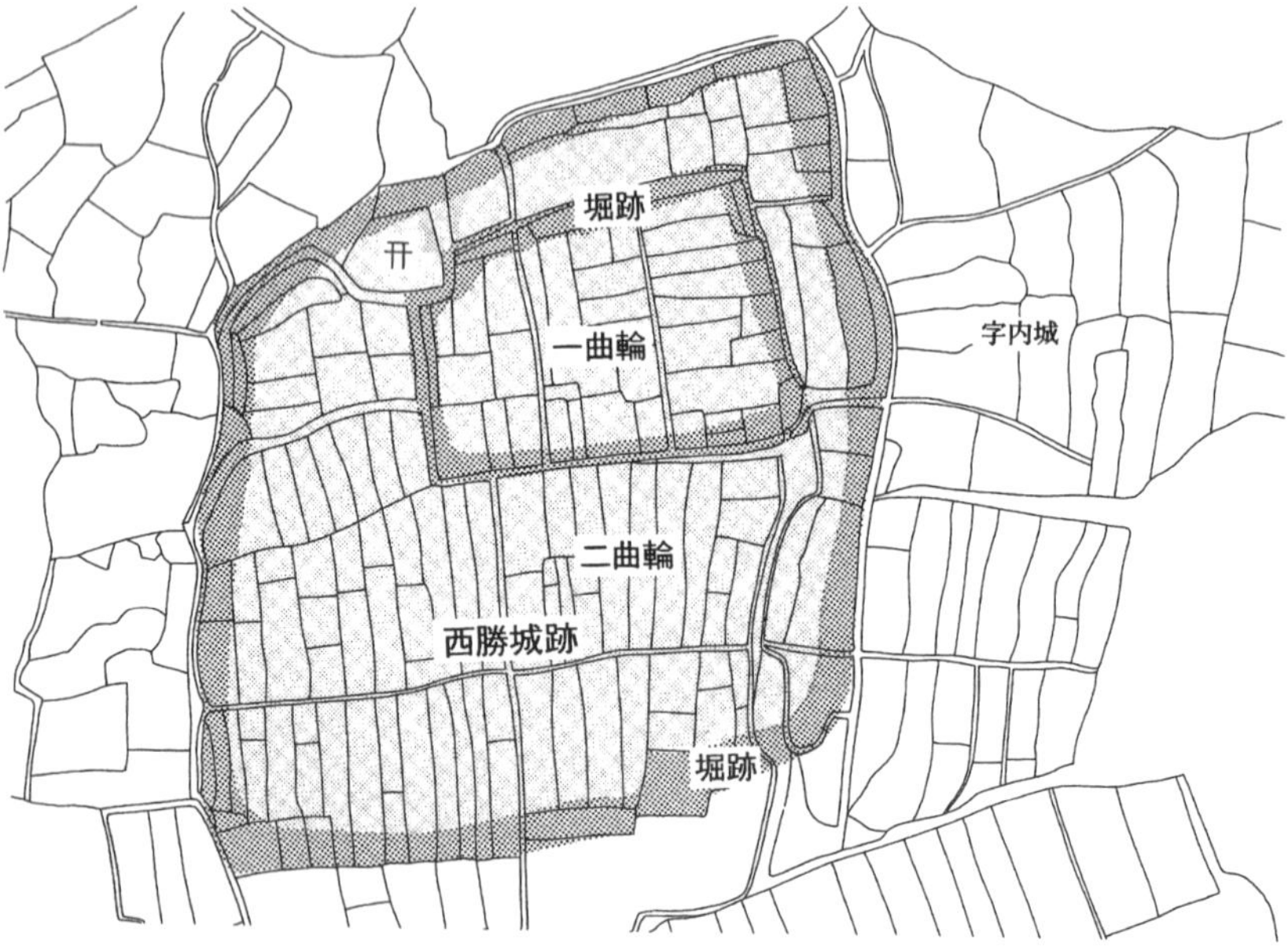

西勝城跡字限図（『会津高田町史』より転載）

西勝城跡に鎮座する熊野神社

ことはなかった。

寛永二十年（一六四三）、保科正之が領主として会津に来た。その間の慶長三年（一五九八）に豊臣秀吉は越後の上杉景勝を会津に移したが、三年後の関ケ原の戦いで徳川家康が勝利し、上杉景勝は米沢へ移され、再び蒲生氏郷の子、秀行が会津に入る。後継の忠郷は二十五歳の若さで死去。男子がなかったので改易となり、そのあとに伊予国松山から加藤義明が寛永四年（一六二七）に会津に入った。しかし、義明の息子の明成が、家老の堀主水が明成に謀反して脱藩する事件があって失脚するというめまぐるしい展開があった。

西勝の六斎市は正保二年（一六四五）に正之の藩政改革によって休止、実質的には廃止となる。したがって西勝に実際に六斎市が立ったのはわずか九年間で、権利を有した期間も二十九年間にすぎない。『萬改帳』が書かれた寛文五年は廃止になってから二十一年しか経っていないので、それを「往古」とは書かないと考えられる。それに西河市と書かれたものは文献としては何も残っていない。それらを勘案すると西河市が西勝の語源であるという論拠は乏しい。

それでは西海枝の方はどうかということだが、西海枝《さいかち》とは高郷村（現喜多方市）の地名であり、そこの西海枝館に住した西海枝太郎左衛門こと、宮内少輔盛秀という人の苗字である。応永二年（一四〇二）、新宮氏が義弟にあたる高田伊佐須美神社の宮司、大蔵少輔重範とともに葦名盛政に謀反を起こすが、盛政の軍勢に敗れて新宮氏は越後の五十公野《いじみの》に逃れる。そのあとに西海枝氏が新宮氏の所領を納める。そして、その子盛輔の時代には重臣として黒川（若松）に屋敷を持ち、周辺にも所領を持つ。享徳二年（一四五三）に盛詮が攻めた橋爪の玉井塁の古戦場の側にも、西勝木《さいかちぎ》という地名があったが西海枝氏の所領の名残りであろうか。そこには八幡神社の祠があった。

八幡神社は若宮ともよばれ、若宮信仰は戦に敗れた者の霊を弔う鎮魂の社、墓所ともいわれるが、玉井塁からは二百メートルほどしか離れていない古戦場の一角である。その八幡神社は圃場整備のときに橋爪集落ではなく西勝集落の熊野神社境内に移されている。

西海枝宮内少輔盛秀とは、いったいどのような武将なのかは不明である。「葦名氏系図」には出てこない。盛秀を名乗っても直系ではないようである。天正時代に入って盛氏の世になるが、盛氏の適男盛興が二十七歳で死去し、盛氏はその妻女を養子にして須賀川城主二階堂盛義の子盛隆を娶わせる。盛氏は天正八年（一五八〇）、田村氏との戦いの最中に六十歳で死去してしまう。

盛氏の死によって家臣たちに分裂が起る。天正十三年（一五八五）、十二年という説もあるが、養子の盛隆が家臣の大庭三左衛門に男色の恨みから城内で刺殺され、その後の対策で家臣団は、養子を伊達にするか、それとも常陸の佐竹にするかで割れ、北方の西海枝少輔盛輔の息子関柴備中守（関柴備中については、実名が不詳とされている。松本備中弾正輔起とも書かれ、関柴村の地頭、父の長門守は輔弘とも書かれる）らは佐竹からの養子に反対し、伊達政宗に内通して伊達勢三千人を会津の北部地域に引き入れるという大事件が起きる。葦名氏側は重臣の中の目、平田、佐瀬、富田らの軍勢をもって応戦し、関柴備中は葦名の家臣沼沢出雲に討ち取られる。父親も謀反人の親として捕らえられ、翌日、天寧寺川原で串刺しに処刑されて西海枝一族は滅んでいる。輔弘は宮内輔充の長男とされるが西海枝氏と同一人かどうか定かではない。以後、松本備中にかかわることも西海枝氏にかかわることも史書には残されていない。

唯一、西海枝氏のこととして史書に残るのは、天文十一年（一五四二）に画僧雪村が常州より会津に入り、葦名盛氏のもとで絵を家臣に伝授した。西海枝太郎左衛門はその筆頭となり、その一門から雪閑、雪木、雪沢、俊慶などの画家を輩出している。天正元年（一五七三）に三春に移るが、およそ三十一年間会津において、盛氏や西海枝氏に『画軸巻舒法』をもとに絵を教えている。西海枝一門の画家についても、雪閑が太郎左衛門の実弟であることが解るが、他は抹消されて不明である。

雪村が会津に来たのは盛氏の招請とされるが、絵画のためとは考えられない。三十一年間に及ぶ会津滞在は絵画は表向きのことで、常陸の佐竹氏と葦名氏との関係の何かの密命があったと想定できる。雪村にもっとも昵懇《じっこん》の関係をもっていたのが西海枝氏であった。しかし、その雪村の一番弟子として記録される西海枝太郎左衛門の絵は一枚も会津には残っておらず、意図的に消去されたとしか考えられない。盛氏の死後に忽然《こつぜん》と西海枝氏は歴史から消えるのである。

勿論、西海枝氏が西勝館に住んだという記録はない。前述したが、渋川安芸が葦名盛高に討たれてから西勝館の住人は、天正元年（一五七三）ころに佐瀬若狭守が住したという『蘆名家臣録』の記録まで、およそ一世紀の間、西勝館主についての記録が残されていない。誰も住まなかったのではなく、誰かが住んでいたが、何かの理由で消されたと推測できる。

伊達政宗が葦名氏を滅ぼした天正十七年（一五八九）九月に、いち早く葦名の旧臣、小桧山右馬丞と前田伯耆守に知行を与えている。小桧山は伊達に内通していた猪苗代氏の重臣だが、前田伯耆守とは誰か。葦名の重臣として伯耆守を名乗っていたのは七宮氏だが、七宮氏は近世期には伊達氏の元に走って、伊達家の家臣として仙台に移っているのでそれとは別人と思われるが、前田氏の正体は不明である。

近世時代の西勝村の肝煎《きもいり》職にあった前田一族には、そのルーツについての口伝がある。それは、天文五年（一五四八）に、玄蕃《げんば》（役名で本来は通司《つうじ》のことだが、転じて戦国時代には戦の戦略戦術の担当者を呼んだ）として上野国利根郡赤城より高郷村の夏井に来た、赤城勘解由が祖先だという。

赤城勘解由を名乗るのは、藤原氏より出た先祖の波多野民部大輔経秀が勘解由《かげゆ》であったことからで、本名は忠頼だが、流落した一族は赤城勘解由の裔《えい》（子孫）と称した。

勘解由というのも平安時代に国司の交代の際に、前任者から後任者へ公布する文書を解由《げゆ》といい、それを審査確認する役職を勘解由使《かげゆし》という。玄蕃も勘解由もどちらも平安時代の役人の職名で、戦国時代以降は系図の証に使われている。ちなみに守《かみ》というのも長官ということで、そこに土地名をつけて陸奥守というふうにいった。中世以降になっては、地名は必ずしもそこの役人ということではなく、地方役人の美名として一族の誰かが過去に地方長官であった場合に、守が武士の階位として使用された。江戸時代には単なる長官という意味になった。

赤城玄蕃は高郷村の夏井館に住したことから、夏井の玄蕃とも呼ばれた。赤城玄蕃は一族で移ってきていて、玄蕃は中村備中忠義の婿養子になり、弟赤城平七忠安は金上遠江守盛備の家臣となって、片門館を領して赤城を名乗った。

『高郷村史』によれば、同時代に西海枝には宮内少輔盛秀がいたことが記されるが、宮内氏は平氏の末裔で越後城主城氏の家臣石川氏を名乗っていたとも記される。赤城一族は高郷の周辺に広がっていて、自由民権運動の権利者総代、肝煎職の赤城平六もその末裔である。さらに平六の子息で詩人の赤城毅、近代史家の赤城弘の各氏にもそれは繋《つな》がっている。

天正十七年（一五八九）、赤城玄蕃は伊達政宗より地領安堵の判物を受領している。また、文禄三年（一五九四）の蒲生氏郷の領内高目録には西勝（西勝村）の地名があるが、これは高郷村の西海枝と思われる。

また、高田の旭地区大字三寄に西勝屋敷という地名がある。屋敷とは住宅のあるところの呼称なので西勝（西海枝）という人の居宅跡と思われるが、詳細は解らない。近くに馬の墓や成田屋敷という地名が残るので、中世期の豪族の屋敷跡と思われる。

猪苗代には西勝寺という寺がある。西海枝氏との関係があるのかないのかは解らないが、佐原義連の長男経連が建久二年（一一九一）に猪苗代を領し、城を建てているので、それに由来する寺名であるなら西海枝氏を名乗った盛秀はそこにルーツをもつのかとも考えられるが、詳《つまび》らかではない。西海枝にしても西勝という村の地名との関連について、文献的に証拠だてるものは何もない。だが、西河市よりは地名理由としては、西海枝の方が地名起源の可能性は潜在性を有するように思う。

西勝村の近世期の字地名は、昭和四十年代の圃場整備によってなくなったが後世のために記しておく。村南、西勝、村東、ビッキ、三島前、村北、古屋敷、寺前、内城、宮東、田押、十駄田、仏前、竹の内、扇田、西勝木、馬場道、若宮、押切、七合、砂子田、千刈、源田、イカ作（これは地租改正のときに役人が誤記したものと思われる。その地をいなづくりと呼んでいた）台の下、宮下、西村北、羽根石、姥田、東新田、馬喰、谷地際、清兵衛作、広面、久保田、大師免、向押切、向田、川原田、小森田、戸石田、東中川田、中川田、向桜木、竹原出、東大連寺、大連寺道上、大連治道下と五十の地名があった。

地名が確定するのは近世期に検地が行われて年貢の賦課に必要な地籍の把握にあったが、その際、従来からの呼び名をそのまま地名としたものとしては、漢字が当てはまらないビッキなどがある。これなどはアイヌ語の蛙《かえる》という意味だといわれる。旭地区のバッケも崖というアイヌ語が語源といわれる。宮袋も漢字があてがわれているが、ミヤアプクル、川の集まるところ、というアイヌ語が語源だといわれる。

小森田という地名は、柳田國男の『海上の道』でコモリというのは、南方の水溜りという言葉で、アジアの各地では水溜り即ちコモリは、イネをつくるところという言葉であることから、コメの語源にもかかわるという説を立てている。小森という漢字をあててしまったので意味がわからなくなったが、コモリ田とクボ（窪）田の地名は、初期のころに稲作が栽培された名残りなのかもしれない。クボについては作家の八切止夫氏が古代において柵によって隔離された被差別民の居たところ、差別用語で低いところ、という意味だといっているが、語源は同じなのであろう。

馬場道という地名は上下、広い面積を有していたが、この地名は馬とは関係なく、若宮神社（八幡様）への参道を馬場道と呼ぶ。その一部は橋爪集落から黒川（現会津若松市）へ続く古街道と重なっていた。大蓮寺（ダイランジ・ダイラジと発音する）は村の北西で、竹原集落の地境まで三つの小字があり、さらに地蔵堂という小字が隣接していた畑地域である。そのなかを県道高田—上三寄線が通っている。江戸時代初期は下野から越後へ抜ける街道であった。

大蓮寺という寺があったかどうかは定かではないが、五輪塚（掘り起こして冨岡福生寺境内に移す）や壇塚（圃場整備事業で均平）があった。宮川の氾濫で何時の時代かに寺や地蔵堂は流失したものと思われるが、一帯は氾濫原で宮川の河川の周辺は防風林が植栽されていた。

大師免は総面積二町歩ほどで、村の北部の最も低い地帯にあった。これは安楽寺の大師信仰の経費のために会津藩が免税地にしたものといわれるが、幕末期に地方御家人として村にいた本田氏が、その一字を得て村から移住し帰農した。この地名はその後、宮東に改められた。

西勝村が現在のところに整備されたのはいつか？

現在の西勝集落は会津藩の宿駅集落の典型的な規模および形態をとっている。古町、あるいは古屋敷と呼ばれるところからは南へ百メートルほど寄ったところに現在の集落はあるが、この集落形勢は文禄三年（一五九四）以降と推定できる。それは蒲生氏郷の時代に浄土宗の光福寺が僧道清によって開山されているからである。それに前後して、天台宗の安楽寺が肝煎の菩提寺として建てられ、慶長十四年（一六〇九）

に、会津高田町周辺の七つの寺とともに上野国世良田の長楽寺の末寺になっている。光福寺には根本姓とともにその北辺にわが家の旧墓もある。光福寺は廃寺となって寺も残されていないが、元和二年（一六一六）に僧宗善によって開山された浄土真宗の正覚寺の管理下になって今に至っている。

肝煎前田家の菩提寺として創建された天台宗安楽寺は光福寺とほぼ並んでいるが、前田、伊藤、渡部、石川、篠田、本田、塩崎、十二所、大竹、根本といった姓の墓がある。一方、光福寺はわが家の旧墓以外は根本姓（後に改名した人もいるが）である。正覚寺は小池、竹本、高畑、根本姓に、越後東蒲原郡から移住した入豆田集落の人たちの墓である。

墓から解るのは、西勝集落は三つの宗派の人たちが集まってつくられていることである。五十戸を集落の単位として、二十戸前後が根本姓であるが、この根本姓のルーツは本郷町の三日町に常陸水戸の根本村から移住した人たちの子弟といわれる。『本郷町史』には、那珂川の水害によって居住地が流失したためとされる。たしかに水戸市を流れる那珂川沿いの水戸台地の下に万代橋を挟んで、根本一丁目から四丁目まで残っている。そこからの移住と推定できる。それも理由のひとつとも思うが、葦名氏の養子として会津に入った佐竹義弘の親衛隊として付家老らとともに、天正十三年（一五八五）に会津に来て、向羽黒の南の山裾に住んだものとも推測できる。その地に僧常勝が庵を結んで、それが後に常勝寺として現在地に移っている。

葦名氏が敗れて義弘は一旦は常陸に逃れ、そこから兄のいる秋田の角館に逃亡するが、常陸から会津に来た家臣の多くはそのまま会津の地に残されて土着した。大方は阿賀川沿いの穂馬地区などの山間地に隠れ住んだが、三日町に土着した人たちの子弟や類族が、西勝集落の形成にあたって約半数が集団的に移住したものと考えられる。蒲生が会津に来て楽市楽座を若松に設けた折、六日町、七日町、三日町など市座の開催日にちなんで名づけられたところに三日町も移っているが、西勝集落の形成にあたっては、およそ三十戸が本郷町の三日町から移され、残りの半数は集落の役人として肝煎とともに来た者と二戸の地方御家人、さらに周辺五集落の年貢を管理するために、枡取役《ますとり》と蔵番役、集落の両端に出入りを監視した役人、それに役人に仕える人や人夫として、それらの仕事に携わる人によって西勝集落は再構成されたものと推定できる。

東西約五百メートルに間口十六・五メートル（五間）、奥行き百メートルから七十メートルで道の両側に整然と並び、道の真ん中に堀が流れていて水路を挟んでの一方通行であった。大正年代になって荷馬車が普及し、水路は道の両端に分けられたのである。集落中央に肝煎屋敷があり、その西隣に地方御家人の二軒の屋敷がある。さら年貢蔵と蔵番屋敷、集落の東西入口に出入り監視役の家があったが、その六軒だけが南向きに建てられ、他はすべて東向きであった。

貞享二年（一六八五）の「萬定書上帳」には、「西勝、年貢米の蔵が有り、西勝、竹原、上中川、冨岡の年貢米を収納管理する。また、紙を漉《す》く者二十人、年間二四束を藩に上納する」と書かれている。往古の六斎市は廃れる。その時の「郷頭勤方之事」に署名している西勝村肝煎は前田五郎助である。

文化六年（一八〇九）に『新編会津風土記』が編纂されるが、戸数は四十七戸に減少している。原因は天明三年（一七八一）の大飢饉と寛政十年（一八〇〇）の病気の流行によるとされる。村北一町のところに津島清水あり、周囲五町、と記される。また、西勝紙は「虫食わぬ紙」として藩の御用紙、手形証文の用に充《み》つ、と記されている。

天保三年（一八三二）、西勝の総代孫右衛門、地頭悦蔵、重郎左衛門、肝煎市之助の連盟で「西勝市の再興嘆願書」を藩に提出するが、高田と永井野の反対によって不許可となる。

明治四年（一八七一）の『人口録』によれば、戸数五十二戸、人口二百七十八人、肝煎前田与一郎、年寄渡部藤内、百姓代高畑長三郎の名が載っている。

前田与一郎は村政施行にともない初代藤川村の村長となり、郡会議員となる。明治政府の体制支持政党としてつくられた帝政党に所属する。

村の神々と祭り

西勝村には、鎮守さまとしての熊野神社をはじめ、様々な神が祀られる。前述したように、八幡神社が古戦場にあったが、それを若宮とよんで四月八日を祭日としていた。四月八日の朝仕事に青年会が掃除をし、旗を立てた。

村の東端に三島様の祠《ほこら》があり、その祭日は四月の十五日でそれを「春びつ」といって休日とした。「ひつ」は「節」の転語で「せちび」節日のことである。三島様は本来は三島大社で田の神様だが、明治期に三島通庸を祀った三島様もあるので判然としない。肝煎が帝政党に帰属していたので後者の可能性も皆無とはいえない。

西勝館のある外堀にあたる西方に周囲百メートルの津島清水があり、水神様の祠があった。そこから館に向けて幅三メートルの水路が掘られていた。その清水を通称谷地と呼んで、田植に入る前の堰上げの共同作業はそこから始められた。

村の東口には東堂山の石塔がある。東堂山は阿武隈山系で祀られる馬の神様である。そのほかに厩山の石塔もあり、それは安楽寺の境内に移された。この石塔も馬の神様を祀った厩山信仰の名残りである。

村の中央の肝煎屋敷の一角に古峰《ふるみね》神社の石塔がある。大火の後に火伏の神として講中が作られ、毎年正月二日に代参を決めて、栃木県の鹿沼までの旅費を出し合って送ってきた。近年は有志によって行われている。

山形県の出羽三山講中も近年まで行われてきたが、昭和六十年ごろを最後になくなった。かつては男子のみの代参者が前日から熊野神社に御籠《おこも》りをして、斎戒沐浴《さいかいもくよく》をし、法螺貝《ほらがい》を吹いて村中を白装束で練り歩いて、その翌日に村を発った。しかし、村には講中碑は一基もない。これは村の半数が浄土真宗の信者のためである。

昭和二十年代までは、十五歳から二十歳まで男子による飯豊山講中もあった。熊野神社に宵籠《よいごも》りをしていたので、その痕跡が墨書きされて残っている。

神社に関する行事としては、十二月には磐梯神社の「稲鉢《いなばつ》」が行なわれていた。磐梯神社の信徒が家々を回り、磐梯神社のお札と引き換えに、米を飯茶碗一杯程度を豊作祈願として奉納した。これも昭和三十年代になくなった。馬のいる家には厩山のお札売りも来て、そのお札を馬小屋に貼った。

同じように、伊佐須美神社からも氏子役員が十二月に家々を回り、大麻《おおあさ》とよばれるお札と引き換えに米一升を奉納した。後に伊佐須美神社の「稲鉢」は金によって納めるようになり、伊佐須美神社の大麻（お札）は正月の厄払い、春の鎮火祭、御田植祭と年に数回行われた。

村の鎮守熊野神社の例大祭は九月十五日で、日吉神官が祝詞を奏上して宵祭りが行われた。各戸重一ヶ（酒の肴）を持参して、直会《なおらい》の酒盛りを行っている。昭和五十年代までは、青年会によって豊年踊りや、奉納相撲大会が行われていた。

屋敷神として稲荷様の祠は三軒に一軒の割合で祀られていて、初午《はつうま》の日に祭りが行なわれた。また姥神《おんばさま》の祠が一か所あるが、蔵番であった伊藤家の屋敷内にあるので屋敷神として扱っている。道路拡張にともなって現在地に移ったが、熊野神社の参道通りにあり、清水が涌き杉の巨木が立っていた。姥石《うばいし》が祀られているが、柳田國男は「老女化石譚」のなかで、この姥石伝説は各地にあり、その原型は虎御前伝説という大磯の遊女虎が、富士の裾野の曾我兄弟仇討ち話を語って、各地を回って歩いたことにあるのではと語っている。トラとは日本の古代の巫女の名に由来するともいっているが、高田町には姥《うば》清水もある。姥に関する伝説は村には伝えられてはいないが、漂白する女の宗教者にまつわる痕跡なのであろう。

村の宗教関係について

西勝集落には、三か所に墓地があり、前述したように浄土真宗の正覚寺と、廃寺になり正覚寺の管理下になった浄土宗の光福寺、天台宗の安楽寺がある。それぞれの寺の縁起につては次にふれるが、その寺の管轄下に地蔵尊とその木製の祠がある。正覚寺が管理する地蔵尊は村の東方一キロメートルのところにあり、旧若松街道に沿っていた。通称一本杉地蔵と呼んでいたが、「鼻取り小僧」の伝説があった。いわゆる現世利益の身代わり地蔵であるが、首なし地蔵ともいわれている。その理由として、地蔵首をもって賭《と》博《ばく》に臨むと負けないという風説があり、いつのころにか博徒に首を盗まれて首なしになり、正覚寺の住職が円い河原の石に眼鼻を書いて首にしたので正覚寺の地蔵となった。正覚寺では、もとは旧暦の八月二十四日、現在は九月の二十三日に地蔵祭を行っている。地蔵の祠から寺に背負ってきて安置し、三日間の祭りが終わればまた背負って祠に戻していた。実際には子安地蔵として信仰していて、頭巾《ずきん》と腹掛けは子供の成長を祈って毎年奉納されていた。正覚寺には庚申《こうしん》供養碑は一基もない。

安楽寺には六地蔵が祀られているが、もとは村の東端にあり、その位置は銀山街道に面し、そこから古屋敷地内を旧道が続いていた。ほどんど原形をとどめないほどに摩耗していたので、圃場整備の時に安楽寺境内に移したが、その時に新しく六体の地蔵尊の石像を祀り、それを安置する地蔵堂も新築した。六地蔵は六道《ろくどう》を守護する菩薩で、岩波版『仏教辞典』には、「鎌倉時代に悪人成仏を説く専修念仏に対抗する意味合いもあって、現世利益が強調され、笠地蔵など身代わり地蔵譚が多く語られた」と書かれている。悪人往生説は浄土真宗の教えであるが、西勝集落は半数が真宗信者であるので、支配層の天台宗信者によって六地蔵は祀られたものと考えられる。

さらに安楽寺には阿弥陀仏とともに不動尊が合祀されている。その祭日は九月三日である。目の病を治癒するといわれ、村中の婦人が集まって御詠歌を奉唱していた。現在はその日に大般若経法要を行っている。

立像の不動尊は密教の十九観系とよばれるもので、左の目を閉じてしかめっ面の青不動である。左手には剣、右手に羂索《けんさく》（獣を捕らえて繋ぐ紐）をもつもっとも広く存在する像で、肝煎が持参したものと思われる。北会津の両堂の不動尊とは兄弟ともいわれるが理由は解らない。安楽寺には庚申供養碑が一基残されている。

さて、三つの寺と宗派についてだが、最も古いのは廃寺となった光福寺と推察される。この檀家は旧根本姓が占めている。大竹、小池、十二所などの姓もあるが、天台宗の安楽寺に移った二軒の根本を除いて、全戸がこの寺の檀家である。高田龍興寺が所蔵する名義録に、享徳二年（一四五三）に奥州会津大沼郡高田、光福寺の僧侶光恵の名が記されているが、その光福寺と同じ寺かは詳らかでない。龍興寺は天台宗の寺で浄土宗ではない。天台宗ならば浄土真宗の寺に入ることは考えられない。私は祖父から光福寺は浄土宗の寺であったから、上杉景勝によって廃寺にされ、浄土真宗の正覚寺に統合されたと聞いている。

わが家の中興の祖とされる前田新五右衛門までの墓石は光福寺にあるが、その後、肝煎から養子にきた治右衛門の代から墓を現在の天台宗の安楽寺に移している。私は治右衛門からは六代目にあたる。

光福寺がいつ廃寺になったのかは記録もなく、文禄三年（一五九四）に僧道清によって開基されたということだけで判然としない。会津に来た藩主のなかで浄土宗および真宗の信者を「一向宗徒」として弾圧したのは上杉景勝である。そのときに光福寺も正覚寺も廃寺にされたが、浄土真宗の正覚寺は後に再建され、それとともに光福寺の檀徒もそこに入ったとみられる。

一向宗は「無量寿経」の「一向専念無量寿仏」からとられているが、法然から親鸞の浄土真宗に受け継がれて「念仏往生を一向に信じてふたこころなきを」をもって一向宗とよび、仏事も形式主義を排したことから、「一向構わん」ともいった。歴史的には戦国時代に真宗教団は地方武士を門徒化して加賀国を一世紀にわたって支配した。天正八年（一五八〇）、織田信長によって滅ぼされて、真宗教団による一向一揆支配は終わったが、その信仰心は消えることはなく各地に拡散され、京都の両本願寺を拠点に巨大な宗教集団として今日に至っている。ちなみに正覚寺は盆地西南端の唯一の真宗寺院として、かつては隠れキリシタンの墓があったことも記録されている。

安楽寺もいつ開基されたかはわからないが、『新編会津風土記』には、西林寺、善宗寺のあとに東山湯本村の東光寺の僧春盛が、自身の隠居寺として建てたと記されているが、西林寺も善宗寺もどこにあったのかは解らない。

村の西北に大連寺、地蔵堂という字地名が残されている。その地域は一町歩にもおよぶほどの広さで、大きな五輪の石塔もあった。石塔は現在、冨岡の観音堂の境内に移されたが、その一帯には古二渡《こにわたり》神社の遺跡が残っていた。だが宮川の氾濫によって流失したので、高台の現在地、冨岡と上中川領集落の中間地に神社は移されている。冨岡村の鎮守であり、村社であった。

慶長十四年（一六〇九）に上野国世良田郡の長楽寺の末寺になっている。これについては他のところで書いてきたが、長楽寺はもともとは新田義貞一族の菩提寺で清和源氏の由緒のある寺だが、天台僧天海がまだ随風と名乗って願人坊主《がんにんぼうず》をしていたころこの寺で寄食していたことがあり、寺の事情を知っていたことから、徳川家康が天下を取り武家の棟梁である征夷大将軍の位を朝廷から下賜されるのには、その出自が清和源氏でなければならないので、この長楽寺の乗っ取りを天海が仕組み、新田氏の末裔を寺から追い落して家康の先祖の菩提寺としたのである。追い出された新田氏は会津の湖南村に神官としての職を与えられて暮らし、戦後、大蔵官僚となったあと青森県に移住している。そのことは『消された一族』に書かれているが、そのときに天海が会津高田村周辺の天台宗の七つの寺を長楽寺の末寺としたのである。長楽寺は家康から五百石の扶持を受けて、大寺院として君臨するのである。

会津高田村の天台宗の七つの寺は、法用寺、東光寺、龍興寺、仁王寺、天王寺、青龍寺、安楽寺である。後に法用寺は長楽寺の末寺になるような寺ではないと長楽寺に抗議して本末関係を解消している。安楽寺は格式としては会津天台宗四十ケ寺の上位十二の寺に入っている。しかし明治維新後に無住となり、橋爪の薬師寺の管轄に入り、今に至っている。『大沼郡史』には、文政年間（一八一八～一八三〇）以降の過去帳を橋爪薬師寺が保管すると書かれている。『新編会津風土記』には、檀徒根本某が寺の「護摩記」及び「涅槃図」、安楽寺名の什器などを所管すると書かれているが、現在は涅槃図だけを持ち回りの檀頭長が保管している。寺は明治初期に勝原村の役場として使用され、その後しばらくの間、藤川村役場としても使用された。昭和三十九年（一九〇六）から町立の季節保育所として使用され、その後、平成時代の初頭から二十年までその境内の用地に町立児童館が建てられていた。

正覚寺は元和二年（一六一六）、僧宗善（清順ともいわれる）によって開基されたとされるが、寺の縁起によれば、能登の僧釈助観が応永年間（一三九四〜一四二八）に旭池之端に草庵を結んで太子信仰を布教したが、西勝館主の佐瀬若狭がその教えに帰依し、西勝に助観を招いて寺を建立したのが開祖という。阿弥陀如来像とともに太子信仰の聖徳太子像、聖徳太子画像を祀る浄土真宗の寺である。住職は代々根本氏であるが、本郷三日町の常勝寺の住職根本氏との関係が深い。墓地には小池、竹本、根本、川島（小池氏の分家）、目黒などのほかに入豆田集落の方々の墓が占める。戦後、寺の資料を福島大学の調査の折に貸し出し、未返却となり何もない。檀家は信仰心が篤く、婦人部や教団の本願寺詣でなど、などさまざまな宗教活動が行われている。会津盆地の西南部の真宗の寺としては唯一の寺で、檀家は高田村の白井一族や沖ノ館の山浦一族など集落の外にも広がっている。現在の住職は十七世根本雄司氏で、中央病院に検査技師として勤務している。正覚寺は明治初期に勝原小学校として使用された。そのときの第十二世楽聴師の功徳碑が教え子によって門前に建立されている。

明治初期に村立の藤川小学校が建立されるまで勝原小学校として使用された。

西勝村の年中行事

安楽寺の境内には、天明三年碑があるが、これは天明飢饉《ききん》の供養碑である。熊野神社境内には征露記念、紀元二千六百年記念の石碑があるが、これにともなう祭りはない。安楽寺の前に郷倉とよぶ四間に三間の栗板でつくられた収納庫があった。そこに籾《もみ》が保管されていた。

◎正月

元旦は、年のはじめとして、まず夜が明けると若水汲みを行う。戦前は集落内を流れる水路の水が清水が水源であるところから、その水を新しい柄杓《ひしゃく》と水桶で、〝何汲む、米汲む、小金の柄杓で若水汲む〟と唱えて水を汲み、それを沸かして茶を飲んだ。それから歳徳神《としとくじん》にお神酒を上げて拝み、朝飯は作って重箱に入れて置いたおせち料理を食ってすまし、午前中に村の鎮守様にお参りをした。旧暦での正月は豪雪の中なので大方は家に籠っていた。

二日は仕事始めの日で、古峰神社講中が行われる。朝、餅を搗《つ》き、それを神に供え、二段餅飾りを十五重ねほど作り、餅飾りの日まで飯台に並べて置いた。

三日は三日とろろの日で、山芋をすりおろしてとろろ飯を食った。

四日からは平常日で年始回りや藁《わら》仕事などを始めた。

五日は餅飾りを神棚、仏壇、床の間、竈神、水神様などに行った。

七日は七草でセリなどを入れた七草粥《がゆ》を朝飯に食い、七歳の児のいる家では、鎮守様参りをして、七草祝を行った。

その夜に柳津圓蔵寺の裸参りが行われる。

八日は本郷の初市の日で、その地域の縁戚や取引先に年始回りを行った。

お日待ち祭が行われて、集会場に集まり厄年の人は神官が厄払いをする。

十日は若松市の初市、十日市

十二日は永井野の初市、十四日は高田の初市が行われ、高田では俵引きが深夜に行われた。俵引きは吉原商人の市神の前で行われた。

十二日には塞《さい》ノ神の準備のために、青年会による材料集めが行われる。

十三日の夜から小正月（稲作の予祝行事）が始まり、団子の木（はなの木）の枝に「団子差し」をし、終わった後に甘酒を呑んで豊作を祈願した。これを「まゆだま」と呼ぶところもある。一連の稲作の予《よ》祝《しゅく》行事の始まりである。

夜は、子供たちによる鳥追いが行われた。旧暦一月は酷寒の折で、子供たちは月夜の晩に硬雪渡りして歩いた。

十四日の早朝五時頃から子供たちによる鳥追いが行われた。鳥追いは次のような言葉を唱和し、拍子木をたたいて歩いた。

〝からすの頭八つに割って
菰俵《こもだわら》さ詰め込んで、佐渡ヶ島さ、ヤーホイ
ヤーホイの鳥追いだ〟ホー（拍子木を打ち鳴らす）

参加に遅れた児童の家の前では

〝今出ねぇデグノボー
ごぼー鳥追い込むぞ、追い込むぞったら
追い込むぞ、ヤーホイの鳥追いだ〟ホーと、出てくるまではやし立てた。

十五日の夜は塞ノ神が行われて、正月のしめ飾りや藁で作った正月だけに使われる神膳や古い神棚のお札を燃やして、一年間の無病息災を祈る。塞ノ神の火で餅やするめなどを焼いて、家族で食べる。

十六日は団子捥《も》ぎが行われた。

二十日正月、捥いだ団子と千切り大根を煮た団子汁を食べる。

二十三日は二十三夜講が行われる。昔は寺に集まってお籠りして月の出を待ったというが、戦前のころは、それぞれの家で「三夜様《さんにゃさま》」を行った。これは庚申待ともいわれ、その夜、天の神に人間のなかにいる三戸《さんし》の虫が人間の罪過を報告に登るので、月の出るまで寝てはならないという道教の庚申《こうしん》信仰に起源を持つ、干支《えと》の庚申にあたる日に行われるので、二十二夜の場合もある。木下順二の戯曲『二十二夜待ち』がある。これらの石塔は天台宗の寺にはあり、浄土真宗の寺にはない。

◎二月
立春の前日の夜に節分会が行われ、煎《い》り豆が撒《ま》かれる。

鬼は外、福は内、恵比寿大黒豆あがれ、と唱えつつ部屋ごとに撒いた。

その日は全ての戸に、たづくり（小魚）の頭を焼いて豆の柄に刺しものを置いて、悪い物が家のなかに入らないようにして豆を撒き、自分の歳の数ほどの豆を食べて無病息災を祈る。

二月八日、籾《もみ》通しかけ、この日、屋根に籾通し（農具・竹で編んだ平たい籠《かご》で、それで脱穀した籾を選別した）長い竹竿《たけさお》に結んでかける。この行事は一族の農作業を始める合図だという。十二月八日には農作業が終わったという合図にまた籾通しを屋根にかける。

この日は針供養の日でもある。嫁入り前の娘たちが針習いにいっていて、そこで行われた。

初午《はつうま》、二月はじめの午の日に初午祭りが行われる。稲荷講ともいわれ、屋敷神として祀られる稲荷の祠に赤飯を上げて豊作を祈る。近所三軒の家を回って塩の取り換えを行う。稲荷信仰なのだが稲荷神社には赤い「正一位稲荷大明神」の奉納旗を立てて参拝する。特に町の殺生石の稲荷神社には、芸の神様として芸子《げいこ》などが着飾って参拝していた。屋敷稲荷のある家ではお参りに来る人を招き入れ歓待した。塩の取り換えが主婦によって行われることから、主婦たちの格好の集まりとなっていた。

二月二十五日は文殊祭礼が行われる。高田町の文殊菩薩が祀られる青龍寺に参拝する。学問の神様としてかつては児童の書初めなどを奉納したが、近年はもっぱら受験の神様として、絵馬奉納などによる合格祈願がなされている。

◎三月

三日の節句は初節句でひな祭りが行われる。ひな祭りは古代の「ひな遊び」に由来するもので、女児の健やかな成長を祈って行われる。ひな人形を五段飾りにして祝うものだが、宮廷の様子を模したものは近世以降で、それ以前は稲株の乾かしたものなどを材料にした手作り人形で遊んだという。菱餅、白酒（甘酒）をお供えする。『源氏物語』にも描かれるが、人形を人に見立てて遊ぶ女児のひな人形遊びが始原である。

彼岸会、彼岸の中日に彼岸獅子舞が行われる。そのために三月の十日から彼岸獅子舞保存会は公民館で連夜、その練習に入る。中日の日には村から他村に嫁いだ人が獅子舞を見るために来村し、にぎやかに獅子舞について歩いた。三月の雛《ひな》の節句には、男児は会津天神を数体飾りお祝いをする。彼岸獅子舞については別項でふれる。

◎四月

八日は八幡様の祭日で、同時に馬頭観音の祭りでもあり、農耕馬は蹄鉄《ていてつ》を新しく付けた後に、本郷町の白鳳山にある馬頭観音様を祀る神社に馬と一緒にお参りをした。私は小学生のころ馬に鞍を付けて乗り、祖父と一緒に村からは約一キロメートル離れた神社に行ったことを鮮明に覚えている。

農繁期に入ると祝祭の休日には、必ず小休みがついて、二日間農作業を休んだ。

十五日は村の三島祭礼で、春びつ（春のお日待ちと同義、好日）といって二日間農作業を休んで、他村に嫁いだ人、他村から嫁いできた人たちは、それぞれに生家に帰って親に節句礼をした。節句礼はもともと三月に行われていたが、旧暦で行われていたので新暦になってからは四月に行われるようになった。この祭りのあとに、村はいっせいに苗代《なわしろ》作りに入った。

◎五月

八十八夜祭、立春から数えて八十八日目の日、伊佐須美神社では薄墨桜の花びらを餅に入れて食う「花の餅」が開かれ、周辺町村の氏子総代が招かれて、伊佐須美神社のお神楽殿で舞われる太太神楽《だいだいかぐら》を鑑賞した。

村の東にあった種まき桜の花が満開になるころ、村では組ごとに塩水選と種籾浸しを行い、その後、組ごとに花見会を行っていた。現在は桜の木も共同での作業も無くなり、花見会だけが行われている。

菖蒲《しょうぶ》差しと菖蒲湯、四日の日は菖蒲とヨモギの葉を、草葺屋根の軒先に差し、魔除けとする行事が行われていた。この行事は仁徳天皇に菖蒲とヨモギを献上したことが始まりといわれ、漢方医薬の意味を持つといわれる。

その夜は菖蒲とヨモギを入れた湯に入り、身を清めて端午《たんご》の節句を迎えた。邪を払うということで、女の人がその湯に入って蛇の子を産んだという伝説が語られる。

五日、端午の節句で菖蒲は尚武に通じるということから、菖蒲の花が飾られる。三月のひな祭りが女児の祭りで、これは男児の祭りである。五月旗と鯉幟《こいのぼり》を掲げて、男児の成長と出世を祝う祭りである。座敷小旗という飾り物もあり、鍾馗《しょうき》様の幟旗や、わが家では菅原道真の掛け軸などをかけて供え物をした。

戦後になって、五月の第二日曜日は「母の日」となり、子は母への感謝をするのが慣習化しているが、祭りとしての感覚はない。

田耡《うな》い休み、日は決まっていないが、村の大半が田の耕起が終わった頃に二日間の休みを設けて、遅れている家の田の耕起を手伝い、村全体の田の耕起が終わってから堰上げを行った。

堰上げによって水路はそれぞれの圃場《ほじょう》に分散して給水され、それは二百十日の日まで、個人で変えることができないという村の不文律によって維持された。堰上げ終了後、全員が集まり、馬鍬《まぐわ》入れの日を決め、さらに村内の池の入札を行った。池は七か所ほどあり、その大きさで入札価格は異なり、セリといったが落札者は秋にその池のなかの魚を取得し、その間、その池の魚取りは落札者以外の者は禁止された。泥鰌《どじょう》、鯉《こい》、鮒《ふな》、鯰《なまず》、ヤツメ鰻《うなぎ》などが、水落しが終わった水路や田から池に集まり、稲刈り後の村の楽しみとなっていた。それらが終わってから、水神様祭りの酒盛りをする。

◎六月

村は、湧き水を水源としていたので、上流の水田で代掻《しろか》き、田植が終わらなければ、湧き水が出てこないので、六月に入ってから村中いっせいにその作業は行われた。早乙女は耕作面積に応じて雇用されるが、戦前は水源の上流の集落から十名から二十名ほどのグループが早乙女として来て、宿の家に泊まりながら何軒かの家の田植をした。田植が終われば馬鍬《くわ》洗いとして、馬鍬とえんぶりと手苗を飾り、お神酒を供えて祝った。村全体が終われば田植休み（さのぼり、現在はさなぶりと転語している）として三日間を休日とした、二毛作が行われたころは、その時に代掻きと田植をした。

六月一日はむけの朔日《ついたち》といって、この日に桑の木にさわると、身体の皮がむけ変えるという俗信があった。人間の皮膚や細胞の新陳代謝は半年くらいでなされるということだと古老はいっていたが、衣替えの季節を意味したものともとれる。始原は解らない。

六月八日は雷神様の祭り日である。村に雷神様はないが、隣村の領家稲岡地区の山にあって、自殺をした人とか、非業の死を遂げた人の魂を祀るといわれ、祭りの日には、村人はお供えものを持って山に登った。

六月の十五日から七月十日まで町で「あやめ祭り」が行われているが、それは近年のことで、村の休日には関係がない。

◎七月

半夏生《はんげしょう》は、夏至から十一日目に行われる。七月の二日乃至は三日の日がその日にあたるが、往古はこの日までに田植をしないとよい収穫は得られないということで始まったという。田の神様が畑に移る日だという説もある。が、村全体の祭りではない。

伊佐須美神社の御田植祭りが十一日の宵宮祭から行われ、十二日に本祭り、午前中から獅子追い―御田神社までのデコ行列―御神田での田植まで、ほぼ一日を要して行われる。十三日は小休みとなる。

虫送り、土用の入口の日に子供たちが虫送りをする。午後半日が休みとなる。往古は虫かごに花飾りをして、そこに各戸が半紙に虫送りと書いた小旗を射して、〝稲の虫送れよー、たばこの虫送れよー〟と唱和し、小太鼓を叩いて三回ほど村中を回って、その虫籠を大きな川の土手で燃やして終った。近年は虫籠ではなく、麦藁《むぎわら》の大きな束に棒をさして担ぎ、そこに花飾りのついた虫送り小旗をたてて回った。祭りは子供たちによって行われたが、村に子供がいなくなって、現在は大人がやっている。

◎八月

泣きの朔日、冬木沢八葉寺詣り、旧暦の七月朔日が新暦になって八月朔日になった。死者の魂が新盆に帰るということで、八葉寺に会いにゆく。戦前まで八葉寺には多くの「おはかさま」と呼ばれる婦人がいて、死者の「口寄せ」をした。それに泣いて死者を偲んだので、泣きの朔日と呼ばれた。現在でもその風習は続いている。

本郷町の瀬戸市、八月一日の早朝三時頃から行われていた。瀬戸町に日用品としての陶器が平常よりも安価に売られ、近郷から人が集まった。

九日の夜は冨岡集落福生寺の四万八千日祭が行われる。その時、冨岡、領家の観音様お参りが行われていた。

墓参りは地域によってその日は異なるが朔日より十四日までの間に行われ、村は宗派を問わず十日が墓参りである。六日ころから各自で墓掃除を行い、前年の塔婆などが焼却されていたが、近年は防火の観点から焼却は行われていない。お盆を迎える十三日は地蔵堂までいって川から小石を数個拾って、ススキを採って帰り、仏壇飾りをする。仏壇にススキと笹竹で門をつくり、そこに素麺《そうめん》と昆布を懸ける。

十三日の夕刻と十四日の早朝には門火を焚《た》き、十三日の夕刻からは墓火焚きが行われて、麦藁の束に火を付け、その火で墓石を叩いた。これは死者がわが家に帰るための目印として行われていた。

十三日から十七日までは仏壇に盂蘭盆《うらぼん》で盆提灯を提げる。

旧暦の十五日の夜は満月なので、十四、十五、十六の三日間、現在は新暦なので満月とは関係なく町では伊佐須美神社の境内高天原で盆踊りが行われる。

二十日は二十日盆である。

八朔《はっさく》、旧暦の八月朔日《ついたち》をいうが、その語源は早生種の柿の八朔が熟するので八朔節句ともいう。秋の農繁期前に、婿や嫁は柿の実をもって里帰りをしたが、戦後は行われていない。

◎九月

一日は二百十日（風祭）、八月三十一日に夕刻から村の鎮守に集まり、豊作を祈る。それぞれが肴《さかな》を持参して酒宴を張る。

三日は安楽寺の不動明王の祭日である。村の婦人たちが集い、御詠歌を奉唱する。現在はその日に橋爪薬師寺の僧侶による大般若経が奉納される。

十五日は村の鎮守熊野神社の祭礼で、秋祭りで親類を招待した。村の青年会や婦人会が共催して豊年踊りや相撲大会などの催しを行っていたが、近年は青年会も消滅して何も行われていない。十四日の夜は全戸主で宵ごもりを神社で行い、神主が祝詞を奏上し、お供えしたお神酒で酒宴をする。それは現在も続けられている。

二十三日は秋の彼岸の中日で、会津若松市では会津祭りが行われている。

地蔵びつとよばれる地蔵尊祭礼が正覚寺で行われる。

九月は、九日を初手の節句、十九日を中の節句、二十九日を終いの節句と呼んで、昔は（旧暦のころは新暦の十月になるので、稲作の農作業の大方は終わりのころになっていた）農作業を休んでいたが、現在は休日にはしていない。新暦の九月は水田の収穫作業のピーク時である。

旧暦九月十六日が中秋の名月で御名月様《おめいげつさま》に、縁側に飯台を出してサトイモを供えるので、「いも名月」ともいう。七種以上の秋果物と野菜をお供えする。

稲刈りが終われば、かっきり（刈りきり）かい餅といって、もち米飯を小豆餡子《あんこ》で包んだものを仏壇にお供えして、それを家族で食した。籾摺《もみす》りが終わればイナゴバタキといって、餅を搗《つ》き、親類を招いて秋餅祝いをした。

◎十月

旧暦の十月は新暦では十一月にあたるので、初旬には十一月三日の文化の日にちなんだ文化祭の行事が行われている。

二十日は恵美須講《えびすこう》で町の商店の祭りである。

太子講、二十四日は浄土真宗の聖徳太子を祀る太子講が行われる。

大師講《だいしこう》、二十三日は天台宗の天台大師（天台智顗《ちぎ》）の命日にあたるので天台宗で行われていた。

村には太子免（大師免なのかは判然としない）という字の土地があり、藩政時代に太子講（大師講かも知れない）に対する費用のために、年貢を免税にされていた土地と思われるが、明治期になって地方御家人として村に住んでいた本田氏が、その地約二町三反歩のところに居住を移して帰農した。現在は末裔が村を離れて無人の館になっている。

◎十一月

十五日には七五三の宮参りの日である。村の鎮守に七五三の児童は親に連れられて宮参りをする。現在は伊佐須美神社に参拝する人が多い。

二十四日は浄土真宗の報恩講「おとりこし」（御取越）の日である。夜、檀家の子供や婦人は正覚寺に集まり、法話を聴いて甘酒を御馳走になる。「おとりこし」の夜は雪が降る。それは親鸞上人が貧しい家の親が子供のために他家の大根を盗んだ足跡を消すために雪を降らせた、という説話が語られた。「おとりこし」が過ぎれば、会津の地は本格的な冬になる。それは今も続いている。

◎十二月

一日は川浸り餅（かびたれもち）、この日の朝、餅を搗いて川に幼児の数ほど流す。水難避けのまじないだが、一説によれば河童信仰から来ている。

七日、籾通しかけ、今年の農作業が終わったというしるしに春と同じように、屋根に籾通しを竿に結んで懸ける。この由来は一族や村の人たちに農作業の終了を知らせるためのものであるといわれる。籾通しの網目が多くあるので魔物を見張るためだという説もあるが、それは後の付会だといわれる。

八日は伊勢参りの八日講が行われた。

九日は大黒様の年取り、夕食に小豆飯をあげ、二股大根を供物とする。

十五日は恵比寿様の年取り、書上げ帳には、飯に糧《かて》を入れず、と書かれる。

冬至の日にかぼちゃを食う。「冬至南瓜」と称して小豆と南瓜を煮て食う。

大寒入りの日に油揚げを食う。

二十四日、煤掃《すすは》き、蓆《むしろ》を新しいのと取り換える。

二十七日、煤の年取り、この日から正月の準備に入る。注連縄《しめなわ》を張り、神棚を清め、歳徳神《としとくじん》と書いた紙を貼り、迎えるための棚を神棚の脇に注連縄で吊るしてつくり、そこに神酒を供える。神棚全体の注連縄を新しくする。

二十八日、節餅を搗く、この夜から蝋燭《ろうそく》を立て、火をともす。

三十日、晦日《みそか》、神棚に神酒を供え、藁でつくった藁鉢に夕食を供える。

三十一日、大晦日、干支の掛け軸や伊勢の掛け軸を掛ける。晦日と同じように一年が恙《つつが》なく過ぎたことを、神々に感謝する。人形を神社に奉納して大祓《おおはらえ》をしてもらう場合もある。

歳徳神は祖霊信仰であり普段は祭られていないが、祖霊が常世《とこよ》の国から正月にはわが家に帰って来て、一家とともに過ごして家督の繁栄を寿《ことほ》ぐという風習で、『徒然草』の第十九段にもでてくる。盆の行事と同じで、正月のうちだけつくられる神棚は盆の盆棚と同じであると柳田國男は『先祖の話』で述べている。これは仏教以前の祖霊に対する人々の考えで、人が亡くなれば近くの山にその霊は移り、そこから暮らしを見守り、盆や正月には山を降りて来て、家を守り幸せをもたらすという。ここでも幸せをもたらすものとしての稲作があり、春とともに雪解け水が山を降り、野を潤して稲作が始まるという作業に、その祭りと祈りの起源があり、そのために正月には稲作栽培に関する一連の予祝《よしゅく》行事が行われるのである。

「虫食わぬ紙」西勝紙

『新編会津風土記』には、村の特産品として西勝紙が記述されている。村は紙漉《かみす》きをして、それを年貢として会津藩に納めていた。しかもそれは「虫食わぬ紙」として会津藩御用達のブランド化されていた。実際に昭和十年代まで唐傘《からかさ》紙としての需要があり、若松の唐傘屋と契約して一軒だけ続いていたが、養蚕が換金作物として取り入れられてから楮《こうぞ》畑は桑畑に変わり、紙漉きは衰退した。「塔寺八幡長帳」に使われたのでその製紙のはじまりは中世の時代まで遡るのかといえば、どうもそうではなく、この紙漉きの技術は、肝煎として西勝に来た前田氏によって始められたと考えられる。

『高郷村史』によれば、紙漉きの技術は、上野国《こうずけのくに》から会津に来た赤城玄蕃一族が高郷村で紙漉きを行ったと記される。その一族の裔《えい》が肝煎として西勝村に来て、豊富な宮川の伏流水が涌きでる地形と耕地の約半分が氾濫原で水田としては適地ではなかったので、その地に楮やミツマタを栽植して、紙漉きをはじめたのがその始まりと考えられる。

『新編会津風土記』には米の代わりに紙を年貢として、一戸二十四束を納めたと記録される。そのために村の住居のなか、あるいは住居つづきに、冬季間に行う紙漉きのために、手桶で汲み上げられる井戸とともに楮を煮るための大釜を掛ける大きな竈《かまど》が設《しつら》えられてあった。近世期には、ほぼ全戸が紙漉きを行っていた。

「虫食わぬ紙」といわれたのは、紙漉きの過程で皂莢《さいかち》の実の莢《さや》から出る汁を混入して防虫効果を持ったためといわれ、それは誰が考案したのかは不明だが、村では門外不出で相伝された。文書として残さなかったのは、その技術の流失を防ぐために意図的であったと思われる。

皂莢は川原などに自生するマメ科の落葉木で、十メートルもの大木になり、その実は扁平で三十センチにもなる大きな莢のなかに、種子が十個以上も入っている。その莢をつぶすと白い汁がでるが、そこに含まれるサポニンが殺虫および防腐剤の役割を果したのである。殺虫効果から、皂莢は別名「しらみころし」とも呼ばれて、近世期の『和漢三才図絵』にも薬用として載っている。戦前から戦後にかけて、その汁を石鹸替わりにも使用して洗濯をした。

食物忌み

西勝集落には、根本姓の家の大方は胡瓜《きゅうり》をつくられない。また、サトイモをつくられないという作物忌みがある。その理由は判然とはしないが、今時、そんなことは迷信だといってつくったところ思わぬ災に会い、やはり理由は解らないがつくらないということで、現在でもそれは引き継がれている。全国的に地域や一族での作物忌みはあるが、民俗学的には迷信ではあるその理由とされる何かが過去に存在し、それが伝え続けられていると考えられている。ちなみに胡瓜については、『和漢三才図絵』では、京都祇園《ぎおん》（八坂神社）の神は社地に胡瓜が入ることを禁じ、氏子は胡瓜を食べることを嫌った、と書かれている。その理由は胡瓜を輪切りにしたときに、その切り口が祇園の紋に似ているからだという。だが、祇園の瓜紋《うりもん》は、織田信長が幟紋《のぼりもん》としたもので、信長の京への入場以後に祇園を再興してからのことだといわれる。胡瓜の原産地はインドで中国を経由して日本にきたのは平安時代といわれる。胡は中国西域の胡を示すものだが、紋は木瓜紋《もっこうもん》と呼ばれる。分布は中部地方に集中しているが、関東地方では常陸の水戸が多い。わが村の根本姓のルーツがそこにあれば、木瓜紋は消されても作物忌みの習俗は言い伝えに残ったものと推測できる。

サトイモがつくれないといわれる家は数軒あるが、これについては解らない。サトイモの原産地は東南アジアで、サトイモはタロイモの仲間である。長芋を山芋とよび、サトイモは夏作物として栽培される。芋の他に茎は刈り取って陽に干して食う。熊本名産の「肥後ずいき」は、その干し芋の茎を土産物として販売している。村でも冬期間から春先にかけて、干し芋茎を薩摩揚げや打ち豆と煮て食っている。この食文化は、南方の海洋民族にそのルーツをもっていると思われる。銀山の街道筋には海人族といわれる宗像族が痕跡を残しているので、その旧街道の宿駅であったわが村との関係を示すのかもしれない。

住宅

村がつくられた時の地割《じわり》（176ページ）は東西に長く、肝煎と村の両端の役方と肝煎の北に位置した蔵番だけが南向きだが、他は東向きに並んでいる。

わが家は平成元年に私が建て替えたが、建て替え前は茅葺《かやぶき》母屋（176ページの間取り図）で、祖父の話だと、藩役人が村にきたときは、肝煎宅に来る藩役人に付いてくる下級役人をわが家で接待したといっていた。そのために南側の二階に床の間があり、入口の「トンボ・トンボグチ」から直接二階の座敷部屋に上がったといっていた。「トンボ」に隣接して小便所があり、男女兼用で女性は後向きになって用を足していた。その隣に風呂場があり、風呂水が小便所に落ちるようになっていた。

「トンボ」「トンボグチ」は土間で、上がりぐちから一間幅の板張りの廊下があり、引き戸を仕切りにして「キジリ」と呼ぶ囲炉裏と竈《かまど》の薪置き場があった。「キジリ」には「チュウナ」（中鉈）と薪割り台が置かれていて、そこで薪を割ることが出来た。

廊下から「オメ」に行くには、二段の階段になっていて引き戸で仕切られていた。「オメ」は三十畳ほどの客間で明治になって畳敷にしたが、以前は藁蓆《むしろ》であった。そこの外戸を「ハンド」といった。「オメ」は居間と客間を兼ね、その西側の上に四間幅の神棚があった。「オメ」の南側の大黒柱のそばには大きな囲炉裏があり、屋根の「煙出し」まで吹き抜けになっていた。「煙出し」は幅三尺、長さ一間の大きさで切妻の茅葺きの屋根があった。東側は格子になっていて吹雪の日には雪が舞い込んできた。囲炉裏の上には「ヒダナ」があり、そこを通して「カギサマ」が「イロリ」の中央に下がっていた。（イロリはユルイともいう）の四方は柿の木の四寸幅の「ユルイブチ」があり、その正面は板敷きになっていて茣蓙《ござ》が敷かれていた。そこを「ヨコザ」と呼び、戸主と来客が座った。「オメ」は年に一回、正月に新しい藁蓆を織って敷いた。東側の「ハンド」は上三分の一が障子戸の板戸で後にガラス戸にしたが、天気の良い日には灯取りのために開けていた。

「オメ」より一段低いところを「ニワ」といった。「トンボグチ」の土間よりは三十センチほど高く「ニワ」は板張りだった。「ニワ」の西側に「流し」（台所）があり、その南側に一間四方の釣瓶《つるべ》で汲み上げる「井戸」があった。「ナガシ」と「キジリ」の間に「カマド」があり、紙漉き用の楮を煮る大きな「土竈」があって、それに並んで大正期に発売された籾殻窯《もみがらがま》が並べて設えられていた。籾殻窯は籾殻を燃料にして、一回のセットで三升の米が自動的に炊けるというすぐれものであった、そこから毎日出る籾殻灰は、戸外に造ったコンクリートの灰入れに貯蔵して、豆類の栽培の肥料にしていた。「ニワ」の続きに「イナベヤ」と「ウマヤ」が続いていて、東側が「ウマヤ」で、そこは「ニワ」よりはさらに一段低かった。「ウマヤ」は三間四方の大きさで、「イナベヤ」は五間に三間。南側に「サッカケ」が下りていて、そこが「籾殻小屋」（ヌカオキ）で、「ウラトンボ」（裏口）があり、「イナベヤ」と「ウマヤ」の上には二階があり、二階の南側は入母屋づくりの屋根の下に三間幅に四枚の障子戸の窓になっていた。二階は裏板が張られていて、西

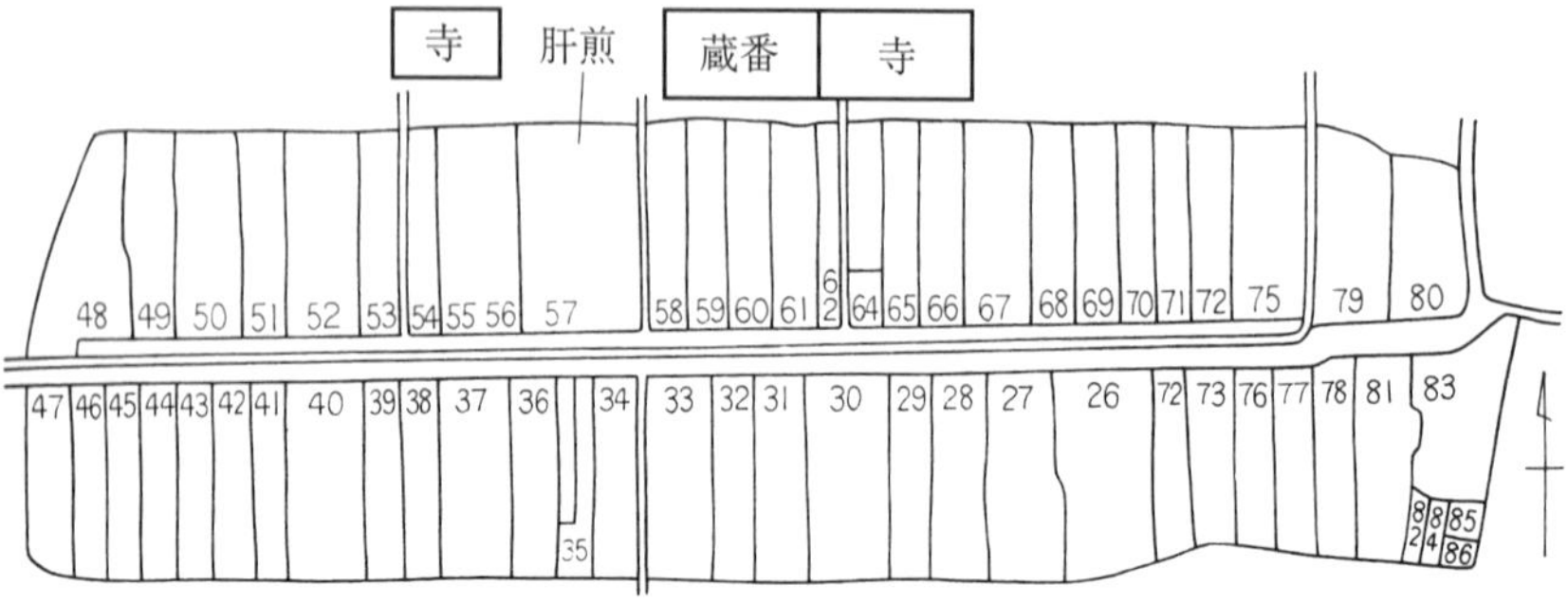

字西勝の土地割（『会津高田町誌』より転載）

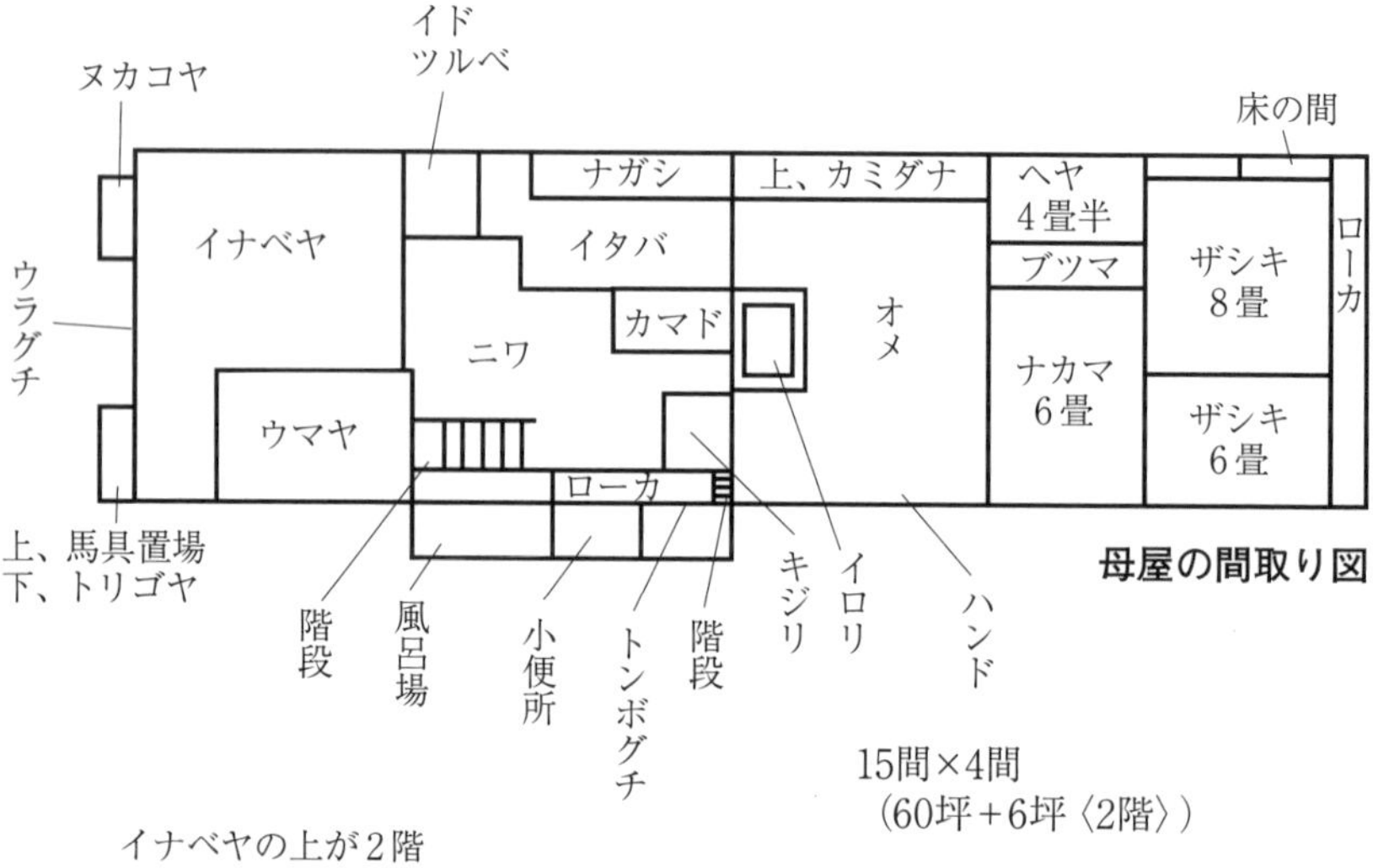

母屋の間取り図

イナベヤの上が2階

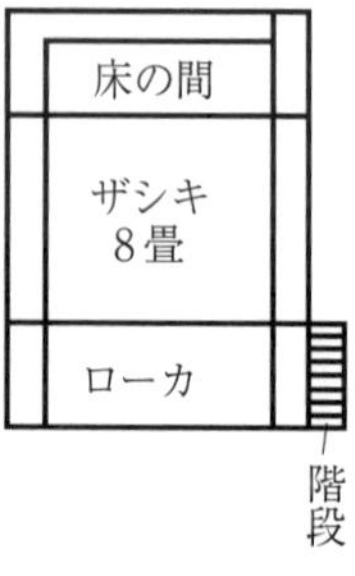

配置図

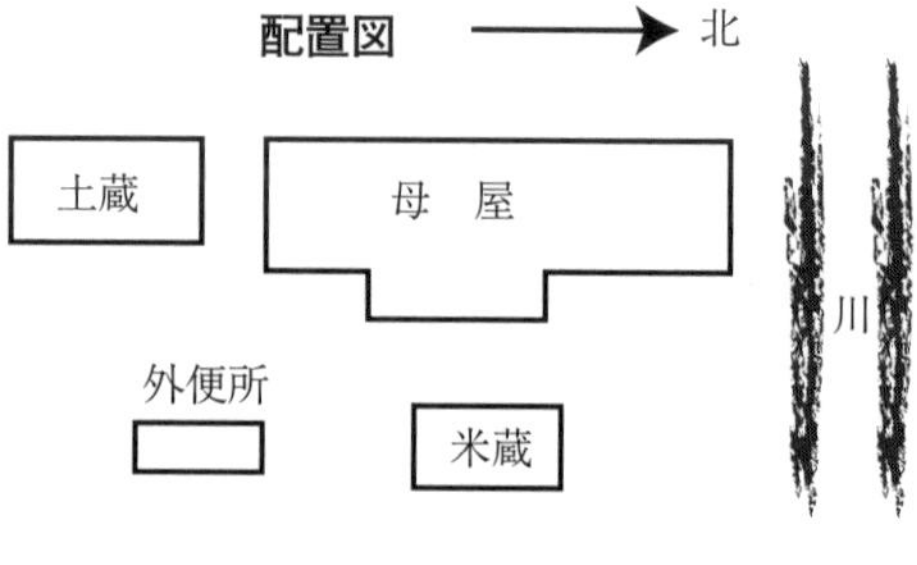

側に床の間があって軸が掛けられていた。幅四間、長さ十五間、二階の面積を加えればおよそ百坪ほどの母屋であった。

戦後になって、農作業小屋を改築し、さらに私が就農した昭和三十一年に幅六間、長さ七間、二階建て五十二坪の農作業所を新築している。さらに母屋と作業小屋の間に、通称「味噌蔵」とよぶ幅三間、長さ四間の土蔵があったが、明治期に瓦解した。平成になって私はそこに車庫を建て、その二階を書斎にして今日に至っている。

近世期になって、村は紙漉きのほかに豆腐や染色などを生業とする家もあり、「ソメヤ」の屋号が残っている。紙漉きと染色の関係は不明だが、その家は住居の形式に「チュウモン」といって、縦長の住居の「オメ」の部分を横に伸ばして、母屋と同じ高さの部屋（二階を含めて二部屋がつくられ、一部屋は子供部屋になっていた）がつくられている。他に二棟の土蔵が建てられている。近世末期から明治初期の村の富裕層の住居形式といえる。

また「カドヤ」と呼ばれる家も村には数軒あるが、これは分家という意味で呼ばれている。家紋を見れば装飾性の強い家紋ほど新しい分家である。

「ザシキ」は客間および客用の寝室だが、わが家では近世後期になって八畳と六畳の二間を増築して書院造りの座敷にしていた。「ザシキ」と「オメ」の間に「ナカマ」あり、それがある家は大方そこが「仏間」になっていて、その裏部屋が「ウブヤ」（産屋）になっている。

大便所は母屋とは別に外につくられていて、「セッチン」（雪隠）と呼び、「セッチン」には、用を足す所の外に大便と小便を貯留する便槽「コエダメ」があり、「トンボグチ」の横につくられる小便所から移した小便と大便を混合し小糠《こぬか》を入れて、春先の畑の肥料とするのが習慣化していた。これは『会津農書』

に書かれる春肥づくりである。

台所「ナガシ」の排水は「セセナミズ」といって、川に流さずに「セッチン」の「コエダメ」に入れて畑の肥料にした。

村の屋根は寄棟の茅葺《かやぶき》が大半だが、わが家は南が二階になっていて、そのところは入母屋であった。土蔵は、近世期は村役人に限られていたが、明治期になってつくられたものが数軒ある。蔵座敷をもつ家は村では二軒だけだが、昭和期になってつくられたものである。

我が家の本家である肝煎屋敷はおよそ二反歩の屋敷に南向きに我が家とほぼ同じ間取りでつくられていて、馬小屋の隣に使用人の部屋が三つあった。中央正面に玄関があり、玄関は駕籠《かご》の乗り込みの屋根がついていたというが昭和期にはなかった。土間玄関からは三段の高さで「オメ」があり、普段は二段の高さの「ニワ」で応対などが行われていた。

明治以降はそれは客間玄関として使用されていた。座敷の西南に五間に二間半の土蔵があり、東南に外便所があった。戦後の昭和四十年代に同族の篠田氏が取得して解体し、現在の住宅が建設された。

冠婚葬祭

村の生活における人の一生の節目とする冠、(七五三や成人式などの)婚、葬の祭式はどう行われてきたか、その詳細を記録するものはないが、現在はその殆どが忘れられようとしているので、おおよその概略だけを記録しておきたい。
1、冠について
安産を祈願する「サラシ巻き」は妊娠五か月目の犬の日に行い、子安観音が祀られている寺院か村の鎮守、または村の「おんばさま」にお参りをする。

どこの家も仏間の裏側が産屋になっていて、そこに出産前から入って出産をした。へその緒は干してしまって置き、女の子の場合は安産のお守りとした。

子どもが生まれて、はじめにお参りするのは「雪隠《せっちん》詣り」といって、便所の神様にお参りをする。

生まれてから二十一日目に「枕引き」祝をして、母子ともに「産屋」を出る。

五十日目に男の子、五十一日目に女の子が「初宮参り」をして成長を祈願する
百日目に女の子は「食い初め」、男の子は百一日目に「食い初め」の儀式を行う。

初正月には男の子には「破魔弓」と二本の矢、女の子には「羽子板」を贈る。

三月の初節句には男の子には「天神様」、女の子には「雛人形」を贈る。

五月の節句には、男の子には「幟旗」や「鯉幟」を贈る。「座敷小旗」という屋内に飾るミニチュアセットもある。

生まれてから二年目の春には、「二つ児参り」が行われ、若松市の周辺では東山の羽黒神社に母子でお参りするが、村の習俗としては若松市館馬町の薬師如来の祭日九月八日に、母子でそこの御薬師様にお参りをした。村で同年に生まれた者は一緒に行った。

子供が三歳になると、「紐《ひも》解き祝」を行い、縁者を招いて引き出物を引いて祝った。

子どもが五歳の時に、「袴《はかま》着祝」というのがあったが、戦後になって行われなくなった。

子供が七歳の時に「七草祝」を正月の七日に行った。

戦後は「七五三祝」として、十一月の十五日に行われている。

子供が十三歳の時に「十三詣り」を、柳津の福満虚空蔵様に三月十三日に参拝したが、只見線が開

通してからは小学校六年の遠足行事にそれが取り入れられていた。

十三歳からの「厄払い」は村の「お日待ち」でも行われる。

「厄年」とされるのは、男は数え二十五歳、四十二歳、女は十九歳、三十二歳、三十七歳であるが、特に男の四十九歳と女の三十三歳を大厄《やく》として、厄払いを村の一月八日の「お日待ち」の時に、神主によって行っている。

これとは別に、戦後、行政主催の成人式が二十歳の男女を対象に行われている。還暦以後の厄払いなどは廃れてしまったが、子が親に対して祝うものになっている。

2、婚について

男尊女卑の思想が支配的であった戦前と自由恋愛が当然視されるようになった戦後では、婚についての習俗も様変わりした。戦前の婚についての村の習俗は、民俗の歴史的な過去としての意味しか持たなくなった。その認識に立ったうえで触れるならば、村の適齢期の男女について、仲人が縁談を持ちこみ、そこから見合いを行って、結婚に至るという形態が主流を占めていた。そのなかで「足仕入《あししい》れ」というのが行われ、入籍前に同衾《どうきん》（ともね）して働き、婚家に気に入れられなければ、なかったことにされるという人権無視が行われていた。戦後は少なくなったが、村では悪しき習俗として戦後になっても散見された。

仲人（媒酌人）は昭和の時代までは必ずいて、婚姻届けの立会人にもなったが、近年は媒酌人のいない場合が多い。

仲人が立つ結婚の場合の形式は、見合い―定め酒―結納（定め酒と結納を同時に行う場合が多い）で、婚礼の日など双方の参加者の名簿や親族紹介を取り交わす。また嫁、婿《むこ》の貰い手の方から九品（紋付羽織、着物一式、帯、道中着、小袖、下駄、草履、蛇の目傘、するめ）と酒一升を柳樽に入れて持参し、その受取書を拝受してくる。その場合、「荷掛け」を一人連れて行くことが出来る。大方の場合、花婿が仲人と一緒に同行した。婿取りの場合は花嫁は行かずに花嫁の兄弟や従弟などが付いていった。祝言（結婚式）の準備は双方とも一か月前には準備に入り、それぞれの賄《まかな》いの献立（配膳）をつくる。また祝言の結び役、箪笥《たんす》、長持ちの担ぎ役（受取役）、料理人役などの諸役を決めて、それに必要な材料の仕入れや人数分の飯、餅の米および炊飯量と係（女衆）、それら全般を料理長が仕切る。式の当日は、家人も料理長の指示に従う。

祝言当日は、先ず花嫁（花婿）の家から、持参する箪笥、長持ち、鏡台などを、双方の家の中間地点まで運ぶ箪笥担ぎが出発する。人数は持参する量に応じて決まるが、奇数で七人か五人、リヤカーの場合は五人か三人、自動車で運ぶ場合は一人であった。一人は宰領《さいりょう》といって受け渡しの責任者は鏡台を背負って、その受け渡しをする。その際、一般的には長持ち歌をもって行うが、謡《うたい》による場合もあった。

先ず送り手の宰領が

はぁー、今日は日も良い天気も良いし、晴れて両家の縁となるだよ
はぁー、わたしゃ宰領、御渡すからは、二度とこの道返すまいぞよ

と唄って、受け取り手の宰領に鏡台を渡すと、

受け取り手の宰領が

はぁー、今日はめでたい両家の祝、いまかいまかと待っていたぞよ

はぁー、わたしゃ宰領、受け取るからは、二度とこの道返しゃせぬだよ

と唄って受け取り、貰い手から持参した酒肴で昼食をして、貰い手の家に運んでいた。祝言は農繁期の始まる前の春先に多く行われていたので、受け渡しは天気の良い日は神社の境内などの野外で行われた。

祝言は貰い手の方から花嫁（花婿）を迎えに出向くのだが、その前に迎え見参は、親戚は相手方に送ってある親戚目録に従って座敷での席順を確認するためにその順に座り食事をとる。花婿（婿取りの場合は花嫁）は、仲人とともに村の鎮守にお参りをする。そして出発となる。戦前までは徒歩で花嫁行列（結びを行う人が、貰う方の家紋入りの弓張提灯をもって先導をつとめ、その後に仲人と花婿、花嫁、仲人の妻、双方の見参衆とその子供、子供の子守役と総勢二十名程度）として歩いたが、戦後はタクシーになった。

道中は道中姿で歩き、花嫁に蛇の目傘をさして歩く場合もある。夕刻に貰い手方に着くように家を出る。着いたら先ず中宿という家に入り、道中着を着替えて迎えを待つ。貰い手側の迎え見参衆はそのまま貰い手の家に入るが、以外の人は中宿で貰い手の家から「七度の使い」を待っている。その間、村の子供たちは花嫁を見るために集まり、花嫁は軽い食事や化粧直しをする。その花嫁を外から子供たちが「のぞっこみ」をする。

半時ほどで「七度の使いに参りました」と貰い手の家から使者が来て大声で言い、一同は仲人の先導で中宿から弓張提灯に灯を入れて携え、貰い手の家（本宿）に向かう。「七度の使い」とは、敬意をもって花嫁（花婿）を迎えるという意味で、「七度の膝を八重に折り」と同義だという。

一行を迎える本宿では、待ち謡をもって迎える。結び人とその手伝いをする若者が、謡曲「高砂」を謡う。席に着くと仲人と花嫁（花婿）の父親か母親が、料理長のところに祝儀をもって挨拶にゆき、料理長が熨斗《のし》を付けた酒樽をもって挨拶する。その後、双方の家族と親戚の紹介が行われる。それが終わると花嫁と仲人の妻が本宿の勝手口（裏とんぼ）から入り、台所（流し）を通り、仏壇にお参りし、囲炉裏に座る。そこで花嫁は被り物を取る。そして座敷に戻る。

座敷に戻って座るまで謡曲「高砂」を結び人とその手伝いが謡う。その際、歌詞の「出」は「入り」に変えて謡う。結びの式に入る前に花嫁の角隠しを近所の幼女がはずして、はじめて村人は花嫁の顔を見ることになる。

結びの式は、座敷の床の間に蓬莱山の掛け軸を掛け、その前に三方島台《さんぼうしまだい》の置物を飾り、蝋燭《ろうそく》を二丁灯して、向かい合って北に花嫁、南に花婿が座る。その上座に花婿側に仲人とその親や兄、花嫁側に仲人の内宝（内室）が座る。その脇に酒注ぎの男女の子供が座る。子供の前の三方にはそれぞれ水引の男蝶女蝶を付けた銚子と三重ねの盃が置かれる。全員が着座したところで、結び人が結びの宣言をして、謡曲の「高砂」（所は高砂の）を謡う。そして男蝶と女蝶の銚子を合わせて、混ぜる仕草をする。そこでまた謡曲「高砂」（四海波静かにて）を謡い、三々九度の盃を花嫁の方からはじめ、交互に三回くりかえして終わり、花婿が退場する。そこで謡曲「高砂」（高砂の尾上の鐘）を謡い、次に花嫁と花婿の親との「親子の名乗り」を三々九度の盃事で行う。謡曲は三人ないし五人で謡う。

式はこれで終わり、本膳が運ばれ座敷に客人が着席するときに、謡曲「高砂」（高砂やこの浦舟にで待ち謡を行う。

そして宴会に入る。頃合いを見て、そば売り口上が行われ、ソバがふるまわれる。花嫁方の見参が謡曲「難波」（難波津の）を謡い、治めとなる。この「治め」が謡われて、「治め半酒盛り」といって、花婿側ではまた唄や踊りでもて成す。その後、花嫁側の見参が謡曲「猩々《しょうじょう》」（よもつきじ萬代までの）を謡う。これで閉会となる。

この間、花嫁は勝手下がりをして村の婦人会が集まっている集会所に出向き、「仲間付き合い」を仲人の内室とともに行う。

宴会のあと見参は帰宅するが、花嫁は送り見参の一人とともに泊まり、翌日、花婿とその両親とともに実家に帰る。そして花婿と両親と嫁ぎ先に戻る。これを「一戻り《ひとかえり》」といった。戦後の四十年代から新婚旅行が行われ「一戻り」の習俗はなくなった。

3、葬送

昭和四十年代まで、村では死者は土葬によって埋葬された。火葬は墓地を持たない人などが行ったが、その場合は墓地内の火葬場で堅木《けんぼく》一間を積み、その上に御棺《おかん》を乗せ、一昼夜をかけて行った。その場合、それに携わる陰《おん》（隠）坊《ぼう》はそれを生業《なりわい》とする人に頼んだ。

一般的には、葬儀は自宅で行い、埋葬は寝棺による土葬で、六尺《ろくしゃく》という隣組の人たちによって行われた。

昭和五十年代から、広域市町村圏による火葬場が整備されて、火葬が一般的なった。葬送のやり方も現在では斎場で行うのが一般的になったが、ここに記すのはそれ以前の村の仏式による埋葬の習俗である。宗派によって詳細においては異なるところがあるが、基本的には次のように行っていた。

死者は座敷に北枕に寝せて、その枕元に白い布を懸けた杌を置き、瀬戸の器に水と綿と箸を置く。「死に水」として死者の口に綿を水に含ませて湿らす。杌の中央に一膳飯に一本箸を立てて供える。同時に燭台《しょくだい》に蝋燭《ろうそく》を灯して、香炉に線香を一人一本建てる。真宗の場合は線香を寝せる。遺体の上に刃物（刀か鉈《なた》）を置く、座敷の襖《ふすま》は開けて、そこに逆さ屏風を立てる。その夜、僧侶が枕経を読む。

村には念仏講があり、その人達が葬式全般を取り仕切る。まず、葬式の日取りが友引の日を除いて決められる。それによって親戚縁者に「死に知らせ」が一組二人で数組が出る。葬儀委員長が帳場、六尺、料理のそれぞれの役割を決めて張り出す。

帳場は、野菜の申し受け帳、香典受け帳、焼香順序、葬送列順などをつくる。

六尺は結い形式で死者の家から遠い位置にある家から六人の男がその役にあたり、墓地の埋葬場所や墓地境界の確認と棺《ひつぎ》と一緒に大工方に作ってもらった仮宮（ヒラァレイ）の屋根の四隅に切り下げを吊るし、棺飾り（棺巻《かんまき》）のために紫などの紙の上に真ん中に家紋を切り出し、そのあたりを波模様で囲んだ飾り紙を仮宮の周囲に張る仕事を行う。土葬の場合の穴掘りなど埋葬の一切を行う。穴掘りなどの力仕事があるので、その人がいない場合は他から頼む場合もある。

料理の組は、弔問客の数に合わせた献立をつくり、その「買い出し」に出る。六尺は屈強な男が必要なので、当たった家で他の人を金で頼むことができる。

入棺は、近親者によって葬式前日の夕刻にかけて行われる。白木綿を裁ち、行衣（死に装束）一式を女の人達が縫い上げて、その背に卍《まんじ》と南無阿弥陀仏と書く、入棺を行う人は作業着に縄帯を締めて、頬被りをする。線香持ちは線香を束で焚いて、その煙のなかで死人の湯潅《ゆかん》を行い、死に装束を左前に着せる。手甲、脚絆、足袋、それに草鞋《ぞうり》を履かせて、六文銭を入れた頭陀袋《ずだぶくろ》を掛け、額に三角の額紙を付けて、脇にウツギの杖を入れて入棺は終了する。六文銭は紙に書いたものを入れる。現在はそれらが一式として売られている。

入棺が終われば、仮祭壇に位牌、遺影、枕団子、果物、まんじゅうなどが飾られ、僧侶が読経し戒名が授けられる。その後、講中の女の人達による御詠歌が奉唱される。

入棺にかかわった人達は、「死に殻焼き」といって死者の着ていた着物などを墓地に持って行って焼き、その後に風呂に入り、通夜を行う。

翌日の告別式（葬式）は、一家総代（総本家をもって葬式を取り仕切る）をとるところもあるが、村では二つの宗派とも喪主および近親者の男は喪服（麻のカタビラ）を着て、女は紋付を着て葬式に臨む。葬儀委員長の開式の挨拶に続いて、読経、弔辞、弔電、焼香、喪主の挨拶、一般焼香、閉式の挨拶で告別式を終了する。棺の蓋《ふた》は喪主が初めに手斧《ておの》で叩き、後は六尺の人が閉める。

葬儀委員長が墓場までの葬列順の読み上げと整列を行う。喪服を着た人たちは卍を書いた額紙をつけ、その紐《ひも》に割り箸に白い紙を巻き付けた死花をかんざしとして挿《さ》して、六尺の人たちが作った藁草履を履く。旗持ちと提灯持ちの子供衆を先頭に、僧侶、生花、死花、六合、香炉、遺影、位牌、棺、女衆の順で並び、出棺前に「出立ちの酒」を飲んでから出発する。その葬列の先に立って、「まんじゅう引き」が村中に出棺を知らせて歩き、見送りに出た村人にまんじゅうを配る。六尺の人が寺までの道に「辻蝋燭」を立てて念仏講の人達が葬列を先導して銅鑼《どら》を叩いて寺まで歩く。寺に着いたら、本尊様が開帳された本堂の前の広場で、棺担ぎは左回りに三回回って棺を置き、僧侶の短い読経の後にそこで印導渡しが行われて墓地に向かい、棺を掘り上げた穴に北枕に入れて、家族と縁者が一握り程の土をかけ、額紙と死花のかんざしを棺の上に入れ、後は六尺にお願いする。六尺は掘り上げた骨を棺の上に置いて土をかけ、土まんじゅうに盛り、獣除けの木の枝を十文字に挿し、その上に「ヒラァレイ」を置き、風で飛ばされぬように四本の柱を固定して、その周囲に五色の紙幡《かみばん》二本と提灯二本を立て、北側には「七本仏」（南無阿弥陀仏と書いた木片を一週間に一度来て、一本ずつ取り、七回で取り終わる）を立てて埋葬を終了する。昭和四十年代からお骨を入れることのできる墓になり、この土葬の葬式はほとんど行われなくなった。埋葬に行って来た者には「清めの塩」を掛けて家に入る。

僧侶が「あとぎり」の経を上げ、講中の女衆が「御詠歌」を奉唱して、一同で「精進上げ」を行う。現在は「夕食の使い」として料亭で馳走するが、「精進上げ」は、喪主ではなく近親者でご苦労分として提供するのが習俗であった。

忌《い》み明けは四十九日で行われたが、農繁期にかかる場合は三十五日でも行われた。現在は納骨が行われている。忌み明けの後に、「ヒラアレイ」（平新居）は取り除かれて、八月の墓参りの日に焼却していた。この日から位牌は仏壇に入れられた。

その後は一周忌、三年忌、七年忌、十三回忌、三十三回忌、五十回忌（遠忌）で終わる。

第四章　西勝彼岸獅子舞考

集落の共同祈願として

私の集落には、西勝彼岸獅子舞という民俗芸能が伝承されている。

昭和三十年代までは、春の彼岸の中日を挟んで幾日か、会津高田町内や周辺の集落を踊り回った。最後の日に西勝集落内で神社や寺に奉納舞いをし、集落の両端で踊り、集落の安全を祈願した。私のように集落に生まれ育った者は勿論《もちろん》だが、周辺の人びとにとっても、その音曲と三匹獅子の踊りは、懐かしい春の風物詩である。

その彼岸獅子舞が、いつの時代から私の集落で始められたものかは定かではないが、貞享二年（一六八五）に書き上げられた高田組『風俗帳』に「盆に古は獅子踊りがあったが今は相止め」と記されているのが西勝の獅子舞であるなら、それ以前からあったと推測される。ならば、およそ三百三十年も前から舞われていたことになる。その間、大飢饉やら戊辰の役の内戦、さらには第二次世界大戦での敗戦という激動の歴史を潜り抜けて、今日まで伝承されてきたことになる。

以前は若連中（青年会）がその継承の主体であったが、戦後の昭和四十二年に会津高田町無形文化財に指定されて、集落全戸の加入による西勝彼岸獅子舞保存会が結成され、平成二十三年まで困難を抱えながらも運営されてきた。しかし近年、その存続が次第に困難になり、現今は、保存会の解散が云々される事態に至っている。これは時代の反映であり、関係者の必死の努力にもかかわらず、その伝承と維持継続が他動的な要因によって困難になったとしかいいようがないが、これは決して私の集落の彼岸獅子舞だけではなく、わが国の民俗芸能全体の問題ではないかと思っている。

農村集落や漁村などに多い民族芸能がその集落の解体過程において、とくに農村においては、限界集落とよばれる状況において、もっとも最初の段階で起こるこれは典型的な現象なのである。

こうした現象の背景には、農林業の衰退と、かつて集落に存在した生活に関連する多様な職人的自営業がなくなってしまったことがある。なによりも農村における核家族化と少子化が進み、加えて高学歴化が村から若者たちを急激に減少させてしまったことによる。

集落における共同祈願として行われてきた彼岸獅子舞は、村内安全、災害除去、豊作祈願、祖霊追善などの呪詛《じゅそ》的役割と、集落の若者の肉体的鍛錬と秩序の形成といったことがその伝承の過程における役割であったが、今日においてその両方の意義と必要性を失なったのである。戦後の復興期において農村の娯楽として盛行したが、民俗芸能としてのその継承や保存の意義についての意識が、集落において必ずしも高いものであったとは言い難い。それでもそのことによって得る収益を集落の公的な事業に資するということで継続された。しかし、今日ではその共同体としての共通意識もきわめて希薄なものになっている。その現状は有り体にいえば、〝持ってもっく〟（会津地方の方言で、もっくとは持つ苦、つまり持っていることによる苦労ということである）という言葉のように、集落の若者にとっても、集落にとっても、もはや賃金労働者が大多数を占めるようになった農村集落において、その芸の習得に一定の時間を必要とする民俗芸能の継承は、厄介者になってしまったのである。

こうした状況から、これまでの集落全体を網羅した保存会の組織機構をもって、西勝彼岸獅子舞を継承し維持継続することができるのかは、甚《はなは》だもって疑問視せざるを得ない実情にある。

私はかつて西勝彼岸獅子舞の太夫獅子を踊り、またその後は保存会の設立と運営に係わってきた一人として、この現状に憂慮を超えて、貴重な西勝彼岸獅子舞という民俗芸能の消滅の危機をも痛感している。

せめて西勝彼岸獅子舞についての冊子を残して、西勝集落の心ある方々、とくに文化行政に係わる県や町の方々に、地域の歴史遺産の保存、とりわけ無形の貴重な民俗芸能の保存とその維持継続の意義にご理解をいただき、何分にも保存のためのお力添えをお願いしたい。

西勝彼岸獅子舞の継承と内容

『会津高田町史』第六巻「民俗、各論編Ⅱ」は、平成十四年に刊行されたが、その「第七章、民俗芸能、第四節、風流」に西勝彼岸獅子舞については、要旨次のように記述されている。この調査には私も係わったが、記述者は県民俗学会会員の鷲山義雄氏である。

【名称と所在地】

当町勝原字西勝に伝わる鞨鼓《かっこ》獅子舞で、地元では「彼岸獅子」とか「彼岸獅子舞」、あるいは単に「獅子舞」といい、他地区では地名をつけて「西勝の彼岸獅子舞」という。明治十三年と同年十四年の役割帳には「獅子踊」とあり、現在もこう呼ぶことがある。

西勝は寛永三年（一六二六）に大火があって、集落全体が一般に古屋敷といっているところから現在地に移転した。戸数は現在五十三戸で、ほとんどが兼業農家である。今次大戦前までは五十八戸であった。なお、藩政時代、西勝東部は田圃がひらけ、西部の川沿いの平地ではコウゾを栽培して多くの農家が紙漉きも営み、西勝紙の産地としてよく知られていた。

【行われる時期と場所】

今次大戦前までは、春の彼岸入りの三月十八日から七日間演じた。当時は町内の旭、永井野、高田、富川の各集落のほか、隣接する会津本郷町にも行った。昭和三十年代には五日間前後になり、以後日数は次第に減って西勝地内を一日、高田を二日ぐらいになった。現在は、彼岸の中日の午後に公民館に集合して集落内を踊り、夕刻から直会を行っている。集落内は東の端で集落に向かって踊り、西に向かって踊り子の家や新仏の家、正覚寺前、熊野神社前、安楽寺前で踊り、集落の西端で集落に向かって踊り納めをする。また平成十年までは伊佐須美神社の御田植祭にも本社前と御田神社前で踊っていた。

【組織と演者】

明治年間は若者組が管理し、その収入は組の運営費とした。明治十三年の若連中（若者組）の「帳簿」には出納の「差引調帳」とともに獅子舞の「役割」が書かれている。この若者組がのちに青年会と改称した。戦後、三十五歳を定年とした青年会は最盛期には六十名に達したことがある。その青年会のもっとも主要な事業として西勝彼岸獅子舞は行われた。

昭和四十二年二月に西勝彼岸獅子舞が会津高田町無形文化財の指定を受けたのを機会に「西勝彼岸獅子舞保存会」が結成され、その事業を引き継いだが、その発足当時の構成は青年会と集落全戸によった。なお、平成七年まで保存会の規約の一部改正が三回行われ、現在、次のようである。

【西勝彼岸獅子舞保存会規約】

第一条「名称」本会は、「西勝彼岸獅子舞保存会」と称し、事務所を西勝公民館に置く。

第二条「組織」本会は、西勝彼岸獅子舞保存会及び西勝地区全戸をもって組織する。

第三条「目的」本会は、伝統ある「西勝彼岸獅子舞」の調査保存及び後継者の養成につとめ、その公開を図り、地域文化の向上を図る。

第四条「事業」一、「西勝彼岸獅子舞」の伝承、公開に関すること
二、研究会、講習会を開催すること
三、国及び地方公共団体の文化財保護に協力すること及び文化財関係団体との連絡提携に関すること
四、会員相互の連絡をはかること
五、その他、本会の目的達成のために必要な事項
第五条「会員」本会の会員は第二条に規定する者及び名誉会員とする。

名誉会員は本会及び「西勝彼岸獅子舞」の保存に特に功労のあった者について、役員会の議決により総会に於いて承認を得る。

第六条「役員」本会に次の役員をおく。
一、会長　一名　五、運営委員　若干名
二、副会長　一名　六、監事　二名
三、庶務　一名　七、連絡員　二名
四、会計　一名
役員は、総会に於いて選出し、顧問、参与を置くことが出来る。

会長、副会長の任期は三年とし、再任を妨げない。欠員が生じた場合の補欠役員の任期は前任者

の残任期間とする。
第七条「会議」総会は年一回二月に開催する。その他必要のあるときは臨時に開くことが出来る。役員会は、必要に応じ会長がこれを召集する。
第八条「経費」本会の経費は、保存会運営資金、寄付金、町助成金をもってこれに充てる。会計年度は二月より翌年一月までとする。
第九条「後援団体」略、第十条「会則変更」略、第十一条「帳簿」略、
付則、本会則は平成七年三月一日より施行する。

会長は獅子舞経験者あるいは笛、太鼓の奏者、庶務は青年会長があたっている。その年の役割については総会で決め、踊り子の家には会長、副会長が訪ねて依頼する。かつては翌日から練習に入ったが、現在は三月に入ってから集落の公民館で夜間練習をし、出動する前日に獅子頭や衣装や太鼓などの手入れを役員および踊り子で行う。

【演者と衣装】

獅子は太夫獅子、雄獅子、雌獅子の三名である。雄獅子は親獅子とも呼ばれる。演者（踊り子）は青年会の会員から入会して間もない者で長男が選ばれた。通常は三名だが二名の場合もある。多くは代々踊ってきた家の子息が踊り手となった。太夫と雄獅子は背の高い者が、雌獅子は比較的小柄な者が踊り手になった。いずれも獅子頭をかぶり、両袖口に小鈴五個をつけた緋の襦袢《じゅばん》を着て、木綿の紺地に裾に波模様を染め抜いた袴《はかま》を履《は》く。手甲は赤縁の白手甲で、紺の脚絆、黒足袋で草鞋を履く。腹に太鼓をつ

けて撥《ばち》を持つ。獅子頭は張子で顎《あご》の部分が木である。大きさは太夫獅子と雄獅子は高さ二十八センチ、奥行き二十六センチ、雌獅子は高さ二十七センチ、奥行き二十五センチである。

これは他地区の獅子頭に比較するなら大きいものである。頭を入れる部分は笊《ざる》状になっていて、マタタビの蔓《つる》で編まれたものである。顔の前に紫の垂れ布があり、それを透いて踊り子は外を見る。頭には日本鶏の尾羽が多数挿してあるが、これは生きているうちに抜いたものを使用している。背中にはビロードの布にからすの尾羽を付けているが、これは獅子頭から取り外しができる。獅子頭の補修は約十年ごとに行っているが、会津の塗師ではなく三春町の塗師に依頼している。これまで明治四十年頃、昭和二十六年、同三十三年、同四十八年、同六十二年に修理をしている。

腹太鼓は絞《しぼ》り太鼓で、胴は桐である。皮に巴紋が描かれている。

囃子《はやし》は笛（六穴）の獅子笛と絞り太鼓で笛方三人、太鼓方三人の六人構成で音曲を奏する。囃子方の服装は通常は普段着だが、式などのときは裃《かみしも》、袴、白足袋、草履履き、平笠を被る。彼岸獅子舞行列の先頭には弓に御幣《ごへい》をつけた弓持ちと紺の袋に入れた棒持ちが立つ。集落内を行進するときは保存会長がそれらの先頭に立って、庭入りという音曲をエンドレスで奏して行進する。音曲のフレーズのパターンは短いものだが、踊りが終るまでそれを何回か繰り返して奏する。

【構成と内容】

（この項は、町史に記載されている内容と実際とに相違があるので、ここからは町史によらない記述とする）

初日に、まず獅子頭や衣装などを納めた柩《ひつぎ》を、保管している渡部家（当主渡部保美氏、昭和十年代以降、獅子頭、衣装、太鼓などの一式を保管管理している）から役員とともに若者二人が担いで公民館に運び込み、床の間に柩を置いてその上に獅子の腹太鼓を立て、その上に三匹の獅子頭を飾り、お神酒を供え、それをそれぞれの踊り子が飲み干す。そして踊り子は草鞋の緒に白い和紙を巻いて履き、衣装を着て袴をつけ、腹太鼓をつける。そして獅子頭を被り、太鼓の撥を太鼓胴に挟む。獅子頭は笊に手拭い《てぬぐ》を入れて調整し、手拭いで顎のところにしっかりと結んで絞める。獅子頭には激しい踊りでも落ちないように背中の羽の下を通して丈夫な紐で腰帯に結ぶ。腰には薄い布の赤や黄や青の模様が染められた腰帯を右側に垂らして締める。

門付けをする場合は、「外交」とよぶ役員が五人ほどで組をつくり、各戸に祝儀帳をもって先回りをして、その祝儀の額と戸主名を専用の用紙に書いて「連絡員」に渡し、連絡員はそれを笛長と呼ばれる笛方の責任者に渡し、それを見て笛長は踊りの種類を決めて笛を吹く。それにしたがって太鼓方が太鼓を打ち、踊り子は太夫獅子が踊り種別を決めて舞う。

現在、継承している踊りの種目は次のようである。

1、庭入り	5、岡崎	9、弓舞
2、通り（トーレ）	6、三人舞	10、棒舞
3、撥舞い	7、雌獅子舞	11、雌獅子隠し
4、袖舞い	8、幣舞	12、唄流し

すべての踊りの終わりに、13、終舞《しまい》がつく。

（町史には昭和四十二年の町の文化財調査委員の調査報告として、踊りの種目に打ち込み（ぼっこみ）、花水（はなすい）、おとおとの舞いがあると記載されているが、打ち込みと花水は、大正時代にはあったということで、古老の話を聞いて復活しようとしたが出来なかった。おとおとは12、唄流しのなかの一部で独立した踊りではない）

これらの種目のほかに、大正年間までは「大切り」「山おろし」といった踊りもあったという。現在では、それがどのような踊りかはわからないが、花笠を被り顔を布で隠した者が「山」あるいは「花」として立ち、その廻りを回りながら踊ったと、古老からは聞いている。「花水」も同じようなもので、場所、舞庭（神聖な領域）を設定して、そのなかで舞いを奉納する形式で、現在の「雌獅子隠し」にその形態が残っている。つまり舞台における物語的な踊りといえる。

【現在、伝承されている踊りの演目】

①庭入り　獅子舞一行の道中のときの音曲で、別名「通り習え」ともいう。笛と太鼓で奏するワンフレーズをエンドレスで繰り返す。道中は弓持ちと棒持ちに先導され、太夫獅子、雄獅子、雌獅子、笛方、太鼓方の順に並び行進する。獅子は腹太鼓を歩調にあわせて左右交互に打ちながら進む。踊りをする場所（庭）に入るときもこの音曲で、獅子は腹太鼓を打ちながら弓持ちと棒持ちが両端に立ってつくった踊り場に、太夫獅子が位置を決め、それに従い雄獅子と雌獅子

は小走りに横、あるいは縦に並ぶ。三匹の位置が決まったら、大きく両手を上げて腹太鼓を打って静止する。

②通り　三人舞で通り（トーレと発音するが、その音曲を口で言う場合、トーレットレ、トーレというところから呼んでいる）といって太夫獅子を中心に右に雄獅子、左に雌獅子が横。あるいは太夫獅子、雄獅子、雌獅子の順に縦一列に並んで舞う。舞は三種の所作がある。

まずマエ（前）トーレといってバチを持った右手を前に伸ばして、獅子頭の顎のところで縦に回す、その手を大きく後ろに引いて、そこから身体を前に倒して手首を二度動かす、それを交互に三回繰り返して終る。ヨコ（横）トーレはバチを持った両手の肘を張り、胸の高さにあげて獅子頭を右に向けて片足で跳ねる。それを右、左、右と繰り返して終る。シタ（下）トーレはバチを立てて下から回して上に上げ、そのとき一緒に右足をステップするようにして上げる。それを三回繰り返して終る。位置の移動はなく、それぞれの獅子ははじめに並んだ場所でその所作を行う。所作が簡単なこともあってもっとも多く踊られている。

③袖舞い　トーレの踊りをバチを太鼓胴に挟んで、衣装の袖口をもって踊る。踊りはトーレと同じである。

⑤岡崎　三人が横または縦に並び、音曲に合わせて勢いよく腹太鼓を打つ、そのあとにタテ（縦）トーレの踊りの後段の踊りを加えて終る。音曲が勇壮なことと両手を大きく広げて見栄えがする。

⑥唄流し　別名座敷踊りともいう。舞庭の地面に蓆《むしろ》か茣蓙《ござ》を敷いて、その上に三人が立ち膝で、上半身だけで踊る。その音曲は独特で太鼓方が絞め太鼓の縁をたたいて、一定の間隔で太鼓を打ち、その音に合わせて獅子頭をバチを持つ両手で被るように梳《す》く、そこに笛に代わって唄が入り、

同じ所作を唄にあわせて右から左と交互に三回行い、唄が終ったところで、左手を伸ばしそのバチを立てて、太夫獅子を先頭に左足から腹太鼓を打ちながら立ち上がって右回りに回る。その間に敷物を引いて、横一列に立ち並び、おとおとを舞い、その後、タテトーレと後舞を踊って終る。

唄はいろいろあって、大正期までは寺社仏閣などに合わせて唄っていたというが、現在は「庭ほめの唄」を一つだけ唄っている。

⑦雌獅子かくし　三人舞、太鼓打ち二人が舞庭に出て向かい合う。かつては太鼓打ちではなく、山（花笠を被った者）が出た。まず、その回りを絞め太鼓の縁叩きの音曲に合わせて、太夫獅子を先頭に一列になってゆっくりと三回まわる。三回目の雌獅子がはずれて脇に立ち、太夫獅子と雄獅子が二人の太鼓打ちを真ん中に挟んで横並びに並んで向き合う、互いに肘を張って音曲に合わせて争う。三回争い雄獅子が負けて腰を落とし、静かに立ち上がる。太夫獅子はそれを肘を張って構えて待ち、また争う。それを三回繰り返して、雄獅子は負けて下がる。最後に三人は横一列に並んでトーレを舞い、後舞いを舞って終る。

⑧三人舞　舞庭に太夫獅子を真ん中にして横一列に並び、太夫獅子が三歩前に飛び出して三角形をつくり、左足を前に出して腰を落とし、バチを持った両手で三回獅子頭の髪を梳くようにかぶる。そして振り向いてまた三回かぶる。そして中央に向かってバチをもった右手を差し出して高く上げる。それを三回繰り返して後ろに下がり、左回りに移動して、今度は雄獅子が三角形の頂点に立って同じように踊る。次に雌獅子と回って終る。その仕草は念仏踊りに似ている。音曲は勇壮でもっともリズミカルである。舞のかたちも大変に美しい。代表的な踊りである。

⑨幣舞

太夫獅子の一人舞、バチの代わりに右手に幣束をもって舞う、三人舞の音曲と同じで所作も三人舞のひとつのパーツを省略した形であとはほぼ同じである。神社や建設などの厄払いには必ず舞われる。

⑩弓舞

太夫獅子の一人舞、バチをもって舞う。弓持ちが舞庭の中央に弓を一張り立てる。弓に向かって正面から両手を広げて近づくが、そこから三人舞の下がりと同じ仕草で下がり、右に獅子頭を梳くように被りながら移動して、そこからまた三人舞の前進するときと同じ仕草で弓に向かう。そしてまた下がる。それを真ん中から右、左と三回繰り返して、次第に弓に近づき、弓の弦《つる》に触れ、最後にその弦をバチで挟んでこすり、跳ね上げる仕草をして引き下がる。弓くぐりはしない。

⑪棒舞

雄獅子の一人舞、舞庭に棒持ちが出て、相方と棒を横にして腰の高さに持つ、雄獅子は始めは三人舞と同じ仕草で棒に近づき、下がるという仕草を真ん中から右左と三回繰り返して棒に近づき、三回目に棒をくぐり、棒を後ろ向きに腰につけ、音曲に合わせて棒に腰を乗せて、後ろ返りに二回転する。一回転の場合もある。これは荒技《あらわざ》で西勝彼岸獅子舞だけで行われる踊りである。

⑫雌獅子舞

雌獅子の一人舞、大という字に沿って進み、戻って舞う。

仕草は三人舞と同じである。単純な踊りだが、それだけにその仕草に雌獅子のしなや振りといった踊りに柔和な優雅さが求められる。

これら一人舞の音曲はすべて三人舞と同一で、そのワンフレーズの繰り返しで舞われる。

⑬おとおと　三人舞、横一列で正面を向いて脚を開いて、両手の肘を上げて胸のところで曲げて、音曲

に合わせて前後に揺する。おとおとという名は「オトオト・テンツクテン」という笛の音の口真似からといわれているが、もとは唄流しなどの組踊りの一部であったと思われる。

⑭後舞

終舞とも、「ドンガラ・カッチ」ともいう。すべての踊りの最後はこれを舞う。舞うというよりは右手のバチを前に突き出して、左右にステップして真ん中を向いて、腰をかがめて右手を前に出してさげ、獅子頭を振る。

踊りの種目は笛長が決めるが、舞庭に入っての位置取りや指示はすべて太夫獅子が行う。

【唄流しの歌詞】

参りきてこちのお庭を眺むれば　四方四角の枡形の庭（地）

参りきてこちのお庭を眺むれば　黄金小草が足にからまる

千早振《ちはやぶ》るこちの社（屋敷）に松植えて　松もろともに氏子繁盛

参りきて香の煙を眺むれば　天に昇りてむら雲となる

玉すだれ上げつ下ろせしまた上げつ　陰の女郎花と見えけり

この弓は神に召されし弓なれば　天に響きて弦音するらん

この寺の香の煙は細けれど　天に昇りてむら雲となる

誠にも関所結びの神なれば　雌獅子雄獅子を逢わせ賜えや

この町は縦に十五里横七里　入りは良く見て出るに迷うな

国安く御民豊にわが獅子の　守りますものあらわなりけり

なお、このような鞨鼓獅子舞の歌詞は他人に聞き取られないよう、わざと不明瞭に唄うものとされているところがある。それは他に伝来すると獅子舞の霊力が弱まると信じられているためである。会津の彼岸獅子舞にもその習わしがあり、ついに唄われなくなったところが多く、そのなかでこのように多くの歌詞が伝承されて残っているのは少ない。現在は歌流しの節を伝承する者も少なくなったので、早急にＣＤ等に録音しておく必要がある。

これらの踊りの伝授の際に、古老や継承者から伝言されたことを断片的なものだが記しておく。

1、トーレの場合、前トーレはバチは横に真ん中を持つ。横トーレはバチの端を持ち、両手を水平に開いたときはバチを立てる。下トーレはバチを立てて持って踊る。
2、岡崎は手を大きく振って、バチで腹太鼓を叩く。
3、三人舞いは腰を落として、猫背にならないようにする。手と足を一緒に跳躍する所作のときは、操り三番叟《そう》のように三人が息を合わせて、差し出すバチで三角形をつくる心算《しんさん》でやる。
4、幣舞は、辺りを幣束を振って清める気持ちで踊る。特に三回目の下がりのときは、大きくうやうやしく幣束を振ってゆっくりと戻る。
5、弓舞、棒舞は、はじめの所作は弓や棒を恐れる仕草で踊る。だんだんと近づき、それを征服するということを表現する。
6、とくに棒舞は、西勝集落でつくった踊りで、後ろ向きに棒を抱えて連続して二回後ろ返りをするもので、危険度が高い。棒持ちは必ず飲酒をしない者、踊り子よりも屈強で、踊りの経験のある者がそれにあたること。
7、雌獅子隠しは、昔は山とよばれるものが立ち、その間で争われてきたが、現在は太鼓打ち方が立って、その中で太夫獅子と雄獅子が向き合って争う所作をする。争いの仕草の三回目に雄獅子が太夫獅子に敗れて退散するが、太夫獅子はそのあとゆっくりと大きく被って振り向き、勝ち誇ったようにする。
8、歌流しは座敷踊りといって、昔は座敷に上がったが、現在は蓆か茣蓙を敷いてそこで踊る。所作は優雅を心がける。

戦後、昭和四十年代まで村を挙げての春の行事であった。村の青年会に入った若者が、獅子舞のそれぞれの役回りにあたって、およそ十日間にわたる練習が行なわれ、長男で踊り子に選ばれたものは特訓を受けた。

【由来と沿革】

当地に伝来した時期やその経路については伝えられていない。

一般に鞨鼓《かっこ》（腹に太鼓をつけて踊る）獅子舞は日本海側は祖先の供養、太平洋側は豊作祈願とその感謝として舞われることが多い。ところが西勝彼岸獅子舞は火事のときに持ち出すと火が鎮まるといわれ、火伏せの獅子といわれている。西勝以外でも火伏せの信仰はあるが、それは会津の獅子舞の系統のひとつに栃木県の獅子舞の流派の流れをくむ「文挾み流《ふみばさ》」が火挾みと訛《なま》ったことと、一集落を全焼するような大火が会津地方で頻発したことと関係があるのではないか。西勝集落は何度か全集落を消失するような大火に見舞われている。

会津の彼岸獅子舞の由来については、古いものでは源頼義と陸奥の豪族安倍一族が戦った前九年の役に、源軍の士気を鼓舞するために舞ったという伝承や、源頼朝の前で舞い天下一の名をもらったという由緒書きを持っている集落も多い。西勝彼岸獅子舞保存会にも同様なものがあるが、それは戦後になってつくったもので伝承されていたものではない。会津の獅子舞伝承の文献的なものとして残っているものは、喜多方市の関柴町下柴集落に残る寛永年間（一六二四〜一六四四）に下野国の古橋角（覚）太夫という獅子太夫が下柴に来て獅子舞を伝授したといわれ、文書とその太夫の墓と供養塔が集落の安楽寺にある。しかし、角太夫が会津にきたのは享保年間（一七一六〜三六）になってからだという伝えもあり、確かなことは明らかでない。

角太夫の出身地は栃木県の今市市文挟とも、同県の河内町関白ともいわれていて、それについてもはっきりとはしない。さらにその後に青木角助というものが会津の高野町木流しに来て伝えたとして、同集落には獅子舞に関する巻物など数十点が残っている。これは寛永五年（一六二八）に「佐竹野口邑　青木角助吉親」が木流しの竹林杢助に獅子舞を伝授したという文書である。研究者によれば、この「木流し文書」は写本の可能性が高く、青木角助についても関東圏の獅子舞縁起には、角助、覚太夫、あるいは角一などとして各所にあり、村名も佐竹となっているが、それが茨城県の野口邑なのか、栃木県の野口邑なのか、野口邑は両県にあるので判然とはしない。またその年代もまちまちで一致しない。

したがって、関東圏から会津への獅子舞の伝播については、なお今後の研究を待つほかはないが、寛永年間からの痕跡はあるのでそのころから盛んになったといえるが、それ以前については遡っても天正年間（一五七三〜九二）までだといえる。

「彼岸獅子舞」という名称も、彼岸に踊られたからつけられたものだが、一部には盆踊り、墓踊りともいった。一般には日本海側の鞨鼓獅子舞は春秋の祭りに踊られている。会津の獅子舞もその範疇《はんちゅう》に入る。しかし、残されている文書などにも、大正期以前には「彼岸獅子舞」という記載はない。昭和九年（一九三四）の神指村役場の記録が「彼岸獅子」として記録される初見である。以前は「西勝獅子」とか「天寧獅子」と、村名をつけて呼んでいた。

西勝彼岸獅子舞保存会 結成への記録

『会津高田町史』第六巻「民俗、各論編Ⅱ」に収録された内容と、その後私的に見聞したこと、また西勝集落に残る資料を補足する。

すでに述べたように、西勝彼岸獅子舞の由来や伝承に関する文献的資料は、寛永二年（一六二五）の西勝大火で焼失し、明治以前のものは集落内には何も残っていない。明治以降のものとして獅子頭と腹太鼓を入れる柩の蓋に書かれた明治九年（一八七六）の文字が一番古いものとなる。これは現在の柩ではなくそれ以前のもので、現在根本光一氏宅にあったものである。次に古い資料としては、明治十四年に大沼郡長に出された獅子舞稼業の「遊芸稼願」がある。

明治十三年、および明治十四年の若連中、若者組の差し引き帳と役割帳が現在前田新宅に、曾祖父前田新吉が若者組の役員であったので残っている。現在の獅子頭と腹太鼓を入れる柩は、明治四十二年（一九〇九）に造られたもので、その柩に次の書き入れがある。

獅子柩

明治四二年、□三月当部之御獅子
保護柩無きを感察し象輩相謀って
新調之典ヶ其奉納を捧げ当部の
安秩を頼まん為め多大の賛額を受以って
其の体を祭迎す

世話人　　十二所宗七
千葉　正平
根本　吉一
渡部　勝美

大竹　善吉
伊藤　庄庫
大竹　金三
根本　文助
前田　久作
小池　忠蔵

明治四十二年三月二十五日

西勝部落共有

（昭和六十一年三月現在、渡部保美氏保管、竹本利喜男氏書写）

【西勝彼岸獅子舞保存会の沿革】（戦後から昭和四十二年まで）

獅子舞は集落においては神社や寺に帰属することはなく、集落の若連中、あるいは若者組といったところから、青年会にその管理と継承の事業が委託されてきた。戦前の記録はないが、戦後の昭和二十一年（一九四六）からの事業についての記録は、西勝青年会庶務誌のなかに残されている。

役員は青年会の役員が兼務するというよりも、彼岸獅子舞は青年会の事業として行われていた。昭和四十二年に西勝彼岸獅子舞保存会が結成されるまでの記録を記載する。以降は現行の保存会庶務誌に委ねたい。

昭和二十一年　三月十五日　安楽寺において、彼岸獅子舞の再開を決定し、五日間の練習に入る。二十一日集落内で舞を行う。

昭和二十二年　二月二十二日　安楽寺において、彼岸獅子舞の練習を開始。

二月二十九日　竹原集落と高田町で舞う。

三月一日　西勝集落、冨岡、領家の集落で舞う。

昭和二十三年　二月五日　安楽寺において練習を開始する。

二月十日、十一日、西勝集落、領家、冨岡、馬の墓、上中川の各集落、高田町で舞う。

昭和二十四年　三月十五日、小太鼓の修理のために若松の太鼓屋に行く。

三月十九日　安楽寺で練習開始。

三月二十日、西勝、田中、沖の舘、藤田、領家、冨岡、

三月二十一日、竹原、高田町で舞う。

十一月二十七日、宮川中学校落成式に舞う。

昭和二十五年　三月十四日、安楽寺で練習開始。

三月十九日より二十三日までの五日間、高田町、永井野村の一部と藤川村の全村、旭村の一部集落で舞う。

昭和二十六年　三月十七日、安楽寺で練習開始。

三月二十一日、西勝集落で舞う。青年会として集落公民館建設を行うために、敷地の無償借受けなどに役員が奔走していて、他集落への出動は行なわれなかった。

五月三十一日、青年会によって現在地に西勝公民館建設が建設される。青年会からその資

昭和二十七年　金として彼岸獅子舞の収益金より、六万三百七五円を支出する。
三月十七日、公民館で彼岸獅子舞の練習開始。
三月十八日より二十二日までの五日間、
高田町、本郷町、田中、沖の舘、藤田、領家、冨岡の各集落で舞う。この年から三日乃至五日間、近隣の町村を門付けするのが定着する。踊り子が養成の必要のないことから練習は一日となる。

昭和二十八年　例年通り、三月十九日から四日間、近隣町村を舞う。

この年、彼岸獅子頭の漆の塗り替えと飾り羽の差し替えを行なう。塗り替えは獅子頭一個の代価二四〇〇〇円也。役員宅で日本鶏の唐丸を飼って、その羽を取る。

六月二十六日、伊佐須美神社鎌子宮司に、彼岸獅子舞の資料蒐集の名目で謝礼が支払われている。これは「西勝彼岸獅子舞由来記」を起草してもらった謝礼である。『会津高田町誌』に載っているのがそれであるが、史実ではないので現在は使用していない。

昭和二十九年　例年通り、三月十九日より四日間、近隣町村を舞う。

昭和三十年　例年通り。

五月三日、第一回、全会津彼岸獅子舞大会が会津若松市鶴ヶ城本丸において開催され、弓棒持ちと音曲の奏者が烏帽子《えぼし》、直垂《ひたたれ》の装束で出場する。

七月十二日、はじめて伊佐須美神社のお田植祭りに参加する。

八月二日、全県下農業高校レクリエーション大会が県立大沼高校で開催され、町を代表する民俗芸能として舞を披露する。

昭和三十一年　踊り子の更新のため練習を三月十二日より行ない、三月十九日より四日間、例年通り、近隣の町村を舞う。

五月三日、第二回全会津彼岸獅子舞大会に出場する。

七月十二日、伊佐須美神社音田植祭りに参加する。

（御田植祭りへの参加は、以後、平成九年まで続く）

昭和三十二年　三月一日より練習開始、三月十八日より四日間。

例年通り、近隣町村を舞う。

四月二十九日、第三回全会津彼岸獅子大会が鶴ヶ城内の若松競輪場で行なわれ、参加する。

五月七日、藤川小学校特別校舎増築記念式典に舞を奉納する。

七月十二日、伊佐須美神社御田植祭に参加する。

七月二十二日、ＮＨＫ、郷土芸能調査の調査対象芸能として、若松市公民館で研究者、町田佳声先生のヒヤリングを受け、音曲の録音をする。

昭和三十三年　二月二十二日、会津農事試験場改築落成記念に出演する。

三月十一日より練習開始。十八日より四日間、例年通り、近隣町村を舞う。

五月三十日　東京上野松坂屋で開催された「東北六県みちのく展」に獅子頭一体を出品する。

七月十二日、伊佐須美神社お田植祭りに参加する。

昭和三十四年　三月五日、練習開始。

三月二十日より三日間、例年通り、近隣町村で舞う。

七月十二日、伊佐須美神社お田植祭に参加する。

昭和三十五年　九月六日、東京三越デパートの「みちのく展」に獅子頭一体出品する。

　　　　　　　三月七日、練習開始。

昭和三十六年　三月十九日より三日間、例年通り、近隣町村で舞う。

　　　　　　　七月十二日、伊佐須美神社お田植祭に参加する。

昭和三十七年　三月一日、練習開始。

　　　　　　　三月十九日より三日間、例年通り、近隣の町村を舞う。

　　　　　　　四月十三日、NHK仙台放送局による録音を、伊佐須美神社で行なう。「唄流し」の唄を十二所宗七氏にお願いする。

昭和三十八年　三月十二日、練習開始。

　　　　　　　三月二十日、二十一日、高田町、竹原、西勝集落で舞う。

昭和三十九年　三月十一日、練習開始。

　　　　　　　三月二十一日、西勝集落だけで舞う。青年会員の減少、出稼ぎなどで練習が困難になり、彼岸獅子舞の継承が青年会だけでは維持が出来ない状況になる。

昭和四　十　年　三月十九日、練習開始。

　　　　　　　三月二十一日、西勝集落だけで舞う。

昭和四十一年　三月二十一日、練習し、その日、西勝集落だけで舞う。

　　　　　　　三月二十一日、練習し、その日、西勝集落だけで舞う。

　　　　　　　青年会だけでの彼岸獅子舞の維持管理は無理だということから、青年会とは別に全戸を会員とした西勝彼岸獅子舞保存会の必要性が審議され、そのために集落の役員との話し合いが持たれる。

昭和四十二年　二月一日、西勝彼岸獅子舞保存会が結成される。
（会長）根本森一、（副会長）根本久美、（同）根本光雄
（幹事）竹本利喜男、大竹豪、（監事）十二所定夫、根本照雄、（名誉会員）竹本文雄、小池忠雄、渡部保美、川島嘉英、竹本忠男、大竹武寿、（当初の名誉会員を、後に運営委員に改め、名誉会員を廃止する）

三月十五日　練習開始。
三月二十日、二十一日の両日、高田町、竹原、西勝集落を舞う。
四月二十三日、会津獅子団主催、会津獅子舞大会に出演する。
九月二日、第十七回福島県民俗芸能大会に出場する。

以降については、保存会庶務誌に委ねる。

第五章　民俗学における獅子舞について

はじめに

「わが国の民衆が久しい間の生活経験を通して体得した知識、またそのあいだに抱いてきた人生観や世界観、あるいはそれと絡んで抱いてきた情緒的表現、規範意識などを、われわれは民間伝承としての民俗と認める」(和歌森太郎)。それを研究することを民俗学というのだが、そこにおいて西勝彼岸獅子舞は「民俗芸能」の「風流」芸というものに分類される。「風流」とは平安時代から「風流《ふりゅう》」と呼ばれて伝承されてきた芸能、およびその芸能から派生した踊りの総称である。もともとは「みやび」を意味したが、空也上人や一遍上人らによってそれらが念仏踊りに転化し、虫送りや精霊送りなどの呪術的な芸能になり、太鼓踊り、獅子踊り、小歌踊、盆踊り、綾踊り、奴踊り、練り物などが、民俗学において民俗芸能の「風流」と分類される。

獅子踊りも大神楽、権現舞、虎舞などのように獅子頭のなかに複数の人が入って踊るものを、神楽《かぐら》獅子舞とよび、越後獅子舞(一人で立つもの)や三匹獅子舞、鹿踊り(八人から十二人で踊る群舞)など、獅子頭を被って腹に太鼓をつけるものは、鞨鼓《かっこ》獅子舞と呼ばれている。

西勝彼岸獅子舞はその分類にしたがえば、鞨鼓獅子舞の三匹獅子舞ということになる。鞨鼓とは、本来は雅楽で使われる長さ三十センチ程度の絞め太鼓(両面太鼓)のことで、舞楽や能、狂言でも使われるが、それを打って鳴らすことはない。獅子舞の場合にはそれを打ち鳴らして舞う。それとは別に、獅子頭ではなく花笠などをかぶって踊る鞨鼓踊りという民族芸能がある。これは田楽の田植踊りが風流化したもので、太鼓踊りともいわれるが、三重県の場合、それを「かんこ踊り」といっている。

鞨鼓獅子舞のなかの三匹獅子舞を関東地方では「ササラ獅子」とも呼んでいる。それは三匹の獅子と四人の花笠をかぶった者が一団となり、四人が等間隔に立って舞庭をつくり、そのなかで三匹の獅子が舞いや雌獅子かくしといった劇を演ずるからである。その際の音曲に「ササラ」(簓)が使われるのでそう呼ばれている。「ササラ」とは竹の先を細かく割って束ねたもので、それを擦《さす》って音を出す古代楽器のことである。田楽や説教節などの音曲に使われたものである。

関東地方から会津に伝播した鞨鼓獅子舞は平坦地では彼岸獅子舞として流布したが、南会津町（田島）地方に残る栗生沢や高野の獅子舞は、獅子頭を獅子様とよび、集落の鎮守祭礼に奉納される。かつては真夜中に舞われたといわれるが、集落においては芸能というよりは呪術的なものであったことが伺える。

会津の平坦地帯の獅子舞が、本来の物語りを構成した舞いをばらばらにして門付け用の芸に変化していったのに対して、南会津地方の獅子舞は、関東圏獅子舞の原型により近いものが残されているといってよい。獅子の名称も南会津地方では「三つ獅子」と呼んでいるが、昔は「ササラ」と呼んでいたことが、栗生沢の「伝授古文書」のなかに書かれている。

そのことから推測するなら、獅子舞の音曲が現在の六穴笛と太鼓による以前は、古代楽器である「ササラ」の音で舞っていたといえる。

詳細は次の項で考察するが、西勝彼岸獅子舞の発生とその歴史は紐解いていけば、はるかな縄文の時代に遡るものなのである。

獅子舞の起源

獅子舞の起源については、さまざまな説がある。

まず、わが国民俗学の祖といわれる柳田國男の「獅子舞考」（『定本柳田國男集』第七巻）からみてみよう。獅子舞の起源を柳田は、渡来の神楽獅子と三匹獅子舞を区別して、三匹獅子舞を古代における遺体分割の話から説き起こしている。人々に害をもたらすものを退治して、その遺体を分割して鎮護に供する話は古代から、また各地において語られているが、鹿《かのしし》猪《いのしし》の頭を被るのは、熊祭りと同様の生《い》け贄《にえ》の祭りにその起源をもとめている。そしてその鞨鼓獅子舞の系統を東北北部圏と関東圏の二系統に分類し、東北北部における鹿頭を「権現様」と呼んでいることに注目している。権現《ごんげん》はすなわち権化《ごんげ》で、仏教の本地垂《ほんじすい》迹《じゃく》説に基づくもので、仏が姿を変えて衆生を救うという思想である。舞は群舞の形をとる。それに比して関東圏の鞨鼓獅子舞は獅子頭を権現様とは呼ばない。太夫、雄、雌の三体の獅子をもって一組として、太夫獅子が統率する。また、雌獅子隠しという演目を持ち、太夫獅子と雄獅子が雌獅子を取り合い、太夫獅子が雄獅子を打ち負かすという舞が行われる。双方に共通するのは、獅子頭を神仏に贄《にえ》として捧げて祈るということだが、これは東西を問わずわが国の獅子舞の独自のもので、伎楽《ぎがく》とはもっとも異なる特徴である、と述べている。起源はアイヌの熊祭りと同様のアミニズムにあるという見解である。

折口信夫氏は『折口信夫全集』で直接、鞨鼓獅子舞に言及したものはないが、マレビト論「国文学の発生、マレビトの意義」のなかで、「マレビト信仰」は海のかなたから（遠いところ、あの世から）年のはじめや春の季節に到来して、人々の災厄を祓い退けて行ってくれるという信仰が、わが国にある。例えばナマハゲや沖縄のマヤノカミなど、その異怪な姿をしたものが降伏をもたらすという信仰が分化したものではないか、と推論している。その折口のマレビト論を深掘りしてユーラシア大陸におけるマレビトと獅子舞について論じた星野紘氏の『日本の獅子舞に見る神観念』もある。

『獅子の民俗』の著者古野清人氏はその起源を中国山西省の五大山の羅喉寺前で行なわれている「跳鬼」（ティヤォグオイ）という蒙古仏徒の祈りの舞踊から説き起こしている。ラマ教の仮面舞踏劇で人間とともに鹿やヤクなどさまざまな動物の仮面をつけたものが踊り、そこにラマ教の最高権威者、威徳金剛（ヤマンタカ）は牛の仮面をかぶってあらわれ、人間の髑髏《どくろ》と独鈷《とっこ》（古代の金属性の武器）をもって舞い、最後にまた、鹿とヤクの仮面をかぶったものが舞って、この仮面劇は終る。大地の悪霊を鎮めて、豊作を大地の精霊に祈るもので、宗教的な意味よりも自然の精霊との交流や交歓といったシャーマニズムの色合いが濃い。わが国においてはシャーマン（巫女）を通して、精霊や人間の霊との交流が行なわれるが、ラマ教の仮面劇においてはその動物や草木などの仮面をかぶることによって、その精霊になりきって行動するという原始時代の人間の行為にその起源をもつという。

ししという言葉は、現代においては獅子、すなわちライオンと思いがちだが、本来は肉《しし》、すなわち狩りをして得る獣《けもの》のことである。わが国においては猪や鹿など、もっぱら捕獲して食糧としていたものをそう呼び、中国や朝鮮の獅子の語源とは区別していた。渡来した唐獅子は神楽獅子として支配者側の神社や神と呼ばれるものの物語りの歌舞劇に登場するが、鞨鼓獅子舞とよばれる三匹獅子舞や鹿踊りのように、人間の姿のままで獅子頭をかぶるものは、神社や仏閣にかかわりなく、山村や農村の集落のなかで民俗芸能として保護され、芸能として継承されてきている。

小島美子氏（芸大教授）は「三匹シシ舞の起源と芸能化の過程について」（『季刊東北学』二〇〇七年、

十二号）で、「わが国の三匹シシ舞は、獅子頭だけを被って、伎楽《ぎがく》のように着ぐるみの形をとらないのは、渡来の文化ではなくわが国の古代において、すでにその原型になるものがあったからではないか」といっている。さらに、「わが国には、関東地方を中心に行われる鞨鼓シシ舞と東北岩手を中心に行われる鹿（シシ）踊りがあるが、とくに猪を獅子頭にした鞨鼓シシ舞は関東地方を中心にして、長野県から山形県の一部の地域に分布する。鹿を模写した鞨鼓獅子舞は東北北部に分布するが、同じ鞨鼓獅子舞でもその獅子頭の形態も太鼓もまた踊りも異なっている。しかし、いずれも伎楽の影響と思われるものはその仕草や音曲においても見られない。長い年月のなかで、その地方に即して、たとえば越後獅子舞や会津彼岸獅子舞のように獅子頭の形も変化しているが、同時に踊りの仕草も変化している。

それはわが国の口承文芸が、例えば『平家物語』のように琵琶法師という名もない民衆によって語りつがれ、つくり上げられてきたように、獅子舞もまた芸能として、その時代の民衆の美意識と想像力によって、長い年月をかけてつくりあげられてきたものといえる」と説いている。

西勝彼岸獅子舞もその例外ではなく、関東圏に発祥した鞨鼓獅子舞が会津地方に伝播し、そこから西勝集落に伝えられたものであることは疑いの余地のないことであるが、それについては後段で触れるので、ここでは少し民俗学の観点から民俗芸能の発生について識者の見解を引いておく。

三隅治雄氏はその著『日本民俗芸能概論』のなかで、〝舞〟と〝踊り〟は別なものであるといっている。〝舞〟は元来〝まわる〟という動詞から出た語で、それは、古代の祭りの場で巫女がみずから神がかりするために、ウケと呼ぶ桶を伏せたような台の上や祭壇のまわりをぐるぐると踏みまわる所作を意味したものである。神話のアメノウズメノミコトがアマテラスオオミカミが天の岩戸に隠れたときに、神がかりになって舞ったと『古事記』に書かれるように、シャーマンの所作をその起源としている。

それを様式化したのが、平安時代末期に白拍子《しらびょうし》の舞や南北朝時代から室町時代にかけて一般の人々にも広まった曲舞《くせまい》である。

一方、〝踊り〟は、踏躍する意味の〝おどる〟から出た語で、集団での舞踊、つまり跳躍を意味した。それが鎌倉時代のはじめに一遍上人が念仏を唱えながら衆生済度《しゅじょうさいど》をこころざし、人間がおのれの心の煩悩《ぼんのう》をはらうのも、また祖先の霊や死者の霊魂を鎮めるのも、みんなで念仏を唱えながら踏躍することがもっとも効果的である、と念仏踊りを実践した。これによって念仏踊りをはじめとして盆踊りや太鼓踊り、綾踊りといった群舞がひろがっていった。しかし、この原型には平安時代の〝踏歌《とうか》〟があることを指摘している。天武天皇（六七二〜六八五）の時代に行なわれていた〝踏歌〟の風習とは、正月の十五日に男の集団が清涼殿の南庭に練りこみ、庭上をまわり、言吹《ことふき》役の者が御前に進み出て祝辞を述べ、のちに勧盃があって、催馬楽《さいばら》の歌曲を奏した。言吹は御神楽の人長《じんちょう》に相当する役で、高巾子《こうこじ》といって頭の高く尖った帽子をかぶる。こういう異装をするのは、その役が人間ではなく、他界の霊物、つまり神を表し、神々が群行して宮中を祝福してまわり、その家の饗応《きょうおう》にあずかるというのである。

翌日の十六日には女踏歌が行なわれ、そこには国栖人《くずびと》が来て、まず門前で歌笛を奏し、次いでさまざまな歌舞が行なわれる。国栖《くず》とは、宮廷に帰服した部族のことで、いわばこの日に、宮廷への服従の誓いをするのだが、この場合も国栖は国栖の神の資格で、自分たちの土地の魂を宮廷に献上し、宮廷を祝福する意味の芸能を行なうのである。そしてその後に、宮廷側から酒が振舞われ、舞人には装束が贈られるのである。後世になってこれを〝装束賜り〟と呼んでいるが、本来は遠来の神をもてなす捧げ物の意味なのである。このことについて折口信夫氏は「芸能史篇1」（『折口信夫全集』第十七巻）のなかの「四、踏歌、神楽――庭の芸能として」のなかで、こう述べている。

「大地の上で行なわれる芸は、謂ば広場の芸で、芸を演ずる者も、見物をする者も、同じ平面に居り、おなじ所にいることを意味する。これに対して、祝福のために家を訪問して来る芸能団体の芸は、その種類によって、演ずる場所に、区別がある。表門で芸をして帰るものもあり、そこを入って中門まで来て行なうもの、さらに中に入って庭で行なうもの、さらに進んで、座敷に上がって来て行なうものもある」

そのひとつが踏歌である。

「踏歌」は、すでに奈良時代には正式に行われていたものとみられている。

が、「どうゆう人が舞ったかと言う事が記録せられている。持統天皇（六八七〜六九六）の七年正月十六日に〝此の日、漢人等、踏歌を奏した（持統記）〟とある。つまり、支那の帰化人の身分のある人たち、及びその配下の人びとが宮廷で踏歌を行なったのである。

したがって、「踏歌は支那伝来のものである」が、しかし、これは宮廷以外でも行なわれていたであろうと、折口氏は『源氏物語』を引きながら推測している。そして「此の行列は、途中、あちこちに立ち寄って、食物、飲物、果実などをご馳走になる。此の行列は練り歩くのを旅行に見立てて、饗応する場所を、旅行者が駅路（ハユマヂ）―国道―を行きつつ、駅亭に立ち寄るのにみたてて、飯（ハン）駅・水（スイ）駅・蒭（スウ）駅と呼んでいる」。そこでは、その人たちに酒や食物や物をふるまったという。一行の服装は異様で、顔はわからなくし、着物は真っ白でお化けのようであった。つまりこれは異界のもので、服従する土地の神、あるいは魂といったものの表現、仮装の姿で、時の権力者に服従する儀式であったというのである。では、なぜそれを踏歌というのかというと、中国において正月の十五日（小正月）に、町や田舎の人びとが一ヶ所に集まり、盛んに火を焚き、その火の明かりのもとで地を踏み鳴らして踊り、年のはじめに悪霊を追い払い、平安と豊穣を祈るという中国の習俗が、わが国に伝来してこのように変化し、芸能の始原のひとつにとなった、と説いている。

踏歌と三匹獅子舞の起源を結ぶ文献的なものはないが、天智二年（六六三）に白村江《はくそんこう》の戦いに、百済と日本の連合軍が唐・新羅の連合軍に大敗を喫し、百済の王族をはじめ大量の百済難民がわが国に逃れ、各地に移住者として移された。『日本書紀』には、天智五年（六六六）の冬に、百済の男女二千余人が関東地方に移されたと記している。百済からの難民が総体でどれほどであったかはわからないが、その後も近江国蒲生郡への百済難民の移住が記されているので、大量の人々が数次にわたってわが国に逃れ来た。その人びとが集団で移住したその地方の文化に、少なからぬ影響を及ぼしたことはいうまでもない。関東地方の猪を模した獅子頭を被る羯鼓獅子舞の発祥に、わが国の縄文から弥生に至るアミニズムの原基をみるのであるが、わが国の猿楽《さるがく》が大陸伝来の〝散樂《さんがく》〟にその始原をみるように、羯鼓獅子舞が芸能として成立する過程に、この大陸伝来の踏歌の習俗が深くかかわっているのではないか、と私は推測する。

先述した小島美子氏は、関東圏の羯鼓シシ舞の頭がイノシシの頭だけを被っていることに注目して、このスタイルは韓国の統営広大の獅子舞に似ている。その地域は韓国釜山の近くなので、そこにルーツがあるのではないかと指摘している。それはまさに天智二年に百済王族一万人近くが、時の中央政府の東国政策として、関東地方に配置されたことと符合する。上野《かみつけ》（群馬）、相模（神奈川）には、先住渡来者によって古墳時代にすでに伎楽《ぎがく》が伝えられていて、伎楽の腰鼓の姿を模った埴輪《はにわ》が出土しているが、羯鼓獅子舞がつける腹太鼓はこの腰太鼓と同じ形のものであるという。つまり太鼓胴に直接皮をつけたもので、通常の太鼓が枠に皮を張って胴にとりつけたものとは異なる、枠なし締め太鼓である。もともとイノシシ狩りをして、その生首をアイヌの熊祭りと同様に、神に捧げて祭っていた縄文人の鎮魂の儀式が、弥生時代に入って農作物を荒らすものを威嚇《いかく》し、豊作を祈るものに変化し、それが伎楽文化との交流によって舞踊化されて、民間の芸能へと進化したのではないかとみている。

会津地方の彼岸獅子舞のルーツ

会津地方の彼岸獅子舞について、郷土史研究家小島一夫氏は昭和四十九年（一九七四）に『会津芸能物語』を著しているが、そのなかで「会津彼岸獅子」についての縁起伝承として、下柴村（喜多方市）から天寧村（会津若松市）に伝えられた「由来書」と、西勝獅子舞の「口伝書」が載せられている。西勝獅子舞の「口伝書」についての挿話《そうわ》ともいうべきものは後段でふれるが、下柴村から天寧村に与えられたという「由来書」には、

「紀元一千七百十六年即天喜四年丙申八月、陸奥の豪士安倍頼時叛、源頼義奉而朝命討之、義家、義綱等亦従之、殺頼時、而其子貞任、宗任軍猶張。頼義又討之、互有勝敗。而賊勢益盛也、即出羽豪族清原武則来而助頼義。此役者九年。渉久死甚多、士卒有倦色、於此頼義軍中之使士卒為獅子踊以而弔士卒死、且鼓舞軍気於此士気大振、遂進而斬貞任、宗任降以此乱平。朝帝賞其功云。其後天正申戊年疫病大流行、雖医禱百術尽不止。即拝神明獅子踊之方執行於此。神明顕邪気忽退、病平癒、自之以来彼岸陰陽和合以時七日間執行者也」

と書かれている。小島氏はこの「由来書」の原本である下柴村に伝わる「天下一鹿殿縁起」には、前段の「前九年の役」の記述はなく、天正二年申戊に疫病が大流行して、医祷百術を尽くしても止まらなかっ

た。干時七月中旬、異人が来て術を授けていった。当神明に祈り、獅子踊りの執行を毎年春彼岸七日の間これを執行すれば、災難を逃れ五穀が成就する云々、と書かれている。したがって前段の「前九年の役」の記述は後日の付会であると記している。

関柴村下柴の獅子舞文書は寛永年間（一六二四〜四四）に、下野国（栃木県）の住人、古橋覚太夫が廻国の途中、縁あって下柴村に定着して獅子舞を伝授した。また若松市の木流集落の獅子舞は同じ頃に下野国佐野の青木角助という獅子太夫が、下野国河内郡羽黒村大字関白の獅子舞を伝授した、という文書（巻物）がある。

小島氏は会津平坦地の獅子舞は、関柴村下柴集落から伝授されたのは天寧、院内、北青木、青木、一之町、七日町などで、本滝沢、居合、槻木、荒久田、牛ヶ窪、東神指などは天寧からの伝授で、同じ流派（関白流）の獅子舞だとみている。当時は小松彼岸獅子舞の資料が発見されなかったので小松もそのなかに入れているが、その後、小松彼岸獅子舞の資料が発見されて、下野国の那須野沢村から南会津下郷弥五島を経由していることが判明した。

昭和六十三年に監修坂井正喜、高久金市の両氏によって著された『小松彼岸獅子舞考』（平成十九年発行『北会津村史』第一巻、民俗編に再録）にその詳細が書かれているが、それが判明する以前は、小松の彼岸獅子舞は戊辰の役の際に、籠城する城主が日光口にいた山川大蔵に帰城を命じ、その山川は官軍に幾重にも取り囲まれた鶴ヶ城へ入城するのに一計を案じ、小松の獅子舞を先頭にして、その音曲を奏しながら堂々と入城を果たした。その功をもって太夫獅子の頬布《ほおぬの》に葵の紋を下賜した。そのことから小松の獅子舞は保科正之の会津入りにかかわるとされてきた。

しかし、近年になって小松集落の大竹（重信氏）家から、「獅子文書」の写しの一部が発見され、その伝播の経路が明らかになった。それによれば、はじめこの獅子舞は、慶長の頃に編まれたと考えられる「獅子踊伝書」が、正保二年（一六四五）栃木県那須市野沢村、遠藤四良兵衛に伝えられ、以来、四良兵衛はこの地方の獅子の元締めとなり、寛文十三年（一六七三）に遠藤四良兵衛から小松村の覚法院渡部熊蔵に伝授された。しかし、それは遠藤から直接伝授されたものではなく、南会津を経由している。その後、小松の獅子舞が衰退したが、再興を願う人々が遠藤四良兵衛の系統である南会津郡下郷町弥五島の渡部茂左衛門に教えを請うている。それからおよそ百三十年ほどが過ぎた享和元年（一八〇二）に、再び（正確にいえば三度目ともいわれる）渡部熊蔵が伝授した文書「獅子之神舞様之事」を、弥五島の渡部茂左衛門（代々襲名）から下小松村覚法院渡部佐久馬が伝授を受けている。

その「獅子踊伝書」は三巻あるが、「獅子之神由来」は次のようなものである。（参考までに『北会津村史』（第一巻）より引用掲載）

夫レ天竺ハ七百余州御門之名ハ天神ト申也、后ハ摩訶陀御前ト申ニテ御子三人持タセ給フ、夫レ天竺七百余州ヲバ、太郎の王子ニゆづらせ給フ、治郎の王子ニハ唐四百余州をゆつり給フ、三男の御子ナレバトテ御伊勢ト申也、ゆつるへき国も無シ、日本は六十余州也、是也。御伊勢にゆつり申也、御門ハ天…（ここからの数行、文字、意味不明）、其時、よし（葦）ノ三本立チタルト大あしつこひにナサレ、天ノさかほこニテ少ノ嶋ヲかきあけ伊勢天照大神ヲ日本へ移らせ給也、其とき摩訶陀国ニ数ノけだもの有ケリガけだものノわらし也トテ万全ノめひをとりしちらいをとり、天照大神悪魔払ウもの也トテ七ツの宝ニ獅子頭を天くたらせ給ヒテ天照大神の社ニ納申也、其ヨリ呉国ヨリ悪魔ガしきりニまいり候、されとも獅子を恐れて寄付事かなはづ、地神五代の御代ヨリモ神モ仏モ日本へ天くたらせ給也、六十六ヶ国ニ立給ヒテ悪魔ヲ祓ウもの也トテ堂々社々へ納ル也、天竺ニテハ万王ト申けだものナレドモ堂々へ納ルヨリ獅子頭ト祟也、其古きけた物ニテ候ハ獅子ニ羽生ル事ハ不思議ナルヨトふしん有リケル時ニ、羽生ル由来ノ事夫レ我ハ摩訶陀国の獅子ナレバ鳳凰など鳥ニ余リ似ル姿ハ鳥ニテ心は獅子也、かようふの仔細に候へバ頭に羽カ生へハうそ羽を挿シタリト、かゆうの仔細アリケレバ御ふしんひく事也、日本ニテ釈迦ト文殊の祭給ヒケレハ姿ハ仏ニテ心ハ獅子也、南国の獅子の次第是也…云々

慶長十五年庚戊七月吉日

銀篠　長威入道
塚原　前土佐守
塚原　新左衛門尉
塚原　卜　伝
斉藤　兵□助
大島　右　近

下野国那須市野沢

遠藤　四良兵衛

覚法院御内

渡部　熊蔵殿

寛文十三年丑七月二十三日

令伝授者也

会津の彼岸獅子舞の伝播の経路については、これまで二系統があるとされてきた。ひとつは関柴村下柴集落からの伝授と南会津郡田島地区の栗生沢、高野、下塩江は中荒井からの伝授とされ、そのいずれもが下野国青木角助によるものである。

『福島県史』（民俗1）では、栗生沢の獅子舞について要旨、次のように記している。

「南会津郡田島地方には若松城下とはちがった一団の獅子舞がある。比較的古風なまま保存されている。藩制時代には幕府の直轄地の「お蔵入り」と呼んだ地方で、城下とは遠く離れ、大川（阿賀川）の峡谷に隔てられている。むしろ、関東系の三匹獅子が他との交流が余りないままに残っているかも知れない」「この地方の由来書には、共通して日光東照宮建設の際に、その地固めに舞ったということが書かれる」「しかし、これは伝承に過ぎない」「栗生沢、高野の獅子舞にも伝授者として下野国青木角助という名があるが、これは会津の各所に残る青木角助と同一人ではなく、関東系の獅子舞には関白流と火挟み流のふたつの流派があり、その宗匠として角助、あるいは覚太夫などの名が記されている」「栗生沢には「三つ獅子起源概説」という文書があるが、それは安政四年に獅子舞を中荒井村から伝授されたが、その時は文書は伝授されず、大正九年にその巻物が栗生沢に伝えられたものであるという」

『田島町史』第四巻（民俗編）において、栗生沢、高野の獅子舞についでは、さらにその詳細が記述されている。

すでにふれたこととの重複はさけるが、それによると、同じ下野の青木角助からの伝授としながら、会津盆地平坦地の彼岸獅子舞との大きな違いは、先祖供養などの宗教的な念仏踊りなどとの融合はまったくなく、農耕儀礼の風祭り（二百十日）や雨乞いなどを鎮守祭礼の宵祭りなどで舞い、集落の安泰を祈り、悪魔払いにその霊力が役立つものとしていることである。

さらに栗生沢、高野の獅子舞にはヤマ（笠箱）というのがある。これは四角の箱を二段に重ね、その上に赤色と青色の御幣を五本立て、さらに二張りの小弓を交差させて飾る。下には紋章のついた八十センチばかりの垂れ布がとりつけられていて、波頭の裾模様のある前垂れをつけた少年四人が、そのヤマをすっぽりと被る。獅子舞のいわば舞台装置の役割をするのである。獅子舞はストーリーがあり、そのテーマは太夫獅子と雄獅子が雌獅子を奪い合って戦い、雌獅子は太夫獅子に奪われるが、雄獅子はそれを取り戻して仲直りをする。やがて三匹が一緒になって舞い遊ぶというものである。

その踊りは鎮守の祭りに舞われるが、その舞庭にゆくまで、渡りといって集落内を練り歩き、〝村誉め〟をし、途中に橋があれば〝橋誉め〟をし、村の神社に至れば、鳥居があれば〝鳥居誉め〟をし、そして階段を登るのに〝階誉め〟をする。境内に入っては〝森誉め〟〝宮誉め〟をして、そして庭入りになる。そこで〝庭誉め〟をして、四方固めの舞に入るのである。前庭といわれる舞を五十分ほど舞ったあとに、後庭に入る。そこで祝儀が出され、〝祝儀誉め〟の舞のあと〝まき寄せ〟〝花吸い〟〝追い転ばし〟を舞い、〝岡崎〟を舞って終了する。〝追い転ばし〟という舞に、オカメとヒョットコが登場し、ささらを擦りながら太夫獅子と雄獅子を操る。これは下野国の三つ獅子舞の原型により近いものと考えられ、会津平坦部の彼岸獅子舞は、それを城下町の武士や商人などの資産家から祝儀をいただくために、組み踊りをばらばらにして舞うようになり、その過程でヤマやササラの音曲を失くして、越後獅子のような門付けをする遊芸に転化したものとみることができるのである。

『田島町史』には、栗生沢に伝わる「三つ獅子起源概説」も載っているが、それは大正七年に栗生沢若連中によって書かれたもので再掲はしないが、この概説の付属として秘巻があり、栗生沢の獅子舞は中荒井の渡部家から受け継いだことが記されている。そのことについて記しておきたい。

「承応元年（一六五二）辰ノ七月吉日に、佐竹野口村、青木角助を筆頭とする「右従三人相伝之移写也」との奥書があり、中荒井の獅子は日光市の東郊、大谷川河岸にある野口集落がそれであるといわれる。現在の野口村には獅子舞は無いが、青木角助は文挟流《ふばさみりゅう》の師匠であることから、元は今市市の文挟町から発生したものと思われる」

高野集落の三匹獅子も流派は文挟流で、獅子頭は青木角助の作といわれている。文挟流を会津ではひばさみと発音しているが、本来は文挟（ふみはさみ）村の獅子踊りの総称で、青木角助は文挟村の人で、獅子踊り師匠である。北関東へは南会津から多くの人が屋根葺き職人として出稼ぎに出ていて、そこで習い覚えてきたものだという。田島の獅子舞はその縁起口伝に日光東照宮の建築の際に地固めに踊ったというのが付けられている。

関東地方の三匹獅子舞は大別して二つの流派がある。ひとつは文挟村を起源とする文挟流であり、もうひとつは上河内町関白村を起源とする関白流である。会津に伝播されたのは田島地方は文挟流で、平地の関柴集落や木流集落に伝播されたのは関白流ではないかと推定できる。それはその由来記からである。しかし、いずれにも青木角助なるものがその伝承者となっているが、それは獅子舞の師匠名として伝えられたものと考えられる。

関白流の由来記は、延喜一二年（九一二）、藤原利仁が下野高座山に立てこもった賊を平定し、この地で死亡したのでこの葬儀を行なったところ、一天にわかにかき曇りあたり一帯が暗闇となった時、臣下の青木角太夫と青木一角が獅子を家人に舞わせたところ晴天となったことから始まった、という伝承をもっている。

文挟流は東照宮の地固めに舞を奉納したという伝承を、共通項としてもっている。下野地方の三匹獅子舞にはこの二大流派のほかにも紫宸殿流《ししんでんりゅう》というのがあり、その縁起伝承には天喜五年（九〇八）、八幡太郎義家が奥州平定の命を受けて出発する際に、紫宸殿で藤原角輔によって舞われていた獅子舞で、義家が奥州を平定して京に引き上げる際にその獅子を下賜していった、というものである。また、ささら獅子舞という獅子舞もある。

ささらとは竹を細かく割って束ね、それを簓子《ささらこ》と擦り合わせて出す音のさらさらという音を形容したものである。ささらは田楽や歌祭文、民謡などに使われる古代楽器である。笛、太鼓といった楽器が渡来する以前に、獅子舞はささらによって踊っていたものか、それは不明だが、関東地方の栃木、群馬には獅子舞をささら舞と呼んでいるところがある。内容的にはそれぞれに流派を名乗る獅子舞と同じである。

関東地方の獅子舞の装束は、おおまかにいって二つの形がある。ひとつは獅子が袴を履いて脚絆《きゃはん》をつけているものと、もうひとつは猿袴《さるばかま》を履《は》いているものとである。会津に入ってきたのは波頭の模様の袴を履いて、紺の脚絆をつけている。これは下野に多い獅子装束である。一方、猿袴の獅子舞は福島県の中通りや浜通りに多く伝播されている。

会津地方に入ってきた下野の鞨鼓獅子舞はどう変化したか

会津地方に入ってきた年代はすでに述べたように、寛永年代（一六二四～一六四四）に下野の青木角助から関柴村に伝授されて、それが周辺の村々に伝播されたものが主流だが、小松集落には寛文十三年（一六七三）に那須市野沢の遠藤四良兵衛からの伝授の書付がある。しかしそこから他の村への伝授の痕跡はない。また、下野から承応元年（一六五二）に田島の中新井集落から伝授された栗生沢の鞨鼓獅子舞は、鎮守祭礼に奉納することを主として維持され、近村の高野集落への伝播以外にその他への広がりは見当たらない。それは現在の時点でのことであり、すでに消滅してしまった他の集落への伝播があったかもしれない。いずれにせよ下野の鞨鼓獅子舞が会津に入ってきたのは徳川幕府の初期、保科正之が会津就封して以降、千六百年代後半である。

それがどのようにして藩内の村々に広がったかについては詳らかではないが、村々の娯楽としてというよりは、村々の災厄除去、死者の鎮魂、豊作の祈願として農民に歓迎されたと推測できる。獅子舞の流布に当時の藩、あるいは社寺がかかわったという記録はない。社寺の祭礼などに奉納舞をすることはあるが、農民がまったく自主的に獅子舞を持つ村から伝授を受け、その獅子頭や装束、太鼓、笛などを揃えて獅子舞を行なってきている。したがって獅子頭も一様ではない。桐材を彫刻したものや張り合わせた和紙を型抜きしたものに漆をかけたものもあり、サイズもまちまちである。西勝の獅子頭は和紙を張り合わせた張子に漆をかけたもので、それをマタタビの笊《ざる》に取り付けたものである。これは小松や関柴系の獅子頭とは異なり、赤枝の獅子頭と同類である。踊りの所作も赤枝と西勝は共通するものをもっているといわれている。

私自身の体験から集落における獅子舞の果した役割は、集落の若者の組織的結合と身心の鍛錬ということにあったと思われる。踊り子は屈強なものが選ばれるが、腰を落として舞う獅子舞は身体の弱いもの、とりわけ足腰の弱いものには勤まらない。厳寒の夜、十日間にわたって行われる練習はきつく、三人舞、幣束舞、弓舞、棒舞、雌獅子舞などは、ひと踊りをすれば、汗ばむほどである。また、集落のなかで音楽的才能をもつものが笛を吹くが、その家系は代々笛を吹いている。太鼓は笛に比べて大方のものが打てるようになるが、リズム感のないものは除かれる。獅子舞の伝播にもっとも重要なのは笛による主旋律の伝授である。それはすべて単音によってその旋律と音階が口伝され、それをもって笛を吹き、それに太鼓を合わせ打っている。三匹の獅子の太夫獅子がその音曲を聞きわけて、舞の種目を決めて踊るのである。

玄如節 考

会津の民謡のなかで独特の形態を持つのは、玄如節である。韻律は七・七・七・五で、甚句と呼ばれる盆歌や長持ち歌などと同じだが、玄如節は「歌芸」と呼ばれる人によって、祭礼などの「宵宮《よいみや》・宵籠り《よいごも》」のときに「掛け合い」の形式で歌われ、その即興の問答を宵籠りに集う観衆が聞いて楽しむという形で伝承されてきている。その原型は古代の「歌垣《うたがき》」に由来するといわれる。

現代における玄如節の歌会いが行われているのは、会津若松市の北会津町両堂集落の不動明王祭礼である。そのことについて調査を行い北会津地区におけるフォークロア的詳細な報告書を『北会津村史』に残したのは、新井田忠誠氏（農家の長男として家業に専念しながら、会津高校卒業後、岩崎敏夫氏に私淑し、「おしら様」「口寄せ」「玄如節」など、村の消えてゆく民俗の調査を行い、その報告書を村史や著書に執筆している。会津民俗学会々員、『北会津村史』編纂委員長）であるが、彼は私とは従弟の関係にある。そのこともあって玄如節についての私の関心は、彼の調査蒐集の経緯からの影響でもある。おそらく玄如節の民俗資料の調査では、会津地域の数ある市町村史のなかでも最も詳細なもので、基礎的なものである。したがって、そのことについては『北会津村史』に委ねたい。またそれを参照したい。そのうえで私がこの項で若干の考察を試みるのは、玄如節として残されるこの民謡（フォークソング）の始原についてと、それに伴ういくつかのことである。

玄如節は古代の「歌垣」にその始原をもつのであろうか。

大化の改新のあとの和銅六年（七一三）に、官命に基づいて編纂された「風土記」を古風土記または特定風土記ともいうが、その『常陸国風土記』の「筑波郡」の項に、「歌垣」について次のような記述がある。

その唱《うた》に曰く

筑波嶺に　逢《あ》はむと
いひし子は　誰が言聞けば
神嶺《かみね》　あすばけむ

筑波嶺に　庵《いほ》りて
妻なしに　我が寝む夜は
早も　明けぬかも

詠える歌甚《いと》多くして載車《のす》るに勝《た》へず。俗《くにびと》の諺にいはく、筑波嶺の會《つどひ》につまどひの財《たから》を得ざれば、児女《おとめ》とせずといえり

※岩波版『日本古典文学大系』「古事記」よりの転載。これには注釈があるが、次の文はそれを筆者

が要約したものである。

「風土記」の文体は漢文である。二首の歌の韻律は五・四・五・七・三・五である。『万葉集』の五・七・五・七・七の韻律とは異なる。それはその土地の民謡であるという。この二つの歌は高橋虫麿が「筑波嶺に登り歌垣（カガヒ）せし日作れる歌」として『万葉集』の一七五七蕃に載っている。

一首目の歌は、筑波嶺の「歌垣」で逢う約束をした娘は、私のところに来ないで誰の求婚の言葉を聞いて、筑波嶺で遊んでいるのだろうか、という歌である。

二首目の歌は筑波の「歌垣」の夜、妻を得ようと来たのに私はそれが叶わない、早く夜が明けて欲しいという歌意である。

その歌のあとに「風土記」は、「二首目のような歌が多い、そのくにの諺に、筑波嶺の集いで、男が求婚の印として渡す品物を得られないようではノ、娘とは言わない」と付記している。

このような、今でいう婚活のようなことが、神の祭事としてどの地域でも行われていたかどうかは解らないが、そこに民謡のひとつの始原があるとするなら、現在、玄如節の歌われる宵籠りの場で、薄暗い掛け提灯を車座にかこんで、唄芸と呼ばれる音頭取りの歌に合わせて唱和するお囃子の形態は、そのどこかに「歌垣」（カガヒ）の残像か残っているようにも思われる。

民謡と呼ばれるものの大方は作業歌として発生したとされるが、玄如節はそれとは異なるところに、つまりは「歌垣」にその発生と起源をもつのではないかと考えるのはあながち荒唐《こうとう》無稽《むけい》なことではない。なぜなら佐々木幸綱氏は『抵抗歌としての東歌』のなかで、『常陸国風土記』の記述にふれて、律令制度がそれまでの「歌垣」のような民衆の自由な祭りや集まりをいましめたことが東歌《あずまうた》に見られる。これは貴族社会の心情を歌う和歌に対して、支配の秩序に対して民衆の抵抗が相対化して歌われている、と述べている。そして「ローカルの祭りであった「歌垣」が中央に吸い上げられる」、換言すれば、「歌垣」を支えていた地域共同体への権力による干渉と圧力に対して、それは民衆の抵抗だったと結論づけている。

たしかに玄如節という民謡は、七・七・七・五という大方の民謡や甚句ものと同じ韻律の歌詞だが、その節回しは複雑で弾むようなリズム感はない。近代期まで三味線や太鼓、あるいは笛、尺八といった民謡や民俗芸能に使用される音曲による伴奏もなかった。アカペラで即興的に歌によって問答をする「掛け合い」歌であった。

しかし、会津においては玄如節の歌詞が会津の盆踊りの甚句や祝い唄の歌詞と同一のものとして歌われているが、今でも観光用の民謡としては歌われることは少ない。深い怨嗟《えんさ》のような歌のもつ雰囲気は所詮《しょせん》は御座敷歌ではないのである。

玄如見たさに
朝水汲めばヨー
姿隠しの霧が降るヨー
サーサ　ヨイヤショーエ（集団で唱和するお囃子）

この歌詞から玄如節とよばれているが、この歌詞は会津盆歌（東山甚句）の元歌で、東山天寧寺の玄如という小僧が美男であったので、それをひと目見たいと水汲みにくるのを村の女衆が待っていたが、濃い霧がその美貌の小僧の姿を隠してしまって見えない、という歌だが、そうした事実も定かでないので、こじつけの感が強い。玄如節の由来についてはさまざまな説があるが、説得力に欠ける。むしろ私は「歌垣」を嬥歌（カガヒ）と呼んでいたことにその由来があるのではと思っている。嬥歌の語源は中国古代の四川省で行われていた歌舞のことだといわれるが、転じて女性のすらりとした姿が美しいことを嬥（ちょう・じょう）と称したという。それを「かがひ」と訓読みをするのは、当時、歌垣が火を囲んで飲食や饗応が行われていたので、筑波ではその情景を「かがひ」と呼んでいた。それに「風土記」の役人は嬥歌という漢字を当てたものではないかと推測する。

　玄如というのも、小僧や女の人の固有の名ではなく、玄の如ということで、玄とは黒い、あるいは暗いという意味をもつが、それは老子のいう「玄牝《げんぴん》之門　是　謂　天地の根」と同義である。すべての根本は牝《めす》の暗い門から生まれる。道もまた然りなのである。

　かつて詩人の谷川雁氏は評論集『原点が存在する』のなかで、民衆のもつエネルギーの原点は、つきつめてゆくとそこに帰着すると、書いている。勿論「歌垣」についてではないが、民衆のエルギーの原点が「歌垣」の本質なのであり、谷川にいわせるなら「老子の言う「玄牝の門」であり、ファウストの「母なる国」ではないか。潜在するエネルギーの井戸、思想の乳房、これを私は原典と名づけた」。そこでの歌はいうまでもなく玄の如し、なのである。

　古代社会において、国家として律令体制が確立されるにともなって、支配の秩序のなかで「歌垣」は衰退した。しかし、民衆はその「歌垣」のかたちをさまざまに変えて継承した。それは『万葉集』のなかの「東歌」に潜む抵抗の意志なのである。形を変えたそのひとつが陰暦八月の満月の夜に、死者の鎮魂にことよせて行う盆踊りである。さらに豊年祈願の祭りと称して、鎮守神の宵宮や仏の宵籠りに行われた玄如節の掛け合い歌である。

さて、古代における民衆のエネルギーは、春秋の神のもとでの饗宴を通しての婚姻行動とともに、より広い通婚圏の拡大が求められた。『常陸国風土記』「筑波郡」では、「坂より東の諸国（関東圏）の男女、春の花開くとき、秋の葉の黄つる節、たずさえ連なり、飲食を持ち来て、馬にも徒歩にも登り、楽しみ遊ぶ」と記述される。それは「歌垣」のそこで交わされる嬥歌（カガヒ）であったが、律令制が施行されるなかで、その支配思想に通底する儒学的倫理観は、奔放な性行動をともなう「歌垣」の集いを抑制した。

玄如節はその嬥歌に起源をもつ民謡として近世期まで歌われてきたが、近代期に入って、労働歌としての民謡の近代的な展開とともに、おおよそ三つに進化した。ひとつは即興的に歌を掛け合う形と、二つにその展開形として「投げ草」というテーマを出して、それにちなむ歌を歌い合う形、三つとして「段もの」といって、叙事詩（物語）例えば「会津白虎隊」のような長文を歌う形に進化した（それらは『北会津村史・第一巻・民族篇』に収録されている）。それには「歌芸」と呼ばれた北会津村古麻生の荒木源次郎と赤留村の山内岩紀（盤水）の功績によると記録されている。その調査と採集にあたった新井田忠誠氏の労を多としなければならない。

郷学「継声館」について

田中文書、継声館日記の研究論文

かつて『高田町史』（全七巻）の編纂にもかかわり、会津高田町の「文学史」を執筆したが、美里ペンクラブ五十周年記念事業として刊行された『会津美里の文学』の編纂にあたって、改めて多くを学ぶ機会を得た。古代、中世期から伊佐須美神社を軸にした平安文化とともに、法用寺など会津仏教文化の興隆以前に、すでに創建された寺院も会津美里町には多く、国宝一字蓮台法華経の存在はその痕跡を今に伝えるものであろう。そうした文化的な風土の豊穣《ほうじょう》が、近世期においては郷頭田中太郎左衛門種富によって開校された郷学「継声館《けいせいかん》」に継承され、武士階級の「日新館」教学に匹敵する教学内容をもった一般町民の教育がなされた。その意義と成果については、これまでその歴史的な重大さに比して相応するものではなかったことを痛感し、この記念すべき『高田文学』五十号にその一端に触れ、会津美里町の文化史、とりわけ近世期の会津美里町の教育史における「継声館」の位置づけとその背景や実態について考察を試みるものである。

その端緒となったのは前述の『会津美里の文学』の編纂過程で、平成二十二年（二〇一〇）に和光大学現代人間学部心理教育学科・太田素子教授の『郷学「継声館」の足跡と『継声館日記』の人々』という「研究ノート」を拝読したことである。この「研究ノート」はA4十一ページに及ぶ研究論文だが、会津美里町の「田中文書」『継声館日紀』上下をもとにしたもので、はじめに、第一章　郷学をめぐる研究史と『継声館日記』研究の課題、第二章　郷学「継声館」の成立と終焉、第三章「継声館」と佐治家の人々―の章立てで論究されている。その章立てに添いながら、太田教授が不明な点として上げている諸点について、私論を述べてみたい。

会津藩庶民教育の先駆的事例

「はじめに」のなかで、会津美里町の歴史資料『継声館日記』は「会津地方の郷学史の資料としても、極めて貴重なものであった」として、明治十六年（一八八三）に書かれ、昭和六年（一九三一）に刊行され、昭和五十三年（一九七八）に東大出版会から復刻再版された小川渉『会津藩教育考』や昭和四年（一九二九）に刊行された石川謙『日本庶民教育史』などを引きながら、わが国の教育史における庶民教育として会津美里町の主として高田町周辺を対象とした郷学「継声館」の教育について、地域庶民の基礎的教育に果たした役割の大きさを高く評価している。

しかし、これまで会津美里町が会津藩の拠点である会津若松市から離れているために、その実態がアカデミズムの立場からは注目されることが少なかった。いま、地域振興における人材育成に教育の果たす役割の大きさから、会津美里町の「継声館」活動が寺子屋的な初等教育のみならず、夜間教育制や男女共学といった封建思想を突き抜けた先進的な教育の内容が、改めてわが国の近代教育の先駆的事例として注目されているのである。

会津美里町に在住する私たちが、この近世期における会津高田郷の郷頭田中家が知識人として、地域社会の文化向上と成人男女の教育を郷頭屋敷である自宅を校舎として、東昌、重好親子によって、およそ通算して六十年間にわたって継続されたのである。そこに学んだ門人などについては後項でふれるが、会津美里町における近代期に多くの帝大進学者の輩出や自由民権運動の拠点地としての存在、あるいは教育界や画家や書家、俳人・歌人・詩人など、広範な文化活動への参加者が、近代から現代に至るまで途切れることなく続いているのは、その画期的な庶民教育「継声館」の教育実践と無縁ではない。そのことを会津美里町の未来志向において再認識をしなければならないと私は痛感した。

家老田中玄宰と郷頭東昌、重好親子

太田教授は第一章「郷学をめぐる研究史と『継声館日記』研究の課題」において、「郷学」についての研究者入江宏の分析から、「近世的郷学」と「維新期郷学」とを区別し、その相違点を設立主体など八項

目をあげている。その詳細は省略するが、「継声館」については次の四点を検討課題としている。

第一点　「継声館」は寛政二年にはじまるとしているが、設立主体が不明である。

第二点　この学校は初等教育なのか、夜学があるところから成人教育なのか。

第三点　藩校、日新館、周辺の寺子屋との関係はどうか、どんな位置づけをもっていたか。

第四点　教育者として、田中東昌、重好親子の教育理念、思想、自覚的な文化活動のリーダーであったか。

この四点を第二章「郷学「継声館」の成立と終焉」において論じているが、私は第一点の背景として会津藩の当時の状況を見て置きたい。

天明三年（一七八三）を頂点とする大凶作によって、会津藩領内は未曾有の大飢饉に襲われる。南山御蔵入りでは二千四百人が餓死している（『福島県史』）。次の年も凶作は続き、年貢米八万七千三百石が取り落ちとなる。この大ピンチに田中玄宰を家老に再任用して対策にあたる。天明七年（一七八七）、玄宰は行政、農業、教育の改革によって藩財政の立て直しを図る藩政改革を建議するが、既得権を理由に藩役人が抵抗して容易に進まない。このため玄宰は、その原因に藩教学である朱子学の観念論的な思想があることに気付き、藩政の改革を徂徠学《そらいがく》（古学または古義学）によって行うために、古学派の古屋昔陽を藩に招聘《しょうへい》すべしとするが、朱子学派に抵抗されて玄宰は家老職を辞すが、藩主容詮が藩役人を説得して玄宰の改革案を実行に移すことになり、玄宰は家老職に復帰するということがあった。寛政の改革といわれるが、会津藩では明和三年（一七七二）から極度に悪化した藩財政を立て直すために藩政の大改革に着手している。それがおよそ十年の歳月を要して、玄宰によって完成したのが寛政年代であるところから寛政の改革と呼ばれている。

行政、教育、農業の改革は、現場主義ともいうべきもので、それまでのトップダウンからボトムアップによる改革を断行したのである。就中《なかんずく》、教育に於いては、武士階級の教育と生産を担う、つまりは藩財政の年貢の対象となる農工商の庶民教育を、それぞれにその教育目標を明確にして、武士階級においては世襲制による役人の登用の廃止と実力重視を制度として導入した。一方、庶民にはその生業に必要な知識を重点的に、夜学を含めて受講できるように配慮し、郷頭などに教師免許を授け、藩からの資金援助をしたのである。したがって「継声館」は藩の庶民教育のモデルケースとして設立された会津藩における郷学の典型なのである。

「継声館」という校名は、家老の田中玄宰から郷頭田中東昌が、学校の師範免除とともに拝命したもので、玄宰の藩政改革における教育理念を継ぐということを意味するものなのである。それは幕藩の教学である朱子学を批判する古学あるいは古儀学とよばれた教義で、荻生徂徠の学説であり、広い意味では正之に朱子学を批判して赤穂に流された会津の儒者山鹿素行に、さらに遡れば会津藤樹学ともいわれる中井藤樹の実学思想に通底するものでもあったのである。玄宰は東昌の学識と人間性を評価しての命名であり、それが会津美里町の歴史的伝統になったのである。

第二点の誰を対象にした学校であったのかについては、寛政二年（一七九〇）から文化八年（一八一一）までの前期において百五十三名、文政四年（一八二一）から嘉永六年（一八五三）までの後期において二百三十六名が就学している。うち女子は三十一名である。年齢は七歳から十五歳までで、十歳前後が多数を占めている。当時の十歳は男子の場合は就業年齢直前であり、女子の場合、十五歳から結婚適齢期とされていたので、幼児教育というよりは青少年を対照した教育機関であった。前期と後期では年の平均では前期が多く、後期は経済的に裕福と思われる商家に多くなっているのは、藩からの資金援助が無くなり、私塾として継続されたために、負担金が増えたためとも考えられる。また門人は高田村以外に坂下や塔寺、佐賀瀬川、松沢、下中川など周辺にも及んでいる。男女共学であったことは、当時の藩学、朱子学において「男女七歳にして席を同じくせず」という教えに背くもので、詳細は解らないが画期的なことである。また、夜学もあったといわれるが、門人の都合というよりは教授である郷頭の公務の都合とも考えられる。

第三点の藩校の日新館や周囲の寺子屋との関係は、資料的には証明するものが存在しないので確証はないが、武士階級の教育の日新館と庶民の教育を教育目的において区分した玄宰の教育改革によって、連繋《れんけい》するものではなかったと考えられる。寺子屋は藤川村の場合、橋爪、西勝などの寺の僧侶によって開かれているので、その教育内容は読み書きの初歩的なものであり、さらに学ぶ者は継声館へという関係性をもっていたものと推測できる。

第四点の継声館の師範として藩のお墨付きを得ていた郷頭田中東昌、重好親子の教育者としての理念やその業績については、これまでも俳人としての東昌は四十代で郷頭職を息子の重好に譲って、産物調査と称して諸国を漫遊したり、俳諧の友との交流に北越から京都にしばしば出向いたりして、必ずしも教育活動に専念したとは言い難いが、重好は十九歳から郷頭職に就き、同時に師範免許も得ている。そして今日『田中文書』として、末裔である天野家が所蔵する多くの記録や著作を残している。『継声館日記』上下も藩の「素読所令」の改定にともなって重好によって書かれたものである。すぐれた教育者としての理念もっていたと推測できる。この親子の他に師範免許をもたなくても補助的な役割を担った者は複数いて、徂徠学を継いで庶民教育が行われたといえる。その証左に太田教授が第三章で「継声館」と佐治家の人々にふれているが、門人として名を連ねる与松や幸平は明治期の会津自由民権運動の中心メンバーとしてかかわっている。他にも五十に及ぶ苗字があり、それぞれ数十名から数名の同じ苗字の門人名前が列記されている。

さらなる研究と文献保存を

会津美里町は、その古代からの歴史的事跡に鑑み「歴史と文化の町」を標榜している。平成の三町一村の合併によって、そのエリアが古代における「伊佐須美神社文化圏」に包括されていることから、「会津の文化発祥の地」あるいは「歴史と文化の町」というキャッチコピーはより一層鮮明になったといえる。そうした認識に立って、それを共有するための行政的な施策や町民の活動が自発的に展開されているかといえば、必ずしも相応したものであるとも言い難いという感想を持つ。その一つにこの「郷学・継声館」のことを挙げておきたい。地域の歴史となると、古代や中世に関心が寄るのは当然としても、近世期や近代期についてもその事跡や史跡、あるいは遺物についての保存管理を怠れば、貴重な文化財が消えてしまう。

その事跡の評価や保存管理は、今を生きる私たちに課せられ、そして「歴史と文化の町」の物証として、次世代の人々に引き継いでもらわなければならないのである。教育立町による人材育成こそ、町づくりの基本であることはいうまでもあるまい。

「郷学・継声館」の教育活動は、今や全国の教育研究者が近世期における庶民教育の最も先進的な事例として研究されている。前述の太田教授は何度も会津美里町を訪れ、「田中文書」の『継声館日誌』上下をもとに論文を書いている。その教育的成果についても引き続き研究したいと述べておられる。しかし、当の会津美里町においては「郷学・継声館」の所在地を表示する案内板もない。また「田中文書」をはじめ町史編纂時に収録した諸家の近世古文書の保存管理も急がれる課題であることを付言しておきたい。

会津本郷焼 考

幾多の変遷を経て陶磁器生産地に

母の生家がある本郷の宗頤《そうい》町という村は、阿賀川の河畔にある。村の由来については別項でふれているので割愛するが、村の東端に大きな水車小屋があり、水音を響かせて水車が回り幾本もの大きな杵《きね》が休むことなく陶土を搗《つ》いていた。瀬戸町と呼ばれる市街を抜けて村に通じる道の周囲には、小屋掛けの窯場がいくつかあり、また窯場跡と呼ばれるところには、堆《うずたか》く陶器の欠片が積み上げられていた。その本郷町の陶磁器について関心をもったのは「風土論」を意図したときからだが、骨董的な蒐集というよりは陶土の存在という環境条件が人々の生活文化にどのような影響を与えたか、ということへの関心からであった。

陶磁器の製造はどこででも出来るものではない。その土地条件（陶土）と歴史的条件と不可分の関係にある。会津の陶器製造は東北地方においては、最も早く文禄二年（一五九二）に蒲生氏郷が会津に来て城郭の大改修を行った際に、屋根瓦の作製に播磨国から石川九左衛門ら三人の瓦職人を呼んで南青木組の小田村（現・会津若松市門田町黒岩）で瓦の製造をさせたのが始まりといわれる。

それから五十五年後の正保二年（一六四五）に、保科正之が美濃国瀬戸生まれで中通りの長沼村で陶器をつくっていた水野源左衛門を招聘《しょうへい》して、会津での瓦と陶器の製造を藩の御用窯としたのが本郷焼の始まりである。

会津に来た水野源左衛門は、墓のある若松徒之町の井上浄光寺に仮寓して試作をしていたが、陶土を探していたときに本郷村の観音山に陶器生産に適した土を見つけ、正保四年（一六四七）に本郷に移住して、茶碗などを製造して献上した。正之は源左衛門に三人扶持を与えて奨励したが、その年の十一月に急死してしまう。そこで正之は源左衛門の弟長兵衛をその後継者として招き、本郷村で赤瓦や城壁（白壁）原料である焼石灰などの製造にあたらせ、その功により米十俵を加増し、長兵衛に瀬戸右衛門の名を下賜した。長兵衛は陶器の製造とともに瓦師をも擁し、初代水野瀬戸右衛門として鶴ヶ城の赤瓦葺きや茶器の製造などに貢献した。

『日本近世窯業史』によれば、万治年間（一六五八）の会津における瓦師としては、次の名が記録されている。植村勇助、植村忠太郎、高畑皆吉、田与三郎、渡部栄之助、佐藤且之助、三沢水右衛門、柏村安太郎、岸駒之助、金成政治、吉川喜右衛門、根本庄吾、金成伊之助、石川常之助、加藤要之助―いずれも近代から現代まで本郷地域の発展に寄与した人々の祖となる人である。

『家世実紀』巻之二百十には、会津藩が安永六年（一七七七）に江戸の陶師近藤平吉を召し抱えたことが記されている。平吉は本郷村の陶土は肥前皿山（九州有田）に匹敵すると陶器の作製に専念したが、会津藩は陶器から磁器への制作を求めた。しかし平吉にその技術はなく、その弟子としてかかわった佐藤丹治、伊兵衛の兄弟がその後を引き継いで磁器制作を試みたが成功しなかった。そこで弟の伊兵衛は寛政九年（一七九七）九月に磁器の作製技術を会得するために、藩から旅費を借用して先進地を旅する。

伊兵衛三十六歳の時といわれるが、江戸から駿河、遠州、尾張、濃尾、讃岐、江津、肥後、長州、備後、京都など、一年間にわたって磁器製造の秘法を会得して会津に帰り、苦心の末に見事白磁製造に成功した。その詳細は『本郷町史』の「開業沿革」に述べられている。

二瓶清著『会津文化史』の第五編「会津焼き」第六編「本郷陶磁器考」には、陶土、製法の発展の沿革まで図解入りで記録されている。またその過程で製造された茶碗等などの製品も数多く二瓶氏が所蔵されていることも記されている。伊兵衛はその功により三人扶持四石を下賜され、会津藩の瀬戸方棟梁に任ぜられ、天保十三年（一八四二）に八十一歳で亡くなり、長男陶吾が後継する。陶吾は早くから父伊兵衛を助け、長じて長崎に修行に出て研鑽《けんさん》を積んでその陶磁器の完成度を高め、上荒井村、田島村、福良村などに会津藩の陶磁器製造を拡大している。伊兵衛の子孫は代々家業を継承し、六代陶光氏が陶業を営んでいることが記されている。

しかし、伊兵衛が苦心惨憺《さんたん》して築き上げた陶磁器製造が藩の奨励策とともに藩役人の支配下におかれるようになったのが文化年代（一八〇四～一八一七）であり、文化二年（一八〇六）には八条におよぶ「掟」が制定され、藩に陶磁器製作役場がつくられて本格化するのである。

そのとき、その任に当たった奉行の西川源蔵（三百石）が、水野家七代の重太《しげた》らと共謀して藩の資金を横領するという事件が起き、伊兵衛はそれを告訴する。その顛末《てんまつ》は作家北篤が『会津異端の系譜』のなかで「炎のごとく―陶工佐藤伊兵衛」として書いている。奉行西川源蔵はお役御免のうえ家禄の半分を召し上げられ、水野家七代重太は切腹。会津藩の掟は、例え役人に不正があってもそれを平民が訴えることは許されず、伊兵衛は死罪に処されるのだが、それまでの功に免じ罪一等を減じ、「両耳と鼻をそぎ落とす」刑に処せられたのである。

北の小説では、その処刑に伊兵衛は一命と両目を残されたことに感謝し、血だらけの顔で「磁器の完成を見どけることができる」と言い放って莞爾《かんじ》として刑場を立ち去った、と書かれる。

しかし、何ゆえにか、『本郷町史』は伊兵衛の一件を編纂にあたって消去している。事実とは相違するということなのであろうか。

その後、幾多の変遷をへて本郷焼は安政年間（一八五四～一八五九）に陶工杉野戸右衛門（後に遠藤に改姓）によって白磁をはじめ磁器製造を完成する。そして会津藩は戊辰戦争に突入し、陶工のほぼ全員に匹敵する三十六名が萱野右兵衛の兵卒として越後方面の戦闘に参加し、六名が戦死する。残った者も大内、栃沢、関山での戦いに出陣して八名が戦死し、本郷焼は衰退する。近代になって明治十二年（一八七九）に福島県から千円の補助金を得て本郷陶器取扱所を設立して再興に向かったが、明治十四年（一八八一）の松方デフレによる不況によって本郷陶器の販売は激減し、廃業が二十戸に及ぶという事態に至る。しかし、それを凌いだ陶工たちは各展覧会に入賞する陶磁器の製造に精励し、一八九一年（明治二十四）にはアメリカへの大量の輸出を実現する。一方、わが国にも産業発展のために電気事業が急速に進展し、そのための碍子《がいし》製造が推進され、その製造が本郷町の遠藤平太と水野喜三に一八九〇年（明治二十三）に逓信省電気通信燈台用品製作所から要請され、本郷陶器はそれを期に時代の最先端を行く電気事業の碍子製造に着手するである。

『本郷町史』はその挿話を次のように記している。「明治初期以来先進国の産業経済事情を視察し、日本商工会頭や後に農商務次官として活躍された前田正名は日本産業界の大恩人と言われた人で、明治二十年にたまたま本郷に来て遠藤平太と対面され、将来電気事業の発達にともない、これに用いる碍子の製造が必要視されている今日、本郷焼の産地として是非一考すべきであり、現在この碍子はアメリカから買っている状態なので、この生産に努力して欲しいとの依頼があった」。平太は当時最も陶器生産に成果を上げていた水野喜三に相談し、水野はその依頼を快諾して碍子製造に全力で取り組むことに着手したのである。本郷町における近代期の産業振興を牽引した碍子製造の発端には、布衣の農相（ほい・地位にかかわりなく農民の立場に立ったという意味で呼ばれた）といわれた農学者前田正名と遠藤平太との絆があったことは、記録に値するものである。

急増する需要に対応すべく本郷焼は三つのことが課題となった。一つは販売についての近代化、つまりは仲買制度の確立であり、二つに明治二十八年（一八九五）に設立された技術者育成のための本郷窯業徒弟学校であった。三つは明治三十三年（一九〇〇）の重要物産同業組合法に基づく本郷陶磁器同業組合の結成であった。さらに大正八年（一九一九）に会津碍子組合の設立によって飛躍的な発展を遂げ、戦時体制に呼応したのである。

戦後、会津本郷の陶磁器生産は昭和二十七年（一九五二）に東北電力に対する共同販売のために、会津碍子株式会社を設立して戦後復興を軌道に乗せた。しかし、陶磁器生産は碍子生産が全体の八割を占め、生活用品の陶磁器は先進地の資本力に凌駕《りょうが》されていった。

そうしたなか、昭和三十三年（一九五八）にブリッセル万国博覧会において宗像窯の「ニシン鉢」がグランプリ賞に輝き、国内外から脚光を浴びた。

宗像窯は瓦製造の伝統を受け継ぎ、その生活用品としての素朴な味わいは、折柄の民芸ブームのなかで高い評価を得た。機械化による大量生産とは異なる価値観によって評価されたが、地方の陶磁器生産地として多くの課題に直面しているといえる。

風土的条件と民芸美

会津本郷焼の歴史について必要最小限の概括をしたが、私の関心はその風土的条件にある。会津の地域において、はじめは門田山麓の青木地区に置かれた城づくりのための瓦製造が本郷地域に移ったのは、陶土の存在によるものである。本郷焼は蒲生時代の瓦製造と伝統的な系譜、正保年代（一六四四〜四八）に正之によって水野源左衛門が招聘されて始まる陶磁器製造の系譜があるが、本郷周辺の山土が陶土としては肥前皿山（有田）の陶土に匹敵すると江戸の陶師近藤兵吉に認められて、その兵吉を会津藩は十人扶持、金三両で陶師として安永六年（一七七七）に召し抱えて、陶土の調合法などを工夫しながら陶磁器の製造を試行するが、先進地の製品には及ばなかった。その後、瓦製造の佐藤家の次男伊兵衛とその弟子手代木幸右衛門（二代目）の苦心によって白磁製造が成功して、飛躍的な発展を遂げるのである。幕末戊辰戦争によって技術者を失い、明治維新後、その製造の再出発を余儀なくされる。戦前は電磁気関連の事業で工業化が進んだが、戦後、先進地の食器陶器産業の飛躍的な発展に押されて、衰退している。それらの問題や当面する課題についてはふれないが、風土論的な視座からそれらの原料である陶土についてみてみたい。

当初、本郷山（観音山）の的場地域の陶土は石英粗面岩質疑灰岩を使用していたが白磁にはならず、その後、その素質に岩崎山の御城石、柳窪地内の白砂利石、大久保石、会津美里町西尾砥石沢の青山土、猪苗代翁島の戸の口石を調合して陶土としている。いずれも石英粗面の半解物である。

とくに青山土は珪酸が多く耐火性が強い、翁島、岩月入田村の土も、同じ土質である。さらに釉《うわぐすり》として使用されているのは、本郷観音山の砥石、柳津町西山地区五畳敷の五畳敷石、大沼郡昭和村大芦の鮫土、それに欅灰（木灰）などだが、近年はコストの面から陶土製造販売会社からの調整陶土の購入となっている。

話は変わるが、柳宗悦が『民芸紀行』のなかで、

「何故その土地に与えられた材料と手法とを活かして進まないのか。それより健実な進み方があろうか。地方の工芸のみが工芸ではない。しかし、その喪失は工芸の重要な部門の喪失を意味する。私たちにとっては、姿の新しさ古さはさして難儀な問題ではない。それよりも物が正しいか正しくないか、誠であるか誠でないか、この方が一義となる問題である。このことを求めて追えば、如何に地から生まれ出た郷土のものに、工芸として正しいものがあるかに気付くであろう。都会の工場から生まれでるものには欺瞞《ぎまん》が多

いことか、ほとんど皆商業主義の犠牲に過ぎない。その裏には悲惨な労働の苦痛が読める。そこに物の正しさを求めても無理であろう。私たちは自然と生活とに即して発した民芸から多分に工芸の律を学ぶ。都市が地方を害うべきではなく、地方が都市を救わねばならぬ。生活の変化はやがて民芸の外形を変えるであろう。当然そうあっていいのである。ただ変わらないのは美の法則である。姿は変わっても、民芸に潜む美に古今はない」と説く。

この美学よって会津本郷焼の宗像窯が製造する瓦製造の技術から生まれた陶器が、現代におけるすぐれた民芸品としてグランプリ賞に輝く評価を得たのである。会津本郷の進むべき方向性はここにある。庶民の生活に必需品として使われ、その感性によって磨き上げられる民芸的美学にこそ、その未来がある。

第六章　わが内なるフォークロア

村落の生活者として

幼年期の原体験と民俗学

私は昭和十二年（一九三七）に、自作農民の子として会津盆地の西南部の藤川村勝原字西勝（現・会津美里町勝原字西勝）に生まれた。そして農業を生業としてこれまでに八十年を生きた。常民としての生活そのものがフォークロア（民間伝承、民俗）なのである。しかし、それを民俗学として相対的に客観化することなどなしに、その大半を無意識的に過ごしてきた。

晩学ながら、わが内なるフォークロアは如何なるものであるのか、についての関心を、今に至ってもった。

福田アジオはその著『柳田国男の民俗学』で、柳田國男の幼年期の原体験に民俗学への動機が潜在することを指摘している。私の場合も、民俗学への関心の原核に、幼年期の原体験が存在することに思いあたる。

幼児期の私は、生まれた年に父が農閑期の賃仕事で脊髄を挫創するという事故に遭い、その看病のために母とともに一年間の病院暮らしをし、その後、父が東京の帝大附属病院に入院するのにともない、祖父母のもとで二年間ほど母と離れて暮らすという体験をした。父は昭和十五年に亡くなり、その二年後に母は私を連れて、海軍の下士官であった父の弟と再婚したが、義父も昭和十六年の真珠湾攻撃後、消息が途絶え、昭和十九年にニューギニアで戦死したという公報が入り、昭和十九年の十月に僅かに砂の入った空の骨箱が届いて、村葬での葬式が行われた。小学校一年のときであった。

幼年期の三歳ころまで私は祖父母のもとで暮らした。祖父母は肝煎の係累《けいるい》としての矜持《きょうじ》のようなものをその精神にもっていた。義父が戦死したことで英霊の家などといわれたが、昭和二十年八月十五日の敗戦以後に、祖父はそのショックと過労により結核に感染して、家からは十二キロ程離れた会津若松市の病院に入院し、祖母はその看病に家を離れた。私は母と小学校の三年頃から農作業をしなければならなくなったが、戦後の農地改革によって約半分の農地が小作者に移り、田畑一町五反歩程の自作農になるという体験をした。

祖父母は幼年期の私に仏教説話やさまざまな話を語り聞かせた。明治二十一年（一八八八）生まれの祖母は次に述べる事情から学校を出なかったが、文盲ではなかった。祖母の話によると、子供のころ近くの寺に行って遊んでいたので、ひらがな文字の読み書きは出来たという。異常なほどに記憶力がよく、村の習俗や神仏に関することなどに精通していて、村人が聞きに来ていた。その祖母が幼い私に、昔話はむろん仏教説話など、夜毎、数多くの話を私に語り聞かせた。

祖母の祖父、佐藤総右衛門は会津藩の書記の仕事をしていたが、幕末に佐布川村の天満に帰農して地頭の職に就いていた。それは、その地が宮川と濁川の合流地点にあって、田畑はおろか家屋までも流失する水害がたびたび起きる水害常習地帯であったことから、その対策もかねての帰農であったといわれる。

祖母が生まれた年は磐梯山の大噴火が起き、その天変地異の大惨事のときに祖母の生母が亡くなり、祖母は同村の公家富五郎のところに養女に出された。そこで育てられ、十八歳で私の祖父に嫁いできた。

祖父は、肝煎の五郎作が我が家に養子に入り、武田の残党といわれる無量村の角田八三郎の三女キチを娶り、その子新吉の長男として、明治二十一年に生まれている。祖父の父、私の曾祖父の新吉は肝煎の前田与一郎が明治になって初代の藤川村長から帝政党の郡会議員になっていったときに、その私設秘書のようなことしていたという。曾祖父の姉セキは高田村の「継声館」という私塾に学び、読み書きに堪能であったが、自由民権家の亭主山内半兵衛とともに明治十年代に信州の善光寺に逃れて、その地で印刷業を営んでいた。明治四十三年にセキが新吉に宛てた毛筆で巻紙に書いた手紙が残っている。戦後までその曾祖母の子息と祖父は手紙のやりとりをしていたが、祖父が亡くなってからはその子息との交流も途絶えた。

本家と同族である高田村の前田寅三郎も初代の高田村の村長になり、その子息前田実は東京帝大を出て大蔵省に入り、戦後、秋田銀行頭取になった。本家である肝煎の子息前田貞彦は医者になって村を離れて、その家屋敷は売りに出され、戦前まで数軒が入る借家になっていた。その末裔、前田邦彦は医学博士となり、山形大医学部教授を経て現在、山形県立保健医療大学の学長に就いている。

明治三十年代に曾祖父新吉は村で雑貨商を営むが、武士の商法で失敗して財産の大半を失った。それでもまだ二町歩ほどの田畑と山林があった。

その曾祖父の妻キチの生家は、上中川の肝煎佐藤熊次郎だが、これも没落して村を去っている。祖父は曾祖父の武士の商法で困窮する生活のために、十三歳のころから馬に二斗五升の米を積んで、市野峠を越えて大内宿に運ぶ仕事に従事したという。寡黙だが朝鮮合併後に守備兵として朝鮮に渡っている。能筆、博識であったので村人の代書などを頼まれていた。

四年ほどで朝鮮から帰国し祖父は軍役を終えたが、孫の私には朝鮮の人の暮らしのことや、毛筆ではなく牛皮で書くハングル文字の書のことなどを話して、朝鮮の人や国は文化的には決して馬鹿にしてはならないことを朝鮮での逸話を交えて聞かせた。

祖父の得意とした話は、俵藤太のムカデ退治や岩見重太郎の狒々《ひひ》退治、菅原道真の雷神となっての藤原一族への報復などの話だが、祖父母は夜毎、幼い私にそれらの話を語り聞かせた。

母の生家は、葦名盛氏の御典医として下野糟尾邑（現・栃木県松浦）からきた糟尾宗頤《そうい》の名をとった宗頤集落にあり、宗頤に随伴した栗城、木野、星の三家の一人である。そこに近世期に私財をなげうって窕《ちょう》堰《ぜき》を開鑿《かいさく》した柳窪村の高橋徳元（葦名氏の家臣）の孫に当たる忠左衛門が婿養子に入り、以後、八代にわたって代々星忠左衛門を襲名してきたが、幕末、鷺林村の一条家から養子をもらってから襲名を止めた。母の父親である星八郎は、長兄亀蔵（高橋徳元の系図では亀太郎）に実子がなかったので亀蔵の養子となり、高橋徳元の曾孫が養子に入った栃沢の平井家から和佐を嫁に貰い、その長女として生まれたのが私の母である。

私の妻、喜代子はその平井家の縁戚である遠藤忠意の長女である。

母の生家は、戦前は二十町歩ほどの小作地と瀬戸屋地区に十数軒の貸家をもち、数頭の競走馬などを所有する富裕な家であった。母は長女として生まれて、何不自由なく育って父に嫁いだが、嫁いで二年目の冬、前述のように母が私を生家で生んで我が家に帰るころ、父は農閑期の米穀運搬の賃仕事で事故にあって脊髄を挫創し、若松の病院に入院していて下半身はすでに動かなくなっていた。その父を、両家はなんとしても治したいと、内務省にいた小宮山という遠縁の人と帝大附属病院の看護婦をしていた父の姉の義妹の伝《つて》を頼って、昭和十三年（一九三八）三月に帝大付属病院の坂口整形外科に入院させた。汽車一両を買い切り、会津から東京へ向かうのには二日を要したという。母からは、上京して標準語を話せなかった苦労話とともに、授乳ができないために、自分で乳をしぼって毎日捨てたという話を聞かされた。父は二年後の昭和十五年に亡くなった。

余談になったが、そのような事情で祖父母のもとに置いていかれた私は、夜毎、母恋しさにむずかった。その度に祖父母は昔話とともに「夜泣くと妄念《もうね》が来る」と、さまざまな怪談を私に語り聞かせた。

〝世の中で何が怖いといっても、雨漏りほど怖いものはない〟という話を聞いて、魔物が世の中には俺よりも怖いものがいるんだといって逃げる「やもりの話」や、老いた老夫婦を食い殺して、〝流しの下の骨見ろ〟といって立ち去ってゆく「山姥の話」など、私は祖母に三歳のころに聞かされた。祖父はまた、前述の軍記物のほかに、子を思う母を語る「篠田の森の狐の話」や「殺生石の九尾の狐の話」、説教節の「小栗判官と照手姫の話」、平家物語の「熊谷直実が敦盛を討つ話」とか、我が子に毒まんじゅう食わせる「先代萩の話」とか、出典が古典にある多くの話を聞かせた。

雷神の話を聞いて、極度に雷が鳴ると震えあがる私に、祖父は雷は電気の作用だとも教えた。これらはみな二～三歳のころから小学校に出る前までのことである。父の死後、母のもとで寝るようになり、祖父母の昔話を聞く機会もなくなったが、母は生家に帰る道すがら、本郷町の「おはか様」と呼ばれる「口寄せ」のところに私を連れて立ち寄ることが多かった。

そこで死んだ父を呼んでもらった。神がかった「おはか様」とよばれる老女は「お前のことは案じているぞ、父母に仕え、息子を立派に育ててくれよ」などと母に言い、母は涙を流して聞いていたが、毎度同じ文句なので、私はその「おはか様」の文句と抑揚をまねて家でやった。以来、母は「おはか様」には行かなくなった。

義父は前述したようにニューギニアで戦死したとされたが、骨箱には一枚の紙と一握りにも満たない砂しか入っていなかった。それを見た祖母は「息子は死んでいない。どこかにきっと生きている」といって、お茶断ちをして柳津の虚空蔵様に願をかけ、死ぬまで私の義父の影膳を続けた。ことほど左様に、私は幼年期に民話はもとよりさまざまな物語の世界で死者と生者が混然となって交流する村の習俗のなかに浸っていた。

魔界はむろん、物語の世界が織りなす幻想や幻聴も含めて、それを迷信として否定しようとする意識は、幼年期の私にはなかった。魑魅魍魎《ちみもうりょう》の跋扈《ばっこ》するカオスを、私は自らの内なるフォークロアの原核として所持した。

母との農作業、自我の形成へ

私は小学校二年のときに敗戦を体験した。夏休みの最中の八月十五日の正午、ラジオで玉音放送を聴いた。雑音と異様な抑揚の言葉が響いたが、私には何のことかわからなかった。祖父がぽつりと一言「負けた」と言った。放送が終わった後、祖母も母も黙って暑い陽射しのなかへ、飼い馬の干し草の返しに出て行ったが、祖父は目を閉じたまま動かなかった。私は祖父を残してセミ取りに出た。しばらくして帰ると、祖父は天皇一家と乃木大将、戦死した二人の息子の写真の掛け軸を外して片づけていた。私は祖父の心境を知る術もなかったが、祖父の消沈しきった姿に何か不吉な予感を感じた。ほどなくして祖父は寝込み、医者の往診を受けて結核に侵されていることが判明した。秋口に祖父は、村からは遠く離れた若松市の病院に入院した。祖母もその看護ために家を離れ、私と母は農作業に追われながら、為す術もなく途方にくれた。飼い馬を手放すことも出来ず、母は毎日、朝早くから馬草刈りに出て、その帰りを待って朝飯を食って私は学校に行った。母の生家や親戚からの手伝いもあって、どうにかその年の秋の農作業は終わったが、祖父は再び農作業をすることは出来なくなった。代わって母が稲揚げの馬を曳《ひ》いた。

戦後、不在地主であった母の生家は小作地を失い、祖父は脳溢血で倒れ、母の兄、私の伯父は酒浸りになった。母の生家に行くために通る瀬戸町にいくつもの製陶工場があり、道よりは一段低いところに四角な窓が穴のように並んでいた。覗くとその薄暗いなかで人がろくろを回していた。幼少期の私は好奇心にかられ、母に叱られながらその穴のような窓を次々と覗いて回った。長じて東北電力の碍子工場の繁栄よりも、プラスチックにとって代られ、忘れられて衰退する瀬戸物に関心をもったのは、その延長線上にある。

村は、戦地から帰還する人々で沸いたが、わが家は帰るべき人は亡くなり、残された者も病魔に襲われて、火の消えた沙汰であった。

入院していた祖父母は次の年に退院したが、その後も入退院を繰り返し、私は小学校の三年ころから母と農作業をした。村人の優しい行為も、また弱者に対する非情な仕打ちも、私は幼少期に存分に味わった。生き延びるために母と私はその村の卑劣な狡知《こうち》にも欺瞞《ぎまん》にもひたすら耐え、じっと時の来るのを待つほかなかった。

柳田國男の『遠野物語』や宮本常一の『忘れられた日本人』を読んだとき、その描かれる世界をどこかで見たと思ったのは、私の幼少年期の体験が映す残像であった。覇者の歴史の裏側にその何倍もの量で存在する名もなき人々の歴史がフォークロアの一端にかかわるなら、私はそこに拠って立つ原点を置こうと思った。しかし、それは思春期を過ぎてからで、中学のころは蛯原由紀夫（本名・村野井幸雄）先生に出会い、その勧めもあって詩作や文学に関心を持った。中学一年のときに祖父母の結核が母や私にも感染していることがわかった。学校ではじめてツベルクリンによる結核の検査が行われて、私は陽性の反応が確認され、保健所でエックス線による胸部の検査などをしたが、丁度そのころにストレプトマイシンが開発され、そのお陰で中学二年の時に私も母も結核は快癒した。しかし、私はお世辞にも明るい少年ではなかった。腺病質《せんびょうしつ》といわれ、本ばかりを読んでいる陰気な少年であった。母はしばしばその私を、「本を読むな」と叱り、ヒステリー症状的に農作業にこき使った。その母に私は反抗した。

当時、山形県で中学校の教師無着成恭が生徒たちの生活記録をまとめた『やまびこ学校』が話題になった。蛯原先生にすすめられて私はその記録集を読み衝撃を受けた。自らの生活の貧しさをひるまずに凝視することの意義に気づかされた。それは振り返れば、自我の形成への覚醒ともなった。

農業高校に進学して、私は好奇心のおもむくままに、さまざまな分野の本を図書室に入り浸って乱読した。戦後復興期にあたるその時代は、出版社が『日本文学全集』や『世界文学全集』など矢継ぎ早に刊行し、それを毎月待ちかまるようにして読み漁った。読んで解るというものでもなかったが、ロマン・ロランの『ジャン・クリフトフ』やニーチェの『ツアラトウストラ』やフロイトなどを読み、原口統三の『二十歳のエチュード』を模倣し、カフカの『変身』やリルケの『マルテの手記』など洋物から角川版の『昭和文学全集』まで読みつくした。そのなかで太宰治の小説に入れあげた。一方で宮沢賢治の詩や童話にも熱中した。『高校文学』という全国誌に投稿をしたり、無頼を気取って学校の文芸誌に「エチュード・ノート抄」などという断章を書いた。詩はもっぱら恩師蛯原先生の主宰する同人誌『ポエム』に拠って書いていたが、ランボー、ヴァリレー、ベッヒャー、アラゴンなどを読み漁った。高校二年のときに、十和田湖畔で行われた学校農業クラブの東北リーダー研修会に学校を代表して参加し、民俗芸能の鹿踊りや鬼剣舞を勇躍して踊る岩手や青森の農高生に触発された。その衝撃の後に、わが村に伝承される彼岸獅子舞を見直し、民俗芸能の発生や伝承の歴史について知ろうと思い立った。私にとっては、それが思春期における民俗学に関心をもった契機であり、とば口なのである。高校卒業後、私は率先して村の彼岸獅子舞の踊り手になった。

農民の歴史を民俗学の視点でみる

戦後の経済成長政策のなかで、大量の若者が村から労働者として都市へ向かった。彼岸獅子舞の継承は、その変化のなかで困難に直面した。それは村固有の問題ではなく、農村における民俗芸能の伝統継承問題という一般的な現象であった。それは振り返れば今日の農村と農業、資本主義経済社会における予兆に他ならなかった。そのことと向き合うなかで、民俗学が私の思想形成において、社会科学の理論と同時に抜き差しならない重要な位置にあることを認識した。しかし、現実的には農民運動から日本共産党への入党と、二十五歳から日本共産党公認の町議や農業委員としての諸活動に奔走した。一方、恩師とともに詩誌の発行やペンクラブの結成やその同人誌の発行にかかわり、会津や県の現代詩活動にもかかわった。加えて農業構造改善事業に反対する農民運動にもかかわり奔走した。

民俗学に興味と関心をもちながも、なかなか身をいれることが叶わなかった。はじめて民俗学者の著作を読んだのは、会津の民俗学者山口弥一郎の著作集であった。それから日本共産党員でもあった中野重治や橋浦泰雄の著作によって、農民運動や地域の民主化活動と民俗学の交流の重要性を意識させられ、その意味において私は、一九六〇年代の己の思想形成期にとりわけ多彩な橋浦の民俗論に共感し啓示を得た。

その橋浦も中野重治もまた会津の山口弥一郎も柳田國男の門弟である。柳田の著作や柳田に関する著作はそれまでも読んではいたが、四十代になって私はようやく『定本柳田國男集』全三十一巻（筑摩書房）を手元に置いて、体系的に柳田國男の民俗学の論考や農林官僚として説いた農政学などを読み始めた。柳田の農政論は『時代ト農政』にまとめられて『定本柳田國男集』（第十六巻）のなかに収録されているが、明治三十年に書かれた「農業界に於ける分配問題について」では、「地主と大百姓は能く意見を主張するの機会を得、其利益を保持するに敏捷なるが故に円満の決定に与りて力ある場合多かるべしと雖、一方には又多数の小農日給の労働者の為にも計画する所なかるべからず。此の如くならざれば国家の政策とはいふべからざるべき也」。

この一文で私は柳田の農業観が単純な農本主義思想ではないことを知った。豪農あるいは地主を中心とした農業政策が進められていることを批判し、農業政策は多数を占める小農に対しても、その生産性の向上と生活の向上が図られる政策が必要であり、ひいてはそれが労働者への食糧の安定的な供給を確保することになると主張している。その視点から自作農的中農層の育成と、そのための産業組合論へと向かっている。柳田の経済学的農業政策論は、当時は極めて少数者の意見であり、農村に広く進められていたのは篤農主義であり、その思想は二宮尊徳に拠る「報徳社」運動であった。柳田はその報徳社運動を「報徳社と信用組合」のなかで、高利貸体質など前近代性を批判している。しかし、先見的であったがゆえに柳田の農政論は顧みられることなく、わずか一年半ほどで柳田は農林官僚を辞任する。そして民俗学にその主軸を移し、佐々木喜善との出会いによって『遠野物語』が生まれるのである。

戦後、私が高校を終え就農して村で生活することになったころ、柳田は民俗学を現代科学の一環にしなければならないことを主張し、日本人のアイデンティティを探求する学問として民俗学の役割を位置づけた。戦前、民俗学が究極において、経世済民の学問であることをファシズムの弾圧によって主張できなかった柳田が、ようやくそのことを民俗学の方向性のなかに示したのである。私は農民の歴史を民俗学の視点からみることが、農民の生活の向上に深く連動することを、それによって確認した。

柳田の詩人から農林官僚に、そして民俗学者へと変転した経緯にある種の感動を覚えつつ、私は村で生きることの意味を痛感したのである。

村の日々の暮らしのなかの習俗の意味を探るために、私は改めて大塚民俗学会代表・和歌森太郎編集の『日本民俗事典』（弘文堂）やバラ買いの岩崎美術社の『民俗民芸双書』を折に触れては引いて、わが内なるフォークロアとしてその日々を愛しんだのである。

そして同郷の民俗学者山口弥一郎や岩崎敏夫の著作に親しみ、そこから福田アジオや古沢清人、桜井徳太郎、谷川健一の著作を読み、『折口信夫全集』（全三十一巻、別巻一・中公文庫）から、さらに山折哲雄へと向かい、民俗芸能では三隅治雄や本田安次、小島美子へ、さらに『南方熊楠選集』（全七巻、別巻一巻・平凡社）から宮本常一、赤坂憲雄へと、私の民俗学の内なる系譜は多岐を極めて拡散する。とりわけ会津に開設された県立博物館の館長である赤坂氏の『内なる他者のフォークロア』など一連の著作を、私は最近、身を入れて読んでいる。それは拙い小説『峠の詩―神籠村物語』の帯を過分な言葉で書いてもらったことにもよる。しかし、まだお会いしたことはない。

そしてそれらを、私は鶴見太郎が書いた『柳田国男とその弟子たち―民俗学を学ぶマルクス主義者』の論評に添って整理し、自らの思想のなかにその占めるべき位置を定めて確認する。

いうまでもなく私は一介の科学的社会主義者として、社会発展の原理を史的唯物論の立場から弁証法的な社会変革を希求し行動する見地に立つが、その思考営為と行動においてある種の寛容を付加している。換言するなら論理のストイックな明瞭さと、そこからの結論の絶対化を性急に求めない。村の歴史を物語る習俗や信仰に対する自由さを寛容として許容する。民衆史と民俗史が共有する非論理の情念の存在を排除しない。民俗学の歴史とともに二十一世紀における民俗学の課題を、私はその脈絡のなかで意識化する。

農本主義思想のなかに見るフォークロア

農民である私は、その思想のコアに農本主義思想が存在することを自覚している。それは縄文文化から弥生文化へと稲作栽培を通して発展的に生成された文化だからである。それは生産性の向上と安定のために水の利活用が不可欠という生産条件の確保のために集団としての組織体制を形成し、地域として共同するという思想は、今日に至るまでの長い時間、状況に適応しながらもその本質的なものを遺伝子的に継承し、習俗化してきたものだからである。

かつて斉藤之男は著書『日本農本主義研究』（農文協）のなかで、橘幸三郎をとりあげて、橘の「家族的独立小農経営」を論じたが、その論考の立ち位置を「農本主義を思想として内在的に捉える。（中略）従って戦後にも農本主義的思想は存続すると考える」という立場から、戦前「農本主義思想が農政思想・教化イデオロギーとなりえたのは、この思想が大衆（被治者）の自然発生的な感覚―意識を内在していたからであり、権力側の思想と被治者の思想の両者に何らかの連繫がなければ農政思想としての機能は発揮できないはずである」「研究の基本課題は、その思想的根拠を問い詰め、その思想を自覚的に捉えることにある」として、橘の「家族的独立小農経営論」を展開している。

その概略を触れるに止め詳細には立ち入らないが、関心の動機を結論的にいうなら、戦後の農政が資本主義的農業発展化政策によって土地と労働の生産性向上が追求され、経営の規模拡大が進み、その結果、「家族的独立小農経営」が駆逐され、村落形態の崩壊に立ち至った。私は全生涯にわたり農業を生業にして生きて、資本主義的農業経営を批判的ではあったがその範疇《はんちゅう》のなかで取り組み、圃場整備と農作業の機械化、効率化をもとめて法人組織による共同化などを実践してきたが、その総括の必要と農業に対する思想、とりわけ際限のない経営拡大思想の転換の必要を痛感するのである。勿論、橘の「家族的独立小農経営」論がそのまま適用することは時代的な状況の相違で論外だが、そこに貫徹される日本的農本思想の検討をフォークロアの視座から試みたいのである。

丸山眞男が『現代政治の思想と行動』「日本ファシズムの思想と運動」のなかで、日本のファシズム思想は「農本主義思想が非常に優位を占めている」として、橘の農本思想を「北一輝型と権藤成卿型との折衷」でもっとも日本ファシズムの標準的なものだと述べている。

橘の「家族的独立小農論」は、個々の農家の「基本経営」、主に関東地方の農家の実態をもとに調査し、家族構成、経営規模、作付け体系などの諸要素の基準を決定し、それに適合するための方向性を示している。同時にそれらの農家によって三十戸の集落が形成され、集落はその家族的独立小農家の集落的協同組合によって運営される、というものである。

集落協同組合は五つの組合が提起される。一つは機械利用組合である。二つは販売組合（生産物の共同販売）である。三つは消費組合（生産資材の共同購入）である。四つは信用組合（金融・共済・医療・冠婚葬祭・教育・娯楽）である。この戦前のラジカリズムに走った農本主義者の農業論が、昨今の「集落営農農政」と奇妙に一致することに私は内心驚いている。

橘の論理を斉藤は「理想部落とはどんなものか」の序説から、次の五点に整理している。①全体と個の有機組織体結合、②人格主義、③個の確立、④所有、生産、協同、⑤結論。結論において、人格主義とは組合員の人格はそれぞれだが、それを「善きことを結ばしむべく中心の立場に立つ人」の指導によって、利益共同体ではなく、人格的結合を基とする調和共同体を形成することを提唱している。ではその「善きこと」の概念だが、それを橘は「農本主義思想」においている。

生産には生命を対象として扱うものと物質を扱うものがあり、前者はその生産エネルギーを自然と不可分の関係性のなかで受用して活用するが、後者は人為的なエネルギーによって生産活動が行われる。その本質的相違性が人格および思想に反映される。その調和の総体こそが現代における農本主義の本質であるとして、当時の世情に対して「人類生存の源泉にして根幹なる「土」に再び還らざる可からざる一事」、つまりは原始回帰の思想である。その思想から「何よりも先に目下の中央集権的西欧唯物文明、本流的大帝都独裁主義を改善せんければいけない。そして、地方農村共同体を自治本質に立てなおさなねばいけない。そして、それを土台として下から、下からピラミットのように築き上げてゆかねばならない」と述べている。橘の「農本思想」にはE、カーペンターやH・ベルグソン、さらに協同組合論におけるR・オーエンの影響がみられることを斉藤は指摘する。

橘はその農本思想のなかで「原始回帰」を主張する。橘のいう原始とは自然と同義で、それは「土への回帰」である。これはH・カーベターとともにわが国の農本思想家権藤成卿の影響といわれる。権藤は昭和初期の右翼テロリズムの黒幕といわれた思想家で「血盟団事件」や「五・一五事件」に深く関わる。橘も当然それに関わっている。橘の農本主義は実践的には兄弟村から愛郷会へと向かい、有畜農業と協同組合による経済活動から共済組合による診療所の建設まで行っている。が、その結論は教育によって精神転換をはかることに集約される。橘の構想した農村教育とは人格的勤労主義で、農村生活における労働は生命的対象の生命力に則してそれを保育すること、一つの種の生命のために奉仕することである、と勤労を定義している。そして「人は勤労せずして生存する能わざると同時に、勤労精神を離れて存在し得るものではなかったのである。此処にまた人間の本然性の一端が示されている。霊性の一端が示されている。そして、これあればこそ人間への本然性的、霊性的真価が生み出されてくるものに外ならない。同時に人間はここにおいて始めて、自主的人格者としての存在を発見し得、併せて最高の満足と悦楽とをくみ得ることが許される」。「土の勤労者」は勤労それ自体が目的であり、営利のための労働に手段化してしまった西洋文明とは本質において相容れない、と主張する。

橘の農本主義思想も時代のなかで読まなければならないのは当然だが、西洋文明に対置される橘の東洋文明とは、インドのタゴールの『生の実現』に論拠を置いている。斉藤はそれを次の三点に要約している。①自然、宇宙、あるいは世界という言葉（概念）、いずれも同義であり、それらは神という言葉によって表現されている。②東洋思想（インド思想）における自然観は、人間の自然との一体化を強調する。「個人の意志を宇宙の意志の統制に服従せしめ、宇宙の意志は即ち我々の意志であることを、真に感じなければならない」。③精神における真理の認識方法が直接純粋直感である。③はまさしくH・ベルグソンの理論である。②東洋思想への回帰は、西欧の近代思想（資本主義的合理主義）の否定となり、わが国の天皇制国家によるアジア盟主論から、五族協和を謳《うた》う大東亜共栄圏を肯定することに敷衍《ふえん》していった。③前項と関連するが、東洋思想と西欧思想の相違点は、真理の認識にあたって合理性と同時に非合理性を抱合することにあるとして、橘はそれを霊的結合、あるいは直感として、そこに包括的な寛容性が生じることにあるとした。その論理的曖昧さを東洋思想の心性にみている。

この回帰すべき東洋思想の心性は何によって生成されるのかを考えるときに、柳田がフォークロアの見地から探ったことに行き着くのである。

谷川健一が『柳田国男の民俗学』（岩波新書）のなかの「祖霊と稲作」で論じているが、柳田が亡くなった祖の霊が山に登っていって、春になれば稲作のために里に降りてくる。そして一族の子孫のために稲の栽培を助ける。稲作栽培は豊富な水とともに気温とも深くかかわることの比喩《ひゆ》であり、縄文時代の狩猟や採集とは異なる祖霊概念で、人格神として扱っている。これに対して折口（信夫）は常世思想においては祖霊という一族固有の霊魂という概念は無くなり、祖霊は一族の人格神としてではなく単に非意志的な霊魂として降りてきた、と柳田説を批判した。谷川も柳田説を観念論だと批判し、折口論を支持している。

しかし谷川は同時に、柳田の説は日本人の神概念は田の神、すなわち祖霊という経験値に拠っていることを指摘している。稲作栽培によって剰余価値が発生し、それにともなって部族間の競争意識が縄文時代とは比較にならない展開を遂げ、不足としての権利意識が強化され、部族による土地の領有が剰余の拡大、すなわち富として認識されていった。農本主義思想が天皇制と不可分のものとして農民のなかに胎生《たいせい》していったのは、その縄文から弥生の移行期に起点がある。

それを文献学的に「神話」として描かれたのが『古事記』である。ここで谷川は本居宣長の『古事記伝』を引いて、神統譜につづく皇統譜に名付けられる神々の名が、アマテラスの子オシホミミ、ホノニニギの子ヒコホホデミ、神武帝カムヤマトイワレビコのサヌミコトの狭野命まで、いずれもすべて稲穂の形容であることを立証する。すなわちわが国の皇統とは種籾の継承と伝播の系譜であり、それが支配権の成立であったのである。弥生初期に北九州の一角からはじまった稲作は弥生後期には、東北の北端にまで伝播されたのである。わが国の農本思想が天皇制と深く結びつくのはそのことであり、稲作による支配、経済による権力構造の確立の経緯なのである。谷川はその原動力は何だったのかを問い、それはそれまで麦や稗《ひえ》、粟・黍《きび》などに比して、稲は比べにならない美味と収穫量をもっていたからであると断言する。同時にそれは水と地形とも深くかかわり、盆地という地理的特徴をもつ地帯に稲作適地が形成され、そこに古墳文化が成立した。その典型が会津である。

谷川は柳田の文化論における稲作偏重を理解しつつも、しかしそれは歴史の事実を正確に把握したものではないと反論する。侵略性をもつ弥生文化にたいして、縄文文化をもって抗《あらが》い、稲とは異なる芋類や蕎麦、粟、豆類、木の実などを主食とし、またそこに出没する猪や鹿などの野生の動物を捕食して食料や被服などにして、縄文的生活文化を継続した人々が支配の埒外《らちがい》に多数存在したことを主張する。柳田もそれは「山民の生活」のなかで認め、それが先住者であるとしているが、柳田はそれを少数派としている。それは事実ではない。むしろそれこそが多数派だが、権力によって消されてきている、と谷川は主張する。たしかに会津においては、それが多数派であったことの痕跡は盆地周縁の山間地域の各所に点在するが、やがてそれは支配のなかに収斂《しゅうれん》されていったのである。

それはそれとしても、わが国の農本主義思想のコアが稲作文化にあることは論をまたない。それは地理的特殊性から外来作物である稲作の種子を携えて外からきた渡来者によってつくられた、というわが国の生成と不可分の関係にあるからである。民俗学者折口信夫が天皇制と農本主義思想の同一性は天皇の即位式が同時に大嘗祭《だいじょうさい》であることは、古代における権力は稲の種子の所有と同義であった証左だと述べているが、国民の天皇への崇敬の念は、農耕社会がその種子の分配によって成り立った所以《ゆえん》とも述べている。

同時にそれは、古代から近代初期に至るまで、稲・コメが支配の具体的な形式において、被支配者に対する租税としての役割を担ったという歴史的な事実がある。それゆえに農民のイネに対する意識は分裂し、その思想のなかに根深いニヒリズムを胚胎《はいたい》した、と柳田は気づいた。そしてそれは近代になってより一層深化し、わが国の農本思想のなかに通底した。

農林官僚となった柳田は、その見地からの農政論として地主制を否定し、小作料の金納化と小作人の組合化、農民の自立的中農家の育成を掲げて村々を奔走した。体制内の官僚であった柳田は橘のようなラジカリズムには組しなかったが、戦前においてそれは西欧型のファッシズムに狂奔する体制のなかで、実を結ぶことはなかった。

谷川は柳田の農民観を論じたなかで、「農民のニヒリズム」を「村内の耕地が一定しているとき、自分の耕地を広げるには他人の耕地を侵さねばならぬ。自分の幸福は他人の不幸であり、その逆も真である。そしてそれは農地が解放された戦後もなおつづいた。せっかく自分の手にした田畑に稔りの秋を期待したのも束の間、一九七〇年から減反政策によって、コメ作りが制限された。それは弥生時代以来の日本の農民の悲願にとどめをさすことであった」と、断じている。それから半世紀が過ぎた今、谷川をして農民の悲願に止めを刺したといわしめたコメづくりは、その日本民族の国柄としての農本思想の死滅どころか、さらにそれまで稲、麦、大豆の種子生産と確保を各都道府県に義務付けてきた主要農産物種子法を自公政権は多数決で廃止した。そしてグローバリズムの最先端をゆくアメリカの農薬会社モンサントがその育成を独占化する一代限りのハイブリット種に道を開いたのである。二〇一八年の四月から稲作の種子は農協の解体とともに、彼らの手のなかにあることになるのであろう。

かつてクロード・レヴィ＝ストロースは、〝村が消えるとき、社会は滅びる〟といったが、今まさにわが国の村が消える。農耕社会であった日本の国の思想が保守を自認する政権によって滅ぼされる。

彼らは保守を自認するが、決して真の保守ではない。わが国の成り立ちに無知のままに、西欧の一神教をその思想とする権力者に私利私欲のために取り入っているに過ぎない。八百万(やおよろず)の神をもって成り立つわが国の農本思想は、『日本書紀』の「食いものは天下の本なり、黄金よろずはかりありとも、飢えを癒すべからず」(宣化天皇)と記されるように、まさに稲の種子の分配とその支配によってつくられていった教化国家なのである。

教化国家とは、縄文時代の狩猟採集で食を得る生活様式とその思想から、定住して食物を栽培するという生活様式へと移っていったが、その過程は教化によって成されたと、小路田泰直は『神々の革命―「古事記」を深層から読み直す』で、記紀を歴史として読むときに明らかだと論じている。勧農と教化がムラ社会をつくり、稲作適地であれば剰余の発生と管理のために、そこに統率者が必要性から発生し、それらを律してムラとの利益と賦課の関係性を持つことでわが国の分権的封建制は確立していった。

西欧において農業の発展は、奴隷制と不可分の関係で一神教はそれを容認している。その差別意識が問題とされるのは一八一五年のウィーン会議以降で、人権思想としての奴隷解放運動はウィーン宣言で起こったが、イギリスにおいては一八三〇年代、アメリカにおいては南北戦争後の一八六五年に奴隷解放がなされている。わが国に比定するなら、幕末の慶応元年にあたる。わが国の農本思想はすでに述べたように稲作社会の発生と同時に始まり、その象徴的存在が天皇制であった。それは紛れもなくローカリズム国家なのであり、グローバリズムを信奉するエセ保守によって、その象徴的存在が否定される。

私は唯物弁証法によって社会の進化や展開をみる者だが、わが国の歴史および風土の特殊性によって形成されてきた農本主義思想を否定する立場には立たない。ムラは疑いもなく農本思想によって存立する。

あとがき

平成の大合併といわれるわが国の市町村合併政策によって、平成十七年（二〇〇五）に会津高田町と隣接する会津本郷町、新鶴村が合併して、会津美里町が誕生した。もともとこのエリアは会津盆地の西南部に位置し、古代においては伊佐須美文化圏にあり、近世期はその大半を占める山間地域は徳川幕府の直轄地「御蔵入」として、一体感を共有してきた。近代以降は会津高田が大沼郡の中心地として郡役所が設置されて、金山、三島、昭和の広大な山間地帯をもその行政エリアとしてきたが、郡役所の廃止と只見川の電源開発に伴う鉄道の普及と道路網の整備によって、経済圏としては会津坂下町のエリアに入った。会津高田町に隣接する本郷町、新鶴村は郡東部の地域として、行政的に一体化することに住民の感情としても違和感はなかった。しかし同時に、合併によるそのエリアの発展が展望されるという期待感もなかった。合併当初は福島県内随一の人口規模と地域面積を誇る町であったが、合併から十年、その人口は減り続けて過疎化と少子高齢化が着実に進んでいる。そうした現状を垣間見て、そのエリアのフォークロアに視点を置いての雑文を括っておきたいと思っていたのが、この度、『会津ジャーナル』の遠藤勝利氏の企画で歴史春秋社から単行本としての刊行をみた。

また、特段のお骨折りを頂いた小島まゆみさんともども、心からの感謝と御礼を申し上げたい。傘寿を過ぎて幾度かの試練ともいうべき病も経たが、晩年をささやかな喜びに浴せるのは、家族と多くの友との出会いであることをしみじみと実感する。

【主な参考文献】

定本柳田國男集　全三十一巻（筑摩書房版）
折口信夫全集　全三十一巻（中公文庫版）
南方熊楠選集　全七巻（平凡社版）
会津高田町誌　全一巻
会津高田町史　全七巻
会津本郷町史　全一巻
日本文化風土記　全七巻　東北篇（河出書房）
民俗民芸双書（岩崎美術社）各分冊
日本民俗事典　大塚民俗学会編（弘文堂）
桜井徳太郎著『昔話の民俗学』（講談社文庫
福田アジオ著『柳田国男の民俗学』（吉川弘文館）
谷川健一著『柳田国男の民俗学』（岩波文庫）
谷川健一著『日本の地名』（岩波新書）
谷川健一著『青銅の神の足跡』
谷川健一著『白鳥伝説』
鶴見太郎著『柳田国男とその弟子たち―民俗学を学ぶマルクス主義者』
山口弥一郎著『古代会津の歴史』
笠井尚著『郷愁の民俗学―みちのく人の柳田国男』

赤坂憲雄著『山野河海まんだら—東北から民俗誌を織る』
赤坂憲雄著『東西／南北考—いくつもの日本へ』（岩波新書）
赤坂憲雄著『内なる他者のフォークロア』
山折哲雄著『物語の始原—折口信夫の方法』
鈴鹿千代乃著『神道民俗芸能の源流』（国書刊行会）
諏訪春雄・川村湊編『アジア稲作民の民俗と芸能』（雄山閣）
本田安次著『民俗芸能探訪』（日本放送出版協会）
季刊『東北学』第十一号「獅子舞とシシ踊り」
古屋清人著『獅子の民俗—獅子舞と農耕儀礼』（岩崎美術社）
日本民俗芸能資料収集『関東地方の民俗芸能』Ｉ（海路書院）
神坂次郎著『縛られた巨人—南方熊楠の生涯』（新潮文庫）
水尾比呂志著『柳宗悦の民芸紀行』（岩波文庫）
内山節著作集　全十五巻、（農文協）
宇沢弘文著『社会共通資本』（岩波新書）
Ｄ・ハヴェー著　大屋定晴・他訳『コスモポリタニズム』（作品社）

著　書

1966年　『前田新詩特集号』会津民主主義文学会同人誌『変革』
1968年　詩集『少年抄』アポロ印刷、福島県文学賞準賞受賞
1976年　詩集『霧のなかの虹』小島孔版
1985年　詩集『貧農記―わが鎮魂』歴史春秋社、県文学賞正賞
1994年　詩集『干支異聞』土曜美術出版販売
2000年　詩集『秋霖のあと』土曜美術出版販売
2001年　詩集『風伝記』近代文芸社
2002年　エッセイ集『花の手帖』歴史春秋社
2004年　叙事詩集『会津農民一揆考』会津人社
2009年　詩集『わが会津―内なる風土記』シーズ出版
2009年　小説『彼岸獅子舞の村』シーズ出版、日本農民文学賞受賞
2010年　新日本現代詩文庫80『前田新詩集』土曜美術出版販売
2011年　評論集『孫への伝言―自家用九条の会』シーズ出版
2012年　詩集『一粒の砂―フクシマから世界に』土曜美術出版販売
2013年　小説『峠の詩―神籠峠の自然村物語』シーズ出版
2014年　文芸評論『土着と四次元―宮沢賢治ほか』コールサック社
2015年　評論、『戦後70年と松川事件』第1回松川賞受賞
2016年　歴史評論『会津・近世思想史と農民』歴史春秋社
2016年　共著『会津人の誇り』歴史春秋社
2016年　詩集『無告の人』コールサック社
2017年　共著『満蒙開拓府会津村と少年義勇隊』シーズ出版

著者略歴

前　田　　新（まえだ・あらた）

1937年（昭和12）、福島県大沼郡藤川村（現・会津美里町）勝原字西勝に生まれる。3歳で父、7歳で義父を戦争で失う。大沼高校卒、町議8期、農委5期、農協理事5期。農事組合法人西勝生産組合設立、専務理事。福島県農民運動連合会津会長、県連副会長。会津高田町史（全7巻）編纂委員、会津美里ペンクラブ会長、会津文芸クラブ会長を歴任。福島民報「働くものの詩」年度賞2回、『文化評論』（詩の部）文学賞佳作一席、県文学賞詩の部準賞・正賞、日本農民文学賞（小説）、白鳥省吾賞（詩）、松川賞（小論文）など受賞。所属、日本現代詩人会々員、日本民主主義文学会員、日本現代詩歌文学館評議員、日本農民文学会員、福島県現代詩人会理事、会津詩人協会常任理事、『詩人会議』会友、『詩脈』『萌』会員、『会津ジャーナル』顧問

西勝彼岸獅子舞 考
――わが土着「風土論」、伝承と民俗

2020年2月4日　初版発行

著　者　前田　　新

発行者　阿部　隆一

発行所　歴史春秋出版株式会社
〒965-0842　福島県会津若松市門田町中野大道東8-1
電話　0242-26-6567

印　刷　北日本印刷株式会社